大型企业集团破产处置

王　静／主编

Bankruptcy Disposal
of
Large Enterprise Groups

图书在版编目（CIP）数据

大型企业集团破产处置／王静主编． -- 北京：法律出版社，2025． -- ISBN 978-7-5197-9583-2

Ⅰ. D922.291.924

中国国家版本馆 CIP 数据核字第 2024CP9234 号

大型企业集团破产处置
DAXING QIYE JITUAN POCHAN CHUZHI

王　静 主编

策划编辑 许　睿
责任编辑 许　睿
装帧设计 李　瞻

出版发行　法律出版社	开本　710 毫米×1000 毫米　1/16
编辑统筹　司法实务出版分社	印张　17.5　　字数　285 千
责任校对　王　丰	版本　2025 年 1 月第 1 版
责任印制　胡晓雅	印次　2025 年 1 月第 1 次印刷
经　　销　新华书店	印刷　北京中科印刷有限公司

地址：北京市丰台区莲花池西里 7 号（100073）
网址：www.lawpress.com.cn　　　　　　销售电话:010-83938349
投稿邮箱:info@lawpress.com.cn　　　　 客服电话:010-83938350
举报盗版邮箱:jbwq@lawpress.com.cn　　 咨询电话:010-63939796
版权所有・侵权必究

书号：ISBN 978-7-5197-9583-2　　　　　　定价：85.00 元

凡购买本社图书，如有印装错误，我社负责退换。电话:010-83938349

序 一
Preface

　　企业集团作为一种多层次企业联合组织，在优化资源配置、降低交易成本、实现多元化经营目标等方面与单一市场主体相比具有明显的竞争优势，已经成为现代经济中最为重要的一类角色，绝大多数央企和大型民企都是以企业集团的模式加以运营，大多数上市公司也都是企业集团中的成员公司。尽管企业集团具有明显的经营优势，但是在成员公司之间因为上下游产业链的风险传导和关联关系所引发的固有风险，以及企业集团内部所隐含的过度扩张、代理成本、官僚主义等问题也会使企业集团尤其是大型企业集团面临诸多内外部风险。近年来海航集团等多个企业集团相继进入破产程序，就破除了大型企业集团"大而不倒"的神话。

　　企业集团的破产必将对相关产业链和产业结构产生广泛的影响，若不能妥善处置集团成员以及集团整体的破产问题，将会极大折损这种联合组织本应具有的积极经济效益。

　　企业集团破产处置具有天然复杂性，这根植于企业集团对传统公司法组织结构的变通和突破。在公司法理论中，企业集团的产生和发展对于法人人格制度、公司治理模式以及会计准则都提出了挑战。映射到破产程序中，集团成员内部往往存在不同程度的人格混同，使传统破产程序规则在企业集团破产案件的受理和程序选取、管理人的选任和履职、破产财产分配方案的制作以及债权人的分组表决等一系列问题上难免显得捉襟见肘。此时，刻板的法律适用很有可能背离债权人在与企业集团成员进行交易时的合理预期，无法准确反应集团内部相互关联的经济实质。

　　我国《企业破产法》尚未对企业集团的破产问题做出特别规范，法院面对集团破产案件的涌入也都在逐步摸索之中,衡平居次、实质合并规则的渐趋适用可见一斑。本书则是南京破产法庭结合其办理企业集团破产案件的经验,对此类破产案件中特殊问题的梳理以及处置模式的思考与探索。

本书分为大型企业集团的破产困境、我国大型企业集团处置的实践探索、大型企业集团破产处置的域外考察、大型企业集团破产的程序构造、大型企业集团破产的挽救处置以及大型企业集团破产处置中的府院联动机制等六个章节。在资料范围上,本书检索了我国公开裁判中的相关信息,全方位展现了我国法院当前对企业集团破产案件的审理情况,本书同时还借鉴了企业集团破产处置的域外经验,包括联合国国际贸易法委员会制作的示范法、欧盟颁布的相关法令以及其他经济体的立法例。在具体的处理方案上,本书紧扣大型企业集团的特殊法人属性,着重讨论了预重整、实质合并以及程序协同在不同类型企业集团破产中的程序选择和受理效果,同时覆盖了破产法领域近年来的"热点话题",包括预重整、破产企业融资、破产信托以及破产衍生案件的处置、破产企业信用的修复等。这些平时尚未完全厘清的疑难问题,在大型企业集团的破产处置中显得尤为复杂和棘手。可以说,大型企业集团破产处置的质效成了检验当前破产法实施效果的试金石,这也使本书的讨论更具挑战性和现实意义。

破产法庭的专业人员队伍是我国破产法实施效果检测以及修法方向把控中一支最重要的力量。鉴于我国目前缺乏针对企业集团破产问题的全国统一立法,实践层面的探索和"试水"就显得十分必要,不论是单体企业还是企业集团,不论是预重整还是正式重整乃至实质合并重整,均是我国破产审判机构在合乎破产法立法意图的基础上进行的审理模式创新。因而本书在分析具体的处置方案时,通常会提供多个备选项,譬如实质合并的多种启动模式、集团内部相互担保责任的不同调整路径,以及企业集团破产衍生诉讼的不同管辖方案等。实际上,在大型企业集团这一外壳下,每个企业集团的资产结构和财务困境均呈现出较高的异质性,与单体企业破产的处理思路相比实在无法同日而语。为应对大型企业集团破产中的各类问题，往往需要采用多样化、集约化的疑难问题化解思路和方法，正因为如此，单设破产法庭的制度优越性得以突显。

本书由南京破产法庭王静庭长担任主编，多位一线破产法官与高校学者参与了编写。本书一方面汇集了一线法官的实务对策思考，另一方面也试图从理论上进行一些拓荒式探索。附录部分还收录了39起具有典型意义的企业集团破产案件以及截至本书定稿时全国各地制作的涉及企业集团破产问题的270份文件，相信这些成果能够为未来的企业集团破产案办理乃至破产立法提供富有价值的参考。

本书主编王静庭长原任南京市中级人民法院研究室主任，曾经独著多部将理论与实务融为一体的保险法著作，在担任南京破产法庭庭长之后，王静庭长又出版了《实质合并破产法律制度构造研究》等多部破产法著作，其勤奋、严谨、求真、务实的工作作风和研究态度令人敬佩。由于我的主要研究领域跟王静庭长正好有较高的契合度，平时常有机会向王静庭长请教专业问题，遂应王静庭长之邀欣然草就以上文字，权充作本书序言。

上海交通大学凯原法学院凯原特聘教授
上海市法学会破产法研究会会长
韩长印
2024 年 12 月 30 日

序 二
Preface

党的二十届三中全会决定指出，破产制度是市场经济的基础制度，"健全企业破产制度，探索建立个人破产制度"是构建高水平社会主义市场经济体制的重要改革任务。破产法的市场化、法治化、常态化实施，对市场经济的发展、资源优化配置和经济秩序稳定，起着重要的保障作用。

从比较法的角度考察，破产法的发展开始分类关注大中型企业和小微企业破产，彼此规则之间既有联系又有区别。随着市场经济体制改革的深入推进，我国已经在不同层次上形成了相当数量的大型企业集团，越来越多的民营企业也通过一系列市场化的手段构建起大型企业集团。大型企业集团已经发展成为国民经济的主导力量。大型企业集团自有其发展的经济优势，但也因其规模远大于其他企业，一旦陷入经营困境，其破产处置的复杂程度也是其他企业类型所不能比拟的，如果处置不当极易导致风险外溢。企业的集团化经营结构更是加剧了这种风险的蔓延。尤其是近年来，大型企业集团风险问题频发，引发经济社会风险和矛盾交织，对经济健康发展和区域金融稳定等方面影响重大，因此大型企业集团进行破产处置和风险化解的现实和制度需求十分强烈。海航集团重整案是目前债务规模、企业规模最大的案件，北大方正、清华紫光等一批知名企业集团也陆续借助破产重整程序实现脱困重生。南京破产法庭近年来审结了"建工系"、"雨润系"、"永泰系"、省纺织集团等一批大型企业集团破产重整案件，有效地担负起化解地方重大金融风险的任务，积累了丰富的大型企业集团破产处置的实践经验。

大型企业集团的破产，不同于单体企业破产，因其规模巨大、结构复杂而依赖更多元的程序安排和适用,在实体上也需要重视解决集团内部关系。我国现行《企业破产法》尚未针对企业规模大小设计不同的破产规则,在司法实践中尚不足以匹配大型企业集团的特殊性。企业集团破产问题常常被转化为关联企业合并破产问题,实质合并破产制度正是因此而产生的一项实践中的新制度,借由司法实践积累与司法政策指引,得以广泛运用并不断创新发展。同样来源于司法实践探索的预重整制度,也已经成为企业集团、上市公司等大型企业解决债务风险的重要制度工具。我国现行《企业破产法》尚未对实质合并破产、预重整等做出明确规定,地方各级人民法院积极开展实践探索,并出台有关实质合并、预重整的司法文件,为立法发展积累了重要的经验基础。南京破产法庭在这些方面也取得了诸多重要成果,对实质合并的理论研究与个案适用均起到了较大的促进作用,相关审判指引在多起大型企业集团重整案件中发挥实效,有力地推动了相关领域破产制度的实践发展。

破产案件涉及多方面社会资源的配置和调动,特别在大型企业集团破产案件中,具有利益主体多元、矛盾纠纷复杂、社会影响较大等特征,不仅牵涉债务企业与债权人之间的复杂债权债务关系,还会涉及与金融、税务、工商、不动产等政府部门间的错综复杂关系。大型企业集团的顺利处置与重生,离不开破产府院协调机制的深化发展。国务院2019年出台《优化营商环境条例》,从立法层面为府院协调机制构建提供了顶层设计,各地破产案件办理中的府院协调机制不断深化发展,在协调联动上不断发挥实效,取得了一系列的创新成果。例如,南京将破产审判作为党委、政府、法院和社会各界积极参与的一项系统性、综合性工程,通过高位协调、上下联动、重点突破等方式,构建"市区两级全覆盖、重点领域全覆盖"的"1+N"府院联动机制,打造市级企业破产公共服务中心,推动府院联动迭代升级,走向破产公共服务现代化。

大型企业集团破产是现代破产法所要面对和处理的重大问题。从域外经验来看,集团企业的破产制度建设经历了一个从无到有的过程。2019年,国际贸易法委员会专门针对集团企业制定了《贸易法委员会企业集团破产示范法》，明确指出对企业集团破产进行单独规范的必要性，为企业集团中的第三方成员参与个别成员的破产案件提供了一种统一模式，即"计划程序"（Planning Proceeding）。域外国家和地区在有关集团企业破产的实质合并、程序协同等程序制度上不断进行创新，预重整作为弥补正式重整缺漏的机制，也成为大型企业集团破产的重要制度工具，在各国立法上得以发展完善。这些都为我国大型企业集团破产处置的制度发展提供了有益的研究资源，本书充分关注了这些发展情况，并对此开展了深入的研究。

本书是目前为数不多的专门针对大型企业集团破产处置开展研究的著作，不仅系统性地研究了大型企业集团破产处置的全流程，还广泛搜集整理了国内有关大型企业集团破产处置的典型案例和制度文件成果，提出了诸多的有益思考和创新观点。南京破产法庭在理论研究和制度实践中不断创新引领，将创新发展中的思考研究融入制度的丰富与完善，在大型企业集团破产处置上也卓有成果。

南京破产法庭王静庭长邀请我为本书作序，我也因此有幸提前阅读了完整书稿，十分乐意将本书推荐给读者朋友和学界同仁，并相信本书的出版有助于读者多角度、全方位理解大型企业集团破产处置的实践及其发展，为破产法理论研究和实务工作提供有益的借鉴，为做好大型企业集团风险防范化解、推动高质量发展这一重大问题提供现实性、针对性和前瞻性的参考和指导。

是为序！

中国人民大学法学院教授

北京市破产法学会会长

徐阳光

2024 年 12 月 4 日

目 录
Contents

引　言　　　　　　　　　　　　　　　　　　　　　　　　　001

第一章　大型企业集团的破产困境

一、大型企业集团的概念　　　　　　　　　　　　　　　　　003
　　（一）国外关于企业集团概念的界定　　　　　　　　　　003
　　（二）我国对企业集团概念的界定　　　　　　　　　　　005
　　（三）企业集团与关联企业的关系　　　　　　　　　　　006

二、企业集团的经济属性　　　　　　　　　　　　　　　　　007
　　（一）组织结构的复杂性和多层次性　　　　　　　　　　010
　　（二）经营策略的一致性和资源的共享性　　　　　　　　010
　　（三）经营的专一性与多元性　　　　　　　　　　　　　010

三、大型企业集团破产的特殊性　　　　　　　　　　　　　　011
　　（一）大型企业集团的风险形成机理　　　　　　　　　　011
　　（二）大型企业集团的债务问题特征　　　　　　　　　　012
　　（三）大型企业集团破产的利益冲突　　　　　　　　　　014

第二章　大型企业集团破产处置的实践探索

一、大型企业集团破产的实证概览　　　　　　　　　　　　　016
　　（一）案件年度分布　　　　　　　　　　　　　　　　　017
　　（二）案件区域分布　　　　　　　　　　　　　　　　　017
　　（三）案件债务规模　　　　　　　　　　　　　　　　　018
　　（四）案涉企业性质及行业特征　　　　　　　　　　　　019

（五）审理法院的层级分布　　021
　　（六）适用程序的特征　　022
　　（七）挽救工具的运用　　023
二、大型企业集团破产的规范探索　　026
　　（一）最高人民法院在制度规范层面的推动　　027
　　（二）地方人民法院的探索　　029

第三章　大型企业集团破产处置的域外考察

一、比较法对企业集团破产问题的态度转变　　039
　　（一）区域范围内的法案更新　　041
　　（二）国家层面的破产法改革　　042
　　（三）联合国的示范法出台　　043
二、实质合并的域外适用：Substantive Consolidation　　044
　　（一）实质合并的基本内涵　　045
　　（二）设立实质合并适用标准的典型案例　　046
　　（三）近年紧缩适用实质合并的裁判趋势　　049
三、程序协同的域外适用：Planning Proceeding　　051
　　（一）MLEGI 的制作背景及其程序性要素　　051
　　（二）MLEGI 中"规划破产程序"的程序协同效果　　053
　　（三）美国破产法中的程序协同　　055
四、第三人免责在企业集团破产中的域外适用：Third‐party Release　　056
　　（一）重整计划免除关联企业债务的现实基础　　056
　　（二）重整计划免除关联企业债务的前提条件　　060
五、预重整的域外适用：Pre‐packaged Reorganization　　063
　　（一）美国破产法中的预重整规则　　063
　　（二）英国公司法中的庭外重组　　065
　　（三）日本行业规范中的私下整理　　066
　　（四）德国破产法中的重整准备程序　　067

第四章 大型企业集团破产的程序构造

一、程序启动 　068
　（一）风险识别机制 　068
　（二）管理层的义务 　072
　（三）司法管辖与审查 　076

二、审理方式 　084
　（一）预重整的适用 　084
　（二）实质合并 　091
　（三）程序协调 　098

第五章 大型企业集团破产的挽救处置

一、方案制作 　100
　（一）创新工具的运用 　100
　（二）各方主体的协作 　110
　（三）表决规则的完善 　120

二、重整计划执行 　123
　（一）重整计划执行中存在的问题 　123
　（二）重整计划执行中的职责分工 　124
　（三）重整计划执行的监督机制 　128

三、衍生问题管理 　131
　（一）集中管辖规则的厘清 　131
　（二）衍生问题的影响 　134
　（三）衍生诉讼的多元化治理 　135

第六章 大型企业集团破产处置视角下的府院联动机制

一、府院联动机制概述 　139
　（一）府院联动机制的制度价值 　140
　（二）府院联动机制的实践探索 　142
　（三）现有破产府院联动机制存在的问题 　144

（四）破产府院联动机制的发展趋势　　146
二、市场化信用修复机制的构建　　147
　　（一）破产信用修复的困境　　148
　　（二）重整企业信用修复的意义　　150
　　（三）重整企业信用修复的构建　　151
三、破产涉税问题的解决　　158
　　（一）重整税收优惠制度　　160
　　（二）非正常户的解除　　166
　　（三）实质合并情形下的税收处理　　167
四、上市公司监管协同联动　　169
　　（一）法院和证券监管部门监管联动的规则　　170
　　（二）破产重整与重大资产重组的协同　　174
　　（三）信息披露的监管联动　　180

结　语　　184

附　录　　185
　附录1：我国大型企业集团破产处置典型案例　　185
　附录2：涉大型企业集团破产处置相关机制概览　　245

后　记　　265

引 言

营造市场化、法治化、国际化一流营商环境，是实现高质量发展，推动中国式现代化新实践的内在要求。法治是最好的营商环境，更好发挥法治固根本、稳预期、利长远的保障作用，对防范化解重大风险、优化法治化营商环境、推动高质量发展具有重要意义。当前我国发展进入战略机遇和风险挑战并存的时期，尤其近年来出现了一些大型企业集团风险问题，为维护经济社会健康发展，防范化解重大风险，必须做好大型企业集团风险处置工作。

破产制度是社会主义市场经济的基础性制度，具有规范市场竞争机制、优化资源配置的基本功能和服务保障供给侧结构性改革的时代价值。近年来，海航集团等企业集团先后进行破产重整，实现脱困重生。目前，尚有一些大型企业集团正处于危机爆发和风险处置阶段，大型企业集团破产处置的现实及制度需求仍十分强烈。深入研究大型企业集团破产处置及其法律制度问题对提升破产免救效能，持续优化营商环境具有重要价值意义。

第一章
大型企业集团的破产困境

　　企业集团是我国社会主义市场经济高度发达、社会生产力大幅提升以后的必然产物。与传统的企业形态相比，大型企业集团在国民经济中不仅有着举足轻重的地位，而且也是全球竞争的积极参与者和主导力量。随着我国市场经济制度的不断完善以及国有企业改革的深入推进，我国已经在不同层次上形成了相当数量的大型企业集团。据统计，截止到2023年，中央直管的"中"字头企业共有98家，所有这些企业都是大型企业集团，多数已经进入世界500强行列，涵盖能源、金融、地产、交通、航天、军工等领域，直接关系着我国国民经济命脉，由国务院国有资产监督管理委员会负责日常管理。2023年，中央企业实现营业收入39.8万亿元、利润总额2.6万亿元、归母净利润1.1万亿元；累计完成固定资产投资（含房地产）5.09万亿元、同比增长11.4%，战略性新兴产业完成投资2.18万亿元、同比增长32.1%；中央企业研发经费投入1.1万亿元，连续两年突破万亿元大关。[1] 中央企业是国家经济增长的"顶梁柱"，科技创新的"国家队"，安全发展的"压舱石"。除央企外，由地方国资管理部门直接和间接控制的国有企业及国有控股企业集团已达10余万家。同时，越来越多的民营企业也通过一系列市场化的手段构建起大型企业集团。

　　但是大型企业集团因其规模远大于其他企业，因此其一旦陷入经营困境，其破产处置的复杂程度也是其他企业类型所不能比拟的。"大型企业集团经营中往往呈现出集团内成员相互担保，企业间交易往来频繁等特点。破产中，

---

[1] 参见王希：《2023年央企实现营收39.8万亿元》，载中国能源网2024年1月24日，http：//www.cnenergynews.cn/news/2024/01/24/detail_20240124145403.html。

大型企业的债务关系处理起来相对复杂"[1]，如果处置不当极易导致风险外溢。因此，有必要对大型企业集团的破产处置进行深入具体的研究。

一、大型企业集团的概念

迄今为止，学术界对于企业集团的概念仍未能达成一致意见。囿于各个国家的具体情况，各国对于企业集团的官方定义也不尽相同。

（一）国外关于企业集团概念的界定

企业集团的概念最早是由日本学者提出来的，在20世纪五六十年代，日本的一些企业进行了一系列的兼并组合，形成了三菱、三井、住友等六大企业，这六大企业当时被称为六大企业集团。1971年，日本学者山田一郎将企业集团定义为"是以各个成员企业在技术及其他经济机能上的互相补充为目的、以成员的自主权为前提、在对等互利原则下结成的持续长久的经营结合体形态和经营协作体制"[2]。他认为企业集团是一种为避免市场和内部组织失败而采取的制度创新。

1975年日本政府公正交易委员会对企业集团的概念作出官方认定，认为企业集团有如下七个标志：由集团内主要企业的董事长、经理组成的经理会，负责确定整个集团的方针大计；集团内部各企业之间互相持股；集团内各企业相互派遣管理人员或兼任董事；集团内的银行对集团内企业进行系列贷款；在集团内进行交易；以集团为单位向新事业发展；使用共同的商标与标志。

日本学者金森久雄等在1996年主编的《经济词典》中，将企业集团定义为"多数企业相互保持独立性，并相互持股，在金融关系、人员派遣、原材料供应、产品销售、制造技术等方面建立紧密关系而协调行动的企业群体"。日本学者今井贤一和小宫隆太郎在其主编的《现代日本企业制度》一书中则将企业集团定义为"通过主管兼职或者某种程度上的股票持有能够确认企业之间存在联结关系的企业集合，是采取协作性行动的企业的集团"[3]。

---

[1]《最高人民法院刘贵祥专委在第十四届中国破产法论坛上的主旨发言》，载中国法学创新网2023年11月28日，http://www.fxcxw.org.cn/dyna/content.php?id=26487。

[2] 刘丹：《国内外企业集团概念研究综述》，载《当代经济》2014年第1期。

[3] 赵曙明、赵薇、徐军：《我国企业集团及其发展历程研究》，载《生产力研究》2002年第3期。

企业集团，这一概念一开始并未受到西方学术界的重视，但是在20世纪六七十年代，在研究日韩等的经济发展时，他们开始将这种企业联合体称为企业集团。美国学者斯特罗恩在《经济发展中的家族和其他企业集团（1976）》一文中将企业集团定义为：一种由各种类型公司及这些公司的所有者及管理者组成的长期的联合体，企业集团和其他类型的企业联合体最为明显的区别就是这些组成企业集团的各个公司之间由于存在各种关系，因而享有如家族、亲属般信赖和忠诚，集团成员之间信息共享，能够实现比市场交易更为公平的内部交易。经济学家内森尼尔·莱夫在《发展中国家的产业组织和创业精神：经济集团（1978）》一文中指出，企业集团是发展中国家在经济发展阶段特有的一种组织结构，在不完善的市场中，企业集团是一种制度创新，市场主体采用企业集团这一形式将各交易主体之间的交易活动内部化并获取交易活动内部化所带来的收益。[1]

经济社会学家马克·格兰诺维特在1994年的一篇文章中将企业集团界定为企业联合体，联合体中的各个企业彼此之间都存在法律或社会联系，其中有一个企业处于核心地位。战略管理学者卡纳和里夫金在《新兴市场中企业集团的绩效测算（2001）》一文中则将企业集团定义为"一个企业族群，成员企业通过正式或非正式的纽带联结在一起，并通常采取一致行动，但每个成员都是独立的法人"。加里·布鲁顿等在2005年的一篇论文中则将企业集团定义为具有独立法人地位的公司组成的联合体，企业集团成员公司之间的联系纽带可以是如所有权、财务和商业方面的经济纽带，也可以是如家族、亲属和友谊方面的社会纽带。[2]

总体而言，无论是日本还是西方学者对于企业集团的定义有以下两个共同特征：第一，企业集团不是一个独立法人，而是多个法人的集合体，组成集团的多个法人之间存在长期、稳定的关系。在经济转型国家，这种多个独立法人之间长期、稳定的关系在降低交易成本和弥补市场缺失方面具备特殊

---

[1] 参见雷德雨：《国外企业集团概念的研究综述——兼论发展企业集团的国际经验》，载《吉林广播电视大学学报》2016年第3期。

[2] See Daphne Yiu, Garry D. Bruton & Yuan Lu, *Understanding Business Group Performance in an Emerging Economy: Acquiring Resources and Capabilities in Order to Prosper*, Journal of Management Studies. 14 January (2005), p. 183–206.

的竞争力。第二，企业集团内部成员之间的关系是多重和复杂的，既有可能是以产权为纽带的资产型战略联盟的关系，也有可能是以合同、家族等为基础的非资产型战略联盟关系。

(二) 我国对企业集团概念的界定

企业集团这一概念是改革开放以后逐渐被介绍到国内的。1986年3月23日，国务院颁布了《关于进一步推动横向经济联合若干问题的规定》。该规定第1条明确指出"通过企业之间的横向经济联合，逐步形成新型的经济联合组织，发展一批企业群体或企业集团"。当年的第六届全国人民代表大会第四次会议上又正式提出了发展企业集团的任务。1986年10月28日，厉以宁教授在《企业集团与垄断、竞争》一文中第一次明确阐述了企业集团的概念，他认为"企业集团是企业之间横向经济联合的产物，它是若干个企业在同一地区、同一部门或跨部门、跨地区的经济联合体。这种联合可能主要在生产、销售领域内……也有可能深入到所有权范围内……上述两种可能出现的联合中，无论哪一种联合都会形成企业集团，只是前一种联合形式的企业集团较松散，后一种联合形式的企业集团较紧密。"1987年年底，国家经济体制改革委员会、国家经济委员会颁发了《关于组建和发展企业集团的几点意见》，对企业集团的含义、组建企业集团的原则以及企业集团的内部管理等问题第一次作出了明确规定。但是这份文件没有明确企业集团的本质特征。1989年原国家经济体制改革委员会印发了《企业集团组织与管理座谈会纪要》。该文件第一次对企业集团的基本特征作出了明确规定，指出企业集团公司与紧密层、半紧密层企业的联结纽带主要是产权关系。

1998年4月国家工商行政管理局颁布了《企业集团登记管理暂行规定》，其对企业集团的界定基本沿用了之前国家经济体制改革委员会的文件，规定"企业集团"是以资本为主要联结纽带的母子公司为主体，以集团章程为共同行为规范的母公司、子公司、参股公司及其他成员企业或机构共同组成的具有一定规模的企业法人联合体。企业集团不具有企业法人资格。

2002年由国家统计局编撰、中国统计出版社出版的《2001年中国大企业集团》一书中将企业集团定义为："企业集团是指以母子公司为主体，通过投资及生产经营协作等多种方式，与众多的企事业单位共同组成的经济联合体。

企业集团不具有企业法人资格。"

(三)企业集团与关联企业的关系

《外商投资企业和外国企业所得税法实施细则》最早对关联企业进行了定义。该实施细则第51条规定，关联企业是指有下列关系之一的公司、企业和其他经济组织：（1）在资金、经营、购销等方面，存在直接或者间接的拥有或者控制关系；（2）直接或者间接地同为第三者所拥有或者控制；（3）在利益上具有相关联的其他关系。

2006年财政部发布的《企业会计准则第36号——关联方披露》（财会〔2006〕3号）使用的是"关联方"的概念。该准则第3条第1款规定："一方控制、共同控制另一方或对另一方施加重大影响，以及两方或两方以上同受一方控制、共同控制或重大影响的，构成关联方。"该准则进一步解释了何为控制、何为共同控制、何为重大影响。控制，是指有权决定一个企业的财务和经营政策，并能据以从该企业的经营活动中获取利益；共同控制，是指按照合同约定对某项经济活动所共有的控制，仅在与该项经济活动相关的重要财务和经营决策需要分享控制权的投资方一致同意时存在；重大影响，是指对一个企业的财务和经营政策有参与决策的权力，但并不能够控制或者与其他方一起共同控制这些政策的制定。该准则的第4条根据前述第3条规定的关联方判断标准，采用列举的方式列明了母子公司，受同一母公司控制的其他企业，实施共同控制的投资方，施加重大影响的投资方，企业的实际控制人及与其关系密切的家庭成员，企业或其母公司的关键管理人员及与其关系密切的家庭成员，企业的主要投资者个人、关键管理人员或与其关系密切的家庭成员控制、共同控制或施加重大影响的其他企业等，均构成关联方。

2008年全国人民代表大会常务委员会制定的《企业国有资产法》中也采用了"关联方"的说法。该法第43条第2款规定，本法所称关联方，是指本企业的董事、监事、高级管理人员及其近亲属，以及这些人员所有或者实际控制的企业。这些规定主要从关联企业在税收征收、财务及资产管理方面可能存在的利益往来角度对关联企业进行了界定。

综合以上规定，所谓关联企业就是一组存在从属或控制与被控制关系的企业群体。这种从属或控制关系是通过股权、契约或人事纽带来实现的。在关联企业之间关系的类型上有纵向、横向及多层级结构等多种形式。在判断各企业是否属于关联企业时，应遵循实质重于形式的原则，根据彼此之间关系的实质进行认定，而不仅仅根据法律形式，核心在于直接或间接的控制关系与重要影响。

从本质上看，企业集团和关联企业是同一概念，关联企业就是企业集团，或者说企业集团是关联企业的一种典型表现形式。[1] 关联企业是若干个法律上独立的企业因为相互之间具有某种特定的连接纽带而在现实经济世界中呈现出来的一种集团化生存状态。从企业的集合点上来说，企业集团和关联企业是相同的，两者都是一组或一群复数的企业。所不同的是关联企业和企业集团是对相同企业群的不同角度的表述。关联企业是从微观的角度，重点考察此企业和彼企业的关系，即对企业的考察是以两个企业为一个单元；而企业集团则是从相对宏观的角度，重点考察一群企业的整体性问题，即一个企业集团至少包括两个以上的企业。关联企业和企业集团犹如一个硬币的两面。[2] 关联企业和企业集团的外延是相等的，关联企业就是构成企业集团的成员企业，企业集团就是由若干关联企业组成的企业联合体。

二、企业集团的经济属性

企业集团是介于企业层级与市场之间的一种中间型组织，企业集团首先是一个经济现象。科斯的交易费用理论为企业集团的产生和发展提供了理论基础，由于交易费用的存在，企业有一种不断将相关企业联合的倾向。[3] 通过资本、协议、人事控制等多种形式联结的企业集团，跨越了单个法人的边界，在成员企业之间构建起有组织的内部市场。内部市场主要是指内部资本市场，此外还包括内部产品市场、技术市场、劳动力市场等。

从资源配置的角度来看，内部资本市场的存在使企业集团成为一种有效率的制度安排。资本配置有两个市场，一是外部资本市场，二是内部资本市场。在外部资本市场，社会资本通过信贷市场或证券市场将资本配置给企业。

---

[1] 参见施天涛：《关联企业法律问题研究》，法律出版社1998年版，第15页。
[2] 参见周友苏：《公司法通论》，四川人民出版社2002年版，第873页。
[3] 参见［美］罗纳德·哈里·科斯：《企业、市场与法律》，盛洪、陈郁译，上海三联书店1990年版，第18页。

但由于信息不对称和代理成本,外部资本市场的效率相对有限,尤其是在发展中国家,金融基础设施相对薄弱,缺乏高效的信息披露机制,投资者保护制度不健全,存在外汇管制和资本流动的各种限制,监管制度也不够完善,因此外部资本市场波动性较大,在这种情况下,企业集团内部资本市场的存在正好可以弥补外部资本市场的不足。可以说,内部资本市场是企业集团最为重要的经济特征。

内部资本市场通过将市场上的外部性问题内部化,为大型企业集团提供了内外部信息和各种资源再整合的内部平台。[1] 这实际上是组织权威和市场机制围绕资本配置冲突进行的企业内部自我协调机制。内部资本市场主要是指资金从一个子公司或部门转移到另一个子公司的资金流动。这种机制在集团企业内部发挥至关重要的作用,资金分配的主导者(通常是控股股东或实际控制人)在资本配置过程中具有明显的信息优势,其对投资项目的真实绩效和预期收益相对于外部投资人有更为清晰的认知,因此,不仅信息搜寻成本和传递成本大大降低,而且由于信息的准确性比较高,还可以将资本从收益低的部门转移到收益高的部门。另外,外部资本市场的投资人对于企业的监督成本比较高且难以实施真正有效率的监督,而在内部资本市场,核心控制企业相比外部债权人拥有更多的剩余价值请求权,使其具有更强的监督激励,而且基于信息优势也可以更方便、有效地进行监督。[2] 企业集团通过成员企业之间的关联交易将独立的市场交易转变为成员企业之间的内部交易,可以避免市场上由于信息不对称、信息不及时、信息渠道有限、监督成本过高等造成的交易成本过高和市场风险问题。

但是,内部资本市场在缓解融资约束的同时也有可能导致投资过度进而损害外部债权人利益,而且由于企业之间利润的产出主体与最终的获得主体之间并不完全匹配,内部资本市场的资源配置并非公允的市场交易,而是基于统一控制下的科层决策,也留下了寻租的空间,这些都会导致资本配置的低效率。[3] 企业集团内部资产结构的复杂性及合作方式的多元性使代理问题

---

[1] 参见赵钊、杜晨爽:《服务化进程中资源整合的研究综述》,载《财会月刊》2022年第11期。
[2] 参见李艳荣、金雪军:《论内部资本市场中资源配置的效率》,载《学术月刊》2007年第4期。
[3] 参见卢建新:《内部资本市场理论综述》,载《中南财经政法大学学报》2006年第2期。

更加隐蔽，而且成员企业之间多种形式的关联关系还会放大由此产生的经济风险。在新兴市场国家，由于外部资本市场不发达，企业集团尤其是民营企业集团可以通过内部资本市场降低交易成本，提高资源配置效率。但越来越多的经验证据证明，由于公司治理结构的不健全，内部资本市场在不同程度上加剧了大股东与小股东之间的利益冲突，沦为控股股东进行资产转移、损害小股东以及外部债权人的利益输送工具。[1] 尤其在包括我国在内的东亚国家，因为浓厚的家族意识、密切的人际关系及财富传承的观念等，公司股权结构呈现出高度的集中性，"一股独大"的态势十分明显。[2] 股权结构的高度集中是控股股东产生及滥用权利的适宜土壤。[3] 控股股东为了自身利益而不是公司利益或者全体股东利益行使其控制权、表决权就有可能构成权利的不当行使甚至滥用。控股股东滥用以表决权为核心的控制权，通过不当关联交易转移资产甚至掏空企业集团内部其他成员企业的行为并不鲜见。

除内部资本市场以外，企业集团尤其是大型企业集团内部还往往存在内部产品市场。内部产品市场是指一个企业内部不同部门或子公司之间进行产品和服务交易的机制。在内部产品市场中，企业的各个部门像是独立的市场参与者，彼此之间通过购买和销售产品或服务来满足内部需求。通过内部产品市场，企业可以优化资源配置、提高效率和降低成本。同时，内部产品市场也可以促进创新和业务发展，激发企业集团公司内部成员之间的竞争和合作，推动企业整体业绩的提升。在建立内部产品市场时，企业需要考虑市场规则的设定、价格机制的设计以及监管机制的建立，以确保市场的有效运作和内部资源的最优利用。

如果说内部资本市场是大型企业集团最为重要的本质特征，是企业集团区别于单体公司的最大特征，那么企业集团的外部特征则主要有以下几个方面。

---

[1] 参见刘星、代彬、郝颖：《掏空、支持与资本投资——来自集团内部资本市场的经验证据》，载《中国会计评论》2010年第2期；杨棉之：《内部资本市场 公司绩效与控制权私有收益——以华海天香集团为例分析》，载《会计研究》2006年第12期。
[2] 参见赵旭东：《公司治理中的控股股东及其法律规制》，载《法学研究》2020年第4期。
[3] 参见朱慈蕴、[日] 神作裕之、谢段磊：《差异化表决制度的引入与控制权约束机制的创新——以中日差异化表决权实践为视角》，载《清华法学》2019年第2期。

（一）组织结构的复杂性和多层次性

大型企业集团有多个法人，形成了一个多层次的企业联合体。一般而言，第一层次企业是集团公司，也就是控股公司、母公司，是核心企业；第二层次企业包括控股层企业、参股层企业和协作层企业；第三层次企业由一级子公司、关联公司、再投资设立的二级子公司、关联公司组成。由于大型企业集团通常会涉及多个不同行业、领域或市场的业务，每个业务板块可能都有自己的子公司或部门，这些业务板块之间可能存在交叉合作或竞争关系。而且，大型企业集团一般都在不同区域甚至不同国家设有分支机构或子公司，可能会涉及不同的法律、文化和市场环境。

（二）经营策略的一致性和资源的共享性

大型企业集团一般都有统一的战略目标和愿景，以保持组织内部的一致性和协同效应。通常是由母公司制定统一的经营策略和任务，并要求各个子公司和成员企业共同遵守和执行。这种一致性有助于确保整个集团的行动方向和步调一致，提高整体运营效率。经营策略的一致性就要求在技术、品牌、渠道等资源上实施共享，比如使用共同的集团标识，以集团名义融资或公关，统一进行人员的招募，等等。这种资源的共享不仅可以降低运营成本，还可以提高整个集团的竞争力，各公司间特有的紧密联系使它们在采取这些行动时可以步调一致。同时，通过资源的协同配置，企业集团能够更有效地应对市场挑战和机遇。

（三）经营的专一性与多元性

大型企业集团可能在某个特定领域或行业拥有专业化的优势和核心竞争力，致力于深耕和发展该领域，实现专业化经营和精细化管理。这种专一性可以帮助企业集团在特定领域取得竞争优势。与此同时，大型企业集团通常拥有多元化的业务板块和产品线，涉及不同行业和领域，以满足多样化的市场需求和客户群体。通过多元化经营，企业集团可以降低单一业务风险，拓展业务边界，实现业务增长和利润多元化。企业集团通过多元化经营可以在不同市场中获得更多机会，拓展新的业务领域，实现跨行业协同和资源整合，提高整体竞争力和抗风险能力。大型企业集团在经营过程中需要在专一性和多元性之间取得平衡,既要保持在某个领域的专业化,又要拓展多元化的业务板块和市场,以提升整体竞争力和抵御风险能力。

三、大型企业集团破产的特殊性

大型企业集团兼具权威控制下的科层管理与分权结构下的市场竞争特点,能够有效联结市场和企业,通过内部的控制管理关系,对成员企业进行产业分工,在关联企业内部进行资源配置和调节,降低交易成本,同时在成员企业之间进行资源共享,促进形成协调效应获得竞争优势,最终实现规模经济收益。企业集团的产生与发展有利于生产要素的优化配置,创造规模经济,符合社会化大生产的要求,也顺应了经济一体化、全球化的发展趋势。但是,我国大多数大型企业集团都采用绝对或相对的控股的股权模式,在公司治理结构上存在一股独大的困境,控股股东滥用控制关系成为我国企业集团治理的突出问题,外部股东或债权人利益得不到有效保障。母子公司或其他企业集团成员企业之间频繁的不正当交易通常十分隐秘,除非企业集团的财务危机全面爆发,否则很难为外界所感知。一旦大型企业集团出现破产情形,由于存在大量的关联交易、相互担保等,无论是债务重组还是资产处置的复杂程度均远超其他企业。

（一）大型企业集团的风险形成机理

大型企业集团的风险主要有三种,企业的经营风险、内部关联风险、内部整合风险。经营风险是最常见的风险,由经济形势、市场环境等多种因素决定,与其他单体企业并无显著差别。而内部关联风险和内部整合风险则是企业集团独有的风险。

内部关联风险指大型企业集团在发展过程中呈现成员企业数量繁多、管理层级复杂、成员企业之间关联交易频繁等特点,很容易造成某一个成员企业的单体经营风险经由大型企业集团内部的关系网络传导引发其他成员企业的风险。[1] 企业集团具有经营业务关联、管理制度同质的特点。该特点在给

---

[1] 参见李焰、陈才东、姜付秀:《集团化运作与企业财务风险——基于中国上市集团公司的经验证据》,载《中国会计评论》2008年第4期。

企业集团带来协同效应的同时,也会带来一损俱损的传染效应。[1] 在大型企业集团内部,由于内部市场的存在,企业集团成员之间可以通过关联交易把外部交易内部化以降低交易费用,而为了获取外部资源,成员企业之间还可以通过相互担保的方式来增强谈判能力,因此企业集团成员之间在日常内外业务上具有高度关联性。另外,由于集团内各成员均受母公司管控,在内部控制、企业文化上具有高度的相似性,因此,一旦某一子公司发生经营风险和财务风险,而企业集团本身在内部风险管制上又存在缺陷的话,极易导致成员企业间经营风险和财务风险的传染效应。

内部整合风险是指在大型企业集团结构下,整合子公司多元化的资源不当,未能形成企业集团预期的协同效应和既定战略,而给大型企业集团的发展和扩张带来损失甚至危机的可能性。[2] 在大型企业集团整合或重组过程中,原股东或管理层仍保留有一定的控制权,并且经常继续对子公司进行经营管理,而他们在经营目标上可能与控股股东不一致,而母公司与子公司间信息不对称在企业实际经营中的客观存在,导致母公司可能无法及时发现子公司存在的风险和问题,风险控制不足并进而引发债务风险和经营风险。子公司的经营者也有可能利用信息优势谋取私利,进行不当的资金输送。

大型企业集团相对于单体公司而言有更为复杂的产权结构和制度安排,对风险的管控难度更大。大型企业集团的经营者经常会陷入一种"大而不倒"的幻觉中,但是如果没有良好的公司治理结构和内部控制体系,即使规模再大的企业集团也有可能迅速土崩瓦解。

(二)大型企业集团的债务问题特征

破产程序是集中清理债权债务的司法程序,大型企业集团破产的问题首先就表现为企业集团的债务问题。大型企业集团一般由于其内外部的多重因素导致在经营发展过程中债务风险发生并扩大。例如,2017 年海航集团曾以 530.35 亿美元营业收入跻身《财富》世界 500 强第 170 位,也是其排名最高

---

[1] 参见石青梅、孙梦娜:《一损俱损:内控重大缺陷在企业集团内部的传染效应研究》,载《审计与经济研究》2020 年第 5 期。

[2] 参见鲍明铭、刘明忠:《大型企业集团风险管理模型研究》,载《经济与管理研究》2013 年第 1 期。

的一次。虽然2020年前后航空业不景气系海航集团破产的导火索，但其债台高筑与其前期业务的无序扩张也有直接关系。直至流动性危机爆发的2017年，海航集团仍在扩张兼并。另外，海航集团内部治理和资产管理不规范也是导致其破产的原因之一。根据海南航空控股股份有限公司（以下简称海航控股）发布的公告，公司存在股东及关联方非经营性资金占用的情况，海航控股被关联公司以拆借资金、履约代偿等理由占用大额资金。[1] 由于经营失当、管理失范、投资失序，加之市场下行，海航集团于2017年年底爆发流动性危机，并最终转为严重资不抵债的债务危机。

实证研究表明，我国的大型企业集团债务问题具有以下特征：

第一，利用关联关系过度融资。大型企业集团通常规模庞大，业务复杂，需要大量资金用于扩张、并购、研发等方面。而大型企业集团通常具有较好的信用评级和规模效应，可以获得较低成本的融资，很多大型企业集团在高速扩张期经营产生的现金流远不能满足扩张的需求，其通常会选择通过高负债进行扩张。如海航集团在2014—2016年资产负债表内显性有息负债从2135.75亿元猛增至4120.27亿元，涉嫌隐藏资产负债表外有息负债的少数股东权益从2014年的539.51亿元增加到2016年的3273.06亿元。恒大集团2020年财务报表显示，短期借款为3810.55亿元，长期借款为3354.77亿元，这7165.32亿元负债主要来自银行借款、非标融资和发行债券。[2] 由于企业集团组织结构的复杂性和关联交易的隐蔽性，尤其对于跨地域经营的企业集团，按照行政区划进行管理的银行存在严重的信息不对称，难以对关联企业进行准确识别进而实施有效的风险管理。大型企业集团普遍存在多个成员企业向多家银行融资的现象，一旦多头融资、过度融资，企业集团整体融资规模有可能远超其偿还能力，如果某一全国性的大型企业集团出现经营风险、债务危机时，中国工商银行、中国农业银行等主要银行几乎无一幸免。

第二，内部广泛的互联互保会引发系统性风险。为了增加银行授信的可能，大型企业集团倾向于通过成员企业之间的互联互保来满足贷款需求。例

---

[1] 参见于颖、罗党练、林硕延：《公司治理失败与企业破产——以海航集团为例》，载《财会月刊》2021年第13期。

[2] 参见张强：《大型企业集团财务危机预警研究——以海航和恒大为例》，载《审计研究》2023年第1期。

如，仅上海辖区内 20 家主要银行金融机构共涉及 2 个以上企业的担保圈 3124 个，包括 2～5 个企业的 2571 个，包括 6 个以上企业的就有 553 个。互联互保的贷款总额 2074 亿元，占对公担保贷款余额的 31.10%。[1] 互联互保容易引发风险聚集，一旦其中某个成员企业出现经营困难或信用风险，可能产生多米诺骨牌效应，导致"一损俱损"，风险成倍放大、蔓延，成为企业集团的整体风险，甚至引发行业性、区域性乃至全国性的系统风险。

第三，低效率的内部资本市场会损害中小股东及债权人的利益。虽然理论上看，企业集团所形成的内部资本有助于降低交易成本，提高资源配置的效率，但是，在企业集团的科层决策模式下，内部资本市场的功能也可能发生异化，成为控股股东进行利益输送的工具。在股权高度集中的公司治理结构下，控股股东成为实质上的公司治理主体。企业集团内部频繁的资源重新配置行为的目的往往不是实现集团整体利益最大化，而是追求控股股东自身利益的最大化。实证研究也表明，我国企业集团内部资本市场的配置效率普遍不高，民营企业集团的配置效率远低于国有性质的企业集团，超过一半的民营企业集团内部资本市场的配置是无效的。民营控股股东利用内部资本市场"掏空"成员企业的行为较为普遍。[2] 企业集团内部这种异化、无效的资本市场方便了成员企业之间转移资产、转嫁风险，损害了中小股东与债权人的利益。

（三）大型企业集团破产的利益冲突

目前我国对于企业集团的立法规制主要散见于公司法、证券法、税法等部门法。如《公司法》第 265 条第 4 项对关联关系进行定义，是指公司控股股东、实际控制人、董事、监事、高级管理人员与其直接或者间接控制的企业之间的关系，以及可能导致公司利益转移的其他关系。第 22 条规定，公司的控股股东、实际控制人、董事、监事、高级管理人员不得利用关联关系损害公司利益。违反前款规定，给公司造成损失的，应当承担赔偿责任。《民法

---

[1] 相关数据来源于上海银监局课题组、张光平、孙慧：《银行集团（关联）企业授信风险管理研究》，载《金融监管研究》2016 年第 1 期。
[2] 参见杨棉之、孙健、卢闯：《企业集团内部资本市场的存在性与效率性》，载《会计研究》2010 年第 4 期；李增泉、孙铮、王志伟：《"掏空"与所有权安排——来自我国上市公司大股东资金占用的经验证据》，载《会计研究》2004 年第 12 期。

典》在法人部分也重申了这一规定。第 84 条规定，营利法人的控股出资人、实际控制人、董事、监事、高级管理人员不得利用其关联关系损害法人的利益；利用关联关系造成法人损失的，应当承担赔偿责任。《证券法》第 123 条第 2 款规定，证券公司不得为其股东或者股东的关联人提供融资或者担保。《税收征收管理法》第 36 条规定，企业或者外国企业在中国境内设立的从事生产、经营的机构、场所与其关联企业之间的业务往来，应当按照独立企业之间的业务往来收取或者支付价款、费用；不按照独立企业之间的业务往来收取或者支付价款、费用，而减少其应纳税的收入或者所得额的，税务机关有权进行合理调整。我国现有法律规范均以公司正常存续为前提，从关联交易监管的角度作出规定，对于企业集团出现破产的原因，如何集中清理债务或进行重整挽救，立法未作制度安排。我国的企业破产法基于法人人格独立的法理基础采取的是单个企业破产的立法模式，即奉行"一企业一破产"原则，对企业集团破产在审理方式上也未作专门规定。

按照现有的破产制度处理企业集团破产，呈现的利益冲突主要集中在以下方面：第一，企业集团不同成员企业的债权人之间的利益冲突。基于企业集团成员企业紧密的控制与关联性，各成员企业在经营上往往是根据控股企业统一安排进行协调配合。各成员企业的交易及资产调配往往不是基于自身利益的最大化，而是为了集团整体利益最大化，甚至仅仅是为了追求实际控制人自身利益的最大化。无视缺乏真实市场交易基础所造成的各成员企业资产状况的差异，对各成员企业分别进行破产程序，将会影响对不同成员企业债权人的公平清偿。第二，企业集团内部债权人与外部债权人的利益冲突。企业集团往往利用内部资本市场统一进行资金调配，名义借款主体与实际使用主体分离，各成员企业之间互联互保情况普遍存在。如果忽视企业集团内部债权债务形成的控制因素，只按照形式上各自债权的性质，简单按照相同顺位清偿，可能影响对外部债权人的公平保护。第三，破产程序推进的效率价值冲突。大型企业集团复杂的组织结构、数量众多且来往频繁的关联交易、会计账簿及银行账户的缺失及交叉混用等情况，都给破产程序的顺利推进造成障碍。厘清成员企业各自的资产和负债需要法律、财务等专业人士投入大量的时间和费用，会大大损耗现存资产，进一步损害债权人的利益。而且单个推进的破产程序忽视了成员企业间的紧密经济联系，也不利于重整作为企业挽救制度功能的发挥。

第二章
大型企业集团破产处置的实践探索

对于大、中、小型企业的分类，根据国家统计局《统计上大中小微型企业划分办法（2017）》、工业和信息化部等四部门《中小企业划型标准规定》（工信部联企业〔2011〕300号），当前我国对于企业规模主要根据行业类型不同，对营业收入、资产总额或从业人员等要素设定相应标准进行划型。该种企业划型标准在统计口径上对企业分类具有一定意义，有利于结合企业行业特征进行针对性统计管理。[1] 中国人民银行等四部门发布的《金融业企业划型标准规定》（银发〔2015〕309号）主要依据资产总额对金融业企业进行划型，体现了资本要素在金融市场的重要性，符合金融行业企业的特征。[2] 企业破产是用于解决企业债务问题的制度，因此在对大型企业集团破产进行研究分析时，应当更加关注破产企业的债务规模状况。近年来，在司法实践中，我国各地法院已审结了一批具有影响力的大型企业集团破产案件，探索总结了一些实践经验。

一、大型企业集团破产的实证概览

由于大型企业集团风险存在引发系统性风险的影响，且其利益矛盾更加

---

[1] 例如，在《统计上大中小微型企业划分办法（2017）》中，大型工业企业应当满足从业人员在1000人及以上且营业收入大于等于40,000万元的条件；大型建筑业企业应当满足营业收入大于等于80,000万元且资产总额大于等于80,000万元的条件；大型租赁和商务服务业企业应满足从业人员300人及以上且资产总额大于120,000万元的条件；大型软件和信息技术服务业企业应满足从业人员300人及以上且营业收入大于等于10,000万元的条件等。

[2] 例如，《金融业企业划型标准规定》规定，大型银行业存款类金融机构资产总额应当在40,000亿元及以上；大型贷款公司、小额贷款公司、典当行、证券业金融机构资产总额应当在1000亿元及以上；大型保险业金融机构资产总额应当在5000亿元及以上；大型金融控股公司资产总额应当在40,000亿元及以上等。

尖锐，所面临的形势更加复杂，往往与区域经济发展具有较强的关联性，在地区会产生较大影响。我们在人民法院案例库及 2018—2023 年全国、各省（自治区、直辖市）具有较大影响力的典型案例中，筛选了自 2018 年以来至 2023 年年底前审结的债务规模在 30 亿元以上且包含关联企业或上市公司破产的大型企业集团破产案件 81 件进行实证分析，以展现我国司法实践中大型企业集团破产案件的特征。

（一）案件年度分布

从案件的年度分布看，全国各地具有较大影响的大型企业集团破产案件自 2020 年起数量有了明显增长。2020 年至 2023 年审结的大型企业集团破产案件共计 65 件，占所有筛选案件总数的 80.25%。其中，2023 年审结的案件可能受到信息披露时效的影响，目前筛选到 13 件。（如图 2-1 所示）

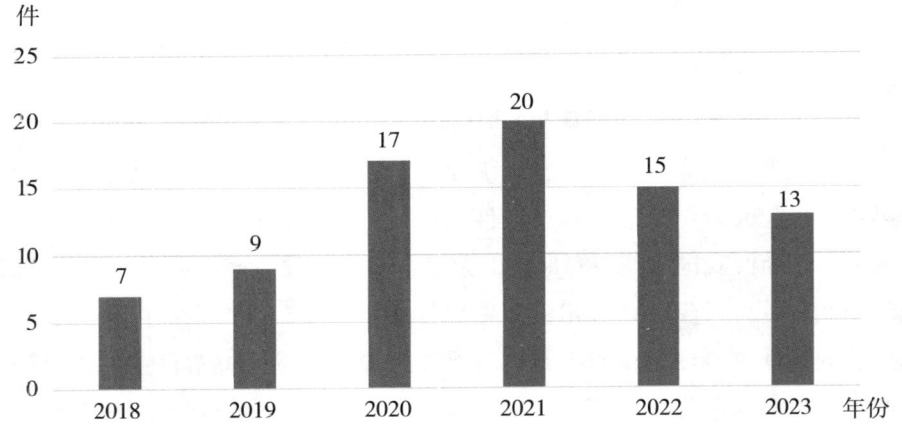

图 2-1　所筛选大型企业集团破产案件年度分布

（二）案件区域分布

在筛选的案件中，共涉及全国 25 个省、自治区、直辖市法院审结的案件，全国大多省份均审理过大型企业集团破产案件。其中数量最多的为浙江省，有 10 件，占比为 12.35%；北京市和山东省数量居次，各有 8 件，占比为 9.88%；再次是江苏省，有 7 件，占比为 8.64%。（如图 2-2 所示）

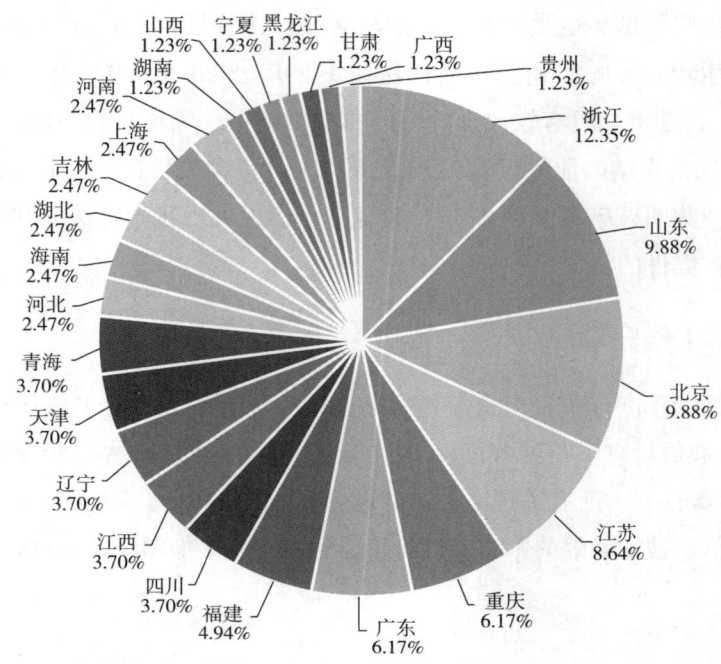

图 2-2 所筛选大型企业集团破产案件区域分布情况

除此之外,重庆市、广东省、福建省、四川省、江西省、辽宁省、天津市等均有多起大型企业集团重整案件。从区域分布来看,在经济较为发达的地区,如江浙及我国东部沿海地区,大型企业集团破产案件数量较多。同时,破产企业的主营行业也具有相应的地域特征,例如,破产企业主营行业为能源矿业的案件主要分布在四川省、山西省及贵州省等,主营行业属于科创技术服务业的案件在北京市最多,主营行业为农林业的案件则出现在吉林省和河南省。

(三) 案件债务规模

在债务规模方面,已有案件的债务规模突破万亿元级别,债务规模为千亿元级别的案件占比为 11.11%,债务规模为百亿元级别的案件占比为 41.98%,债务规模在 30 亿元至 100 亿元的案件占比为 45.68%(如图 2-3 所示)。债务规模在百亿元以上的案件合计占比超过 50%,表明大型企业集团破产处置涉及的债务规模巨大,稳妥处置关涉当地风险化解的推进。

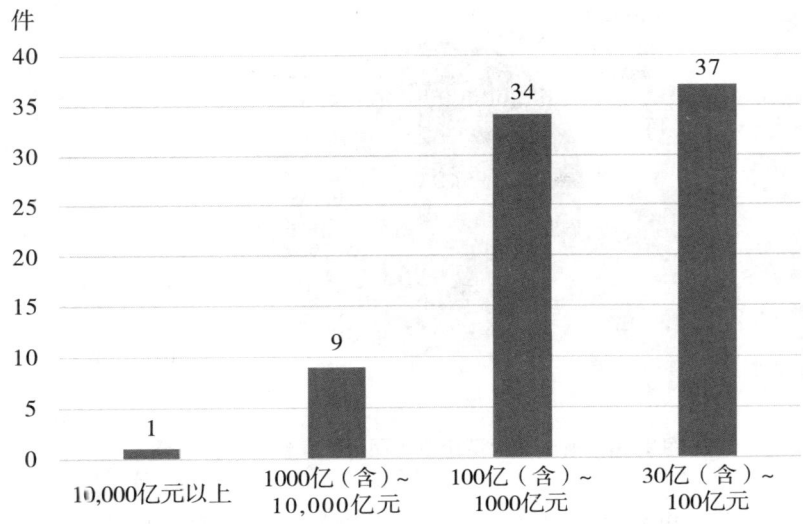

图 2-3　所筛选大型企业集团破产案件债务规模情况

目前债务规模最大的案件为海南省高级人民法院审理的海航集团等 321 家公司实质合并重整案，债务规模达到了 11,000 余亿元。该案也是目前涉及企业规模最大的企业集团重整案件。[1]

（四）案涉企业性质及行业特征

从案涉企业性质来看，筛选案件中有 61 件案件所涉企业为民营企业，占比为 75.31%，涉及国有企业的案件有 20 件，占比为 24.69%（如图 2-4 所示）。案涉企业性质以民营企业为主，一方面这与我国市场主体中民营企业占绝大多数的实际相符，[2] 另一方面也印证了大型的民营企业内部治理规范性欠缺、互联互保较多、实际控制人"掏空"企业较为普遍的客观状况。

---

［1］参见《最高法民二庭发布 2021 年度全国法院十大商事案件》，载《人民法院报》2022 年 1 月 30 日，第 1 版；《2021 年全国法院十大商事案件》，载微信公众号"最高人民法院" 2022 年 1 月 29 日，https://mp.weixin.qq.com/s/c_xQtGiqsS0smbzuWn9SZQ。

［2］截至 2023 年 5 月底，我国民营企业在企业中的占比提升至 92.4%。参见刘坤：《我国登记在册民企已突破 5000 万户，民企在企业中占比达 92.4%——民营经济如何走好高质量发展之路》，载中央人民政府网 2023 年 8 月 3 日，https://www.gov.cn/zhengce/202308/content_6896374.htm。

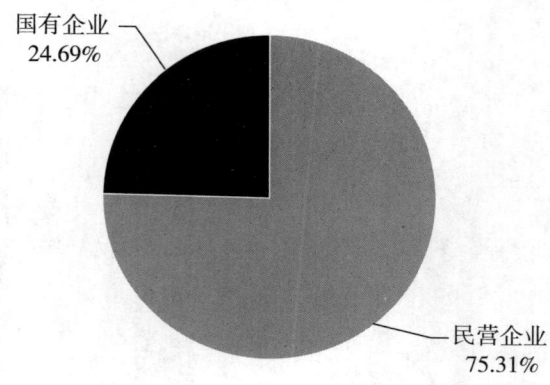

图 2-4 所筛选大型企业集团破产案件企业类型情况

从案涉企业的行业特征来看，大型企业集团往往具有较多的主营范围，我们仅根据大型企业集团核心企业的行业进行统计分析。在筛选的案件中，破产企业行业主要集中在制造业、能源与化工业、批发零售业等传统行业，占比合计为62.96%，其中占比最高的为制造业，为38.27%（如图2-5所示）。部分传统行业因产能过剩、技术落后等进入破产程序，部分企业集团通过清算退出市场，大多数企业集团则通过重整优化产业结构，实现产业升级。例如，在重庆市第五中级人民法院审结的隆鑫系17家公司重整案中，企业主营业务为摩托车制造，通过重整推动了企业生产更新换代，在全国率先开启电动车和电动摩托车的专项IGBT芯片设计，实现了企业提质增效，占领发展先机。[1]

---

[1] 参见重庆破产法庭：《重庆破产法庭2022年度十大典型案例》，载微信公众号"重庆破产法庭"2023年5月6日，https://mp.weixin.qq.com/s/M0MzQAZjPw1Pq_EHL-LNpA。

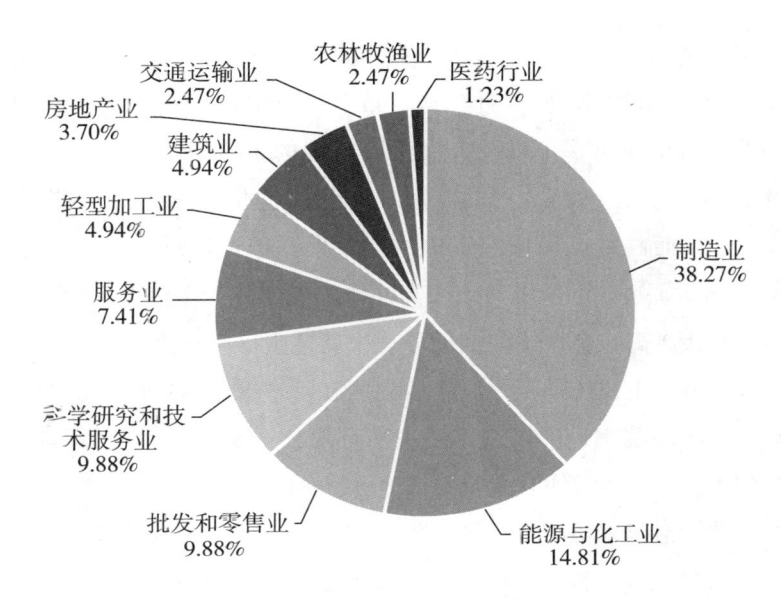

图 2-5　所筛选大型企业集团破产案件企业行业分布情况

（五）审理法院的层级分布

据统计，高级人民法院、中级人民法院及基层人民法院均审理了一些大型企业集团破产案件。其中，中级人民法院审理的案件最多，达 61 件，占比为 75.31%；基层人民法院审理的大型企业集团破产案件有 16 件，占比为 19.75%。（如图 2-6 所示）

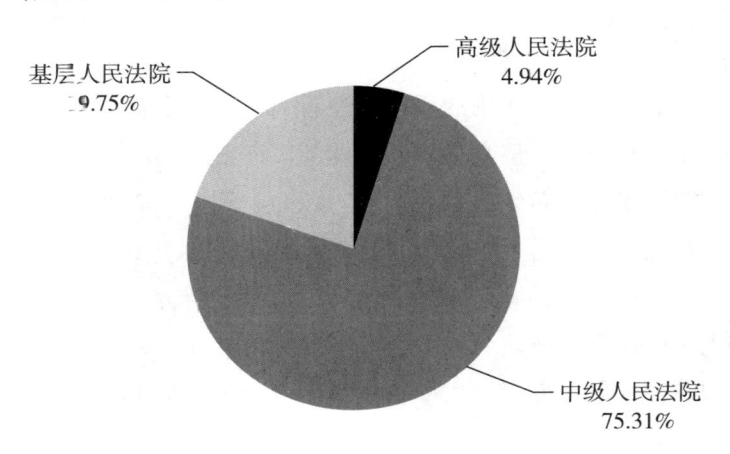

图 2-6　所筛选大型企业集团破产案件审理法院层级分布情况

审理法院的层级分布与我国破产案件按照核准登记企业工商行政管理机关的级别确定管辖的规则相一致。从数量上看，中级人民法院是审理大型企业集团破产案件的主力军。基层人民法院审理的企业集团破产案件债务规模平均值约为 115 亿元，中级人民法院审理的企业集团破产案件债务规模平均值约为 340 亿元，而高级人民法院审理的企业集团破产案件债务规模平均约为 4204 亿元。但审理法院的层级与破产案件债务规模并不存在必然联系，并非案件审理法院层级越高，企业规模或债务规模就越大。高级人民法院审理大型企业集团破产案件，主要还是因为该企业集团在管辖区域的影响大。如广西壮族自治区高级人民法院审理的柳州正菱集团有限公司及 53 家关联公司合并重整案，正是因为柳州正菱集团有限公司是柳州市实体经济中规模最大的民营企业，在当地乃至全国有较大影响力，资产涉及省内多个地市、县及省外江苏、福建等地，本案除金融机构债权人外，还涉及普通民间借贷债权人，人数众多，法律关系极其复杂，债权人及债务人同时强烈请求由高级人民法院受理本案，故在最高人民法院的指导下，广西壮族自治区高级人民法院裁定受理本案。[1] 除此之外，由高级人民法院牵头审理的案件还有海南省高级人民法院审理的海航集团等 321 家公司实质合并重整案、天津市高级人民法院与天津市第二中级人民法院协同审理的渤海钢铁集团等 48 家公司破产重整案和天津物产集团等 44 家公司重整案。这些案件所涉企业均是辖区有较大影响力的大型企业集团。

（六）适用程序的特征

从大型企业集团破产适用的程序类型看，清算、重整、和解三种法定程序均有所适用。其中，重整案件占绝大多数，占比为 91.36%，清算占比为 6.17%，和解占比为 2.47%（如图 2-7 所示）。不同于破产审判司法实践中通常破产清算案件数量远大于重整的悬殊比例，在大型企业集团破产案件中采用的破产程序多为重整。这主要有两方面原因。一方面，大型企业集团企业规模较大，往往产业链较为完备，本身就具有较高的营运价值基础，具备重整的客观条件；另一方面，大型企业集团成员企业较多，往往关涉一地一

---

[1] 参见《最高人民法院发布人民法院助推民营经济高质量发展典型民商事案例》，载微信公众号"最高人民法院"2021 年 9 月 3 日，https://mp.weixin.qq.com/s/N9qCo1ql1GsEGX_l2iru3g。

域的经济发展与人员就业安置，若轻易采用破产清算使之退出市场，可能影响当地社会和金融市场稳定，地方政府等各方力量会尽力通过重整实现大型企业集团的存续，确保将企业破产带来的影响降至最小。

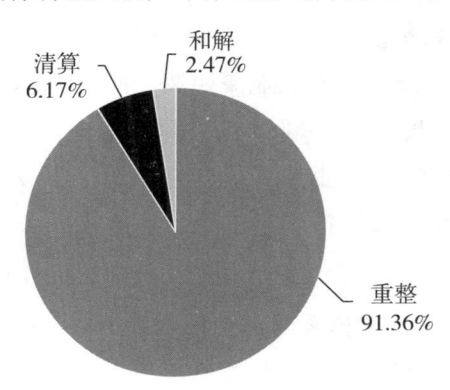

清算 6.17%
和解 2.47%
重整 91.36%

图 2-7　所筛选大型企业集团破产案件采用的程序类型

（七）挽救工具的运用

从审理方式来看，在筛选的大型企业集团破产案件中，适用实质合并的占比为 48.15%（如图 2-8 所示）。实质合并破产是对成员企业独立破产的例外适用，接近半数的大型企业集团破产案件适用了实质合并破产，说明较多大型企业集团法人治理结构不规范，多数存在成员企业法人人格高度混同、区分各自财产的成本过于高昂、严重损害债权人利益等情况。

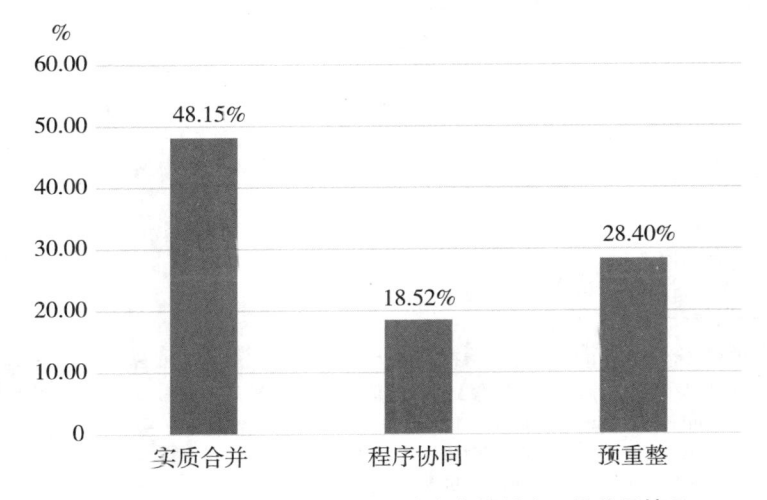

实质合并 48.15%
程序协同 18.52%
预重整 28.40%

图 2-8　所筛选大型企业集团破产案件制度工具使用情况

除了实质合并的广泛运用，一些大型企业集团破产案件还采用了程序协同的方式进行审理。在筛选案件中，至少有15起案件涉及程序协同，占比18.52%。鉴于实质合并破产只有在符合相应条件下才能适用，大型企业集团破产虽然涉及的企业数量较多，但并非所有案件涉及的企业都符合实质合并破产的适用条件。为了高效推动企业集团风险的一体化解，大型企业集团的破产程序也如同企业集团的协同经营一样，呈现出集中管理与协同的特征。[1] 例如，在天津市高级人民法院与天津市第二中级人民法院协同审理的渤海钢铁集团等48家公司破产重整案中，虽然案涉48家企业为关联企业，但并未构成人格的高度混同，该案审理中法院根据具体情况，选择适用了程序合并的协调审理方式，对48家企业破产案件所涉债权分别予以确认，但统一召开管理人会议和债权人会议，统一制定重整方案，确保了债权人公平受偿和重整方案的切实可行。[2] 另外，还有的大型企业集团破产案件同时采用了实质合并与程序协同。例如，上海市第三中级人民法院审理的中国华信能源有限公司等70家关联企业实质合并清算案、海南某石油基地有限公司重整案。第二个案件是在企业集团整体实质合并破产清算的大框架下，嵌套关联企业重整程序，以重整方式实现该集团全资子公司的资产处置，实现处置价值最大化，处置收益导入实质合并破产程序。[3] 在筛选的案件中，采用实质合并或程序协同的大型企业集团破产案件主要分布在山东、浙江、江苏、北京、重庆、四川等地（如图2-9所示）。

---

[1] 参见贺丹：《企业集团破产：问题、规则与选择》，中国法制出版社2019年版，第55~86页。

[2] 《2019年度人民法院十大商事案件》，载微信公众号"最高人民法院"2020年1月18日，https://baijiahao.baidu.com/s?id=1656035924862381187&wfr=spider&for=pc。

[3] 参见《上海破产法庭 | 2023年度典型案例》，载微信公众号"上海破产法庭"2024年3月13日，https://mp.weixin.qq.com/s/zlbH5rKw0vm8B9wFEkZMbg。

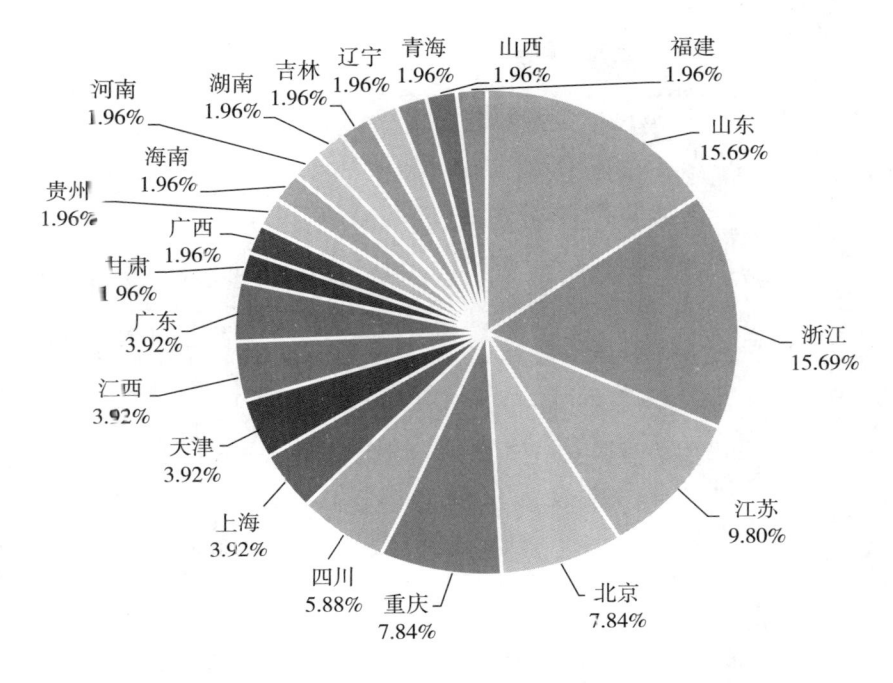

图 2-9　所筛选大型企业集团实质合并或程序协同
破产案件区域分布情况

值得关注的是，在筛选的案件中有超过 28.4% 的重整案件进行了预重整。预重整作为一种产生于实践的企业挽救方式，能够将庭外重组与庭内重整相衔接，对挽救困境企业有重要作用。虽然目前我国立法上尚未对预重整加以明文规定，但近年来预重整形成了自上而下的"顶层有设计"和自下而上的"基层有需求"双向发力的发展态势，成为司法实践的热点。[1] 一方面，最高人民法院在司法文件中强调庭外重组与庭内重整的衔接，并设计出衔接机制的初步形态。另一方面，各地法院纷纷探索出台预重整的地方规则，为预重整在我国的构建实施提供了丰富的实践经验。上述适用预重整的案件均于 2020 年至 2023 年审结，与各地法院探索出台预重整规范的时间基本相符。在地域分布上，主要集中在北京、浙江、广东、江苏、重庆等较早开始探索预重整规范的省市（如图 2-10 所示）。

---

[1] 参见陆晓燕：《预重整的运行机理及规则构建》，载《中国应用法学》2023 年第 3 期。

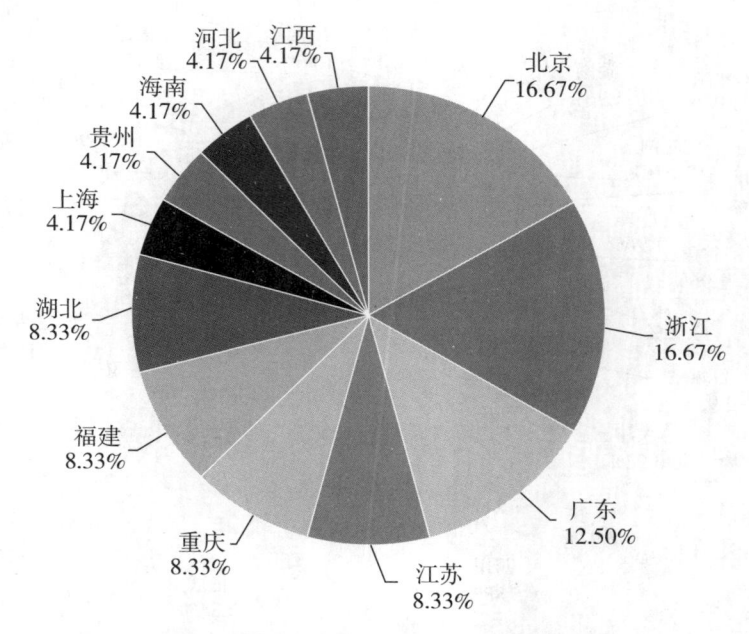

图 2–10　所筛选大型企业集团预重整案件区域分布情况

其中，适用预重整债务规模最大的案件系南京市中级人民法院审结的南京建工产业集团有限公司等 25 家公司实质合并重整案，债务规模达到 1400 余亿元，也是江苏迄今为止审结最大的破产案件。该案中企业和债权人先期开展庭外重组谈判，后经债务人申请，法院决定启动预重整，通过预重整，企业集团的管理团队和核心技术人员以及客户资源得到稳定，在全面复工复产的同时，新增中标项目 41 个、金额合计约 17.44 亿元，企业营运价值逐步修复。该案中法院借助预重整制度，积极探索庭外重组与庭内重整的衔接，稳步开展企业救治，预重整制度价值在大型企业集团救治中充分体现。[1]

二、大型企业集团破产的规范探索

目前，我国尚未针对大型企业集团破产出台专门的制度规范，其中的一个重要原因是，我国现行企业破产法律制度是按照单一企业破产模式设计的，对企业集团化经营模式则缺少足够关注。而从各地法院的实践来看，针对大

---

[1] 参见《2022 年度江苏法院破产审判十大典型案例》，载微信公众号"江苏高院"2023 年 3 月 21 日，https：//mp.weixin.qq.com/s/iv6-XzmQ5Xu04Aj-6Yjzxw。

型企业集团破产的特殊规定往往散见于如破产案件繁简分流机制、破产管理人选任规范等其他关联规则中，这与多地法院专门针对中小微企业出台破产保护的方案指引形成了鲜明对比。对比大型企业集团破产案件的复杂性与重要程度，大型企业集团破产的制度需求尚未能得到足够满足。但从最高人民法院出台的司法文件以及各地法院的司法实践来看，其对于大型企业集团破产的规范依然进行了许多积极的探索。

（一）最高人民法院在制度规范层面的推动

2018年3月4日，最高人民法院印发《全国法院破产审判工作会议纪要》（以下简称《破产审判纪要》），成为近年来各级法院破产审判工作开展的重要指引和破产审判规范制定的重要依据，其中的许多内容后续被各级法院细化成文并成为破产司法实践的重要依据。立足大型企业集团破产的制度需求，《破产审判纪要》及后续相关司法文件明确了以下几个方向：

1. 确立破产案件繁简分流机制

《破产审判纪要》第29条明确，"建立破产案件审理的繁简分流机制。人民法院审理破产案件应当提升审判效率，在确保利害关系人程序和实体权利不受损害的前提下，建立破产案件审理的繁简分流机制"。这就为后续各级法院根据破产案件的实际情况分类进行处理提供了支撑与引导，也是"公正与效率"这一司法工作主题在破产审判中的体现。从各地的司法实践来看，大型企业集团破产案件往往被归入疑难复杂的重大破产案件，且明确不适用简易程序。最高人民法院2020年4月15日出台《关于推进破产案件依法高效审理的意见》，其中第13条进一步明确了破产案件快速审理的适用范围，并规定破产案件具有下列情形之一的，不适用快速审理方式：（1）债务人存在未结诉讼、仲裁等情形，债权债务关系复杂的；（2）管理、变价、分配债务人财产可能期限较长或者存在较大困难等情形，债务人财产状况复杂的；（3）债务人系上市公司、金融机构，或者存在关联企业合并破产、跨境破产等情形的；（4）其他不宜适用快速审理方式的。这就为大型企业集团破产案件的识别提供了一个直观的参考路径，为地方规则的出台提供了明确的指引方向。

2. 明确重整拯救的导向及判断标准

大型企业集团破产案件债务规模巨大，内容结构复杂，一旦陷入债务危机，往往会对资本市场特别是金融机构带来巨大冲击，继而引发连锁反应，造成市场动荡，激化经济社会风险矛盾。2023年10月30日至31日，中央金融工作会议在北京举行，会议明确指出，"坚持把防控风险作为金融工作的永恒主题""以全面加强监管、防范化解风险为重点，坚持稳中求进工作总基调，统筹发展和安全，牢牢守住不发生系统性金融风险的底线"[1]。这就从国家金融顶层设计的高度为债务风险治理、打造完备的破产挽救机制奠定了政策基调。有鉴于此，有效运用重整等制度工具，对陷入危机的大型企业集团进行拯救，是破产审判工作开展的应有之义，也是法治营商环境优化的必然要求。《破产审判纪要》第四部分强调了重整制度与破产拯救功能的地位，"会议认为，重整制度集中体现了破产法的拯救功能，代表了现代破产法的发展趋势，全国各级法院要高度重视重整工作，妥善审理企业重整案件，通过市场化、法治化途径挽救困境企业，不断完善社会主义市场主体救治机制"。《破产审判纪要》第14条则明确要完善重整企业识别工作机制，"人民法院在审查重整申请时，根据债务人的资产状况、技术工艺、生产销售、行业前景等因素，能够认定债务人明显不具备重整价值以及拯救可能性的，应裁定不予受理"，确定了重整价值以及拯救可能性两项判断标准。

3. 探索完善多项制度工具

《破产审判纪要》第22条提出"探索推行庭外重组与庭内重整制度的衔接"，推动预重整地方规则的发展；第32条明确了关联企业实质合并破产"法人人格高度混同""区分各关联企业成员财产的成本过高""严重损害债权人公平清偿利益"的例外适用要件。该纪要第三部分与后续相关文件规范（如国家发展和改革委员会、最高人民法院等2021年2月25日《关于推动和保障管理人在破产程序中依法履职进一步优化营商环境的意见》，以下简称《优化营商环境意见》）共同明确对管理人制度予以完善。《破产审判纪要》第6条明确了管理人分级制度，"高级人民法院或者自行编制管理人名册的中级人民法院可以综合考虑管理人的专业水准、工作经验、执业操守、工作绩效、勤勉程度等因素，合理确定管理人等级，对管理人实行分级管理、定期

---

[1] 中央金融工作会议在北京举行，载新华网，http://www.xinhuanet.com/politics/2023-10/31/c_1129951150.htm。

考评。对债务人财产数量不多、债权债务关系简单的破产案件，可以在相应等级的管理人中采取轮候、抽签、摇号等随机方式指定管理人"。第7条更加有针对性地指出，"建立竞争选定管理人工作机制。破产案件中可以引入竞争机制选任管理人，提升破产管理质量。上市公司破产案件、在本地有重大影响的破产案件或者债权债务关系复杂，涉及债权人、职工以及利害关系人人数较多的破产案件，在指定管理人时，一般应当通过竞争方式依法选定"。尽管这些规定并不一定都是为大型企业集团破产量身打造，但在实践中却高度契合大型企业集团破产的需要。多种制度工具的综合运用，能够充分发挥各方主体力量，实现对陷入危机的大型企业集团的全面救治。

4. 强调机制的衔接与部门的协作

《破产审判纪要》从多个方面强调了各方机制的有效衔接和部门间的通力协作，部分内容为首次提出。这些机制打通了部门间的"壁垒"，为大型企业集团破产审判与重整拯救提供了制度便利。比如，《破产审判纪要》首先明确了要健全破产审判工作机制，第1条提出"推进破产审判机构专业化建设"。基于此，截至2024年4月全国已陆续设立了17家破产法庭，极大地提升了应对大型企业集团破产的司法能力。又如，该纪要提出了要完善政府与法院协调工作机制。2018年11月，经国务院批准，国家发展和改革委员会、工业和信息化部等11个部门又联合发布了《关于进一步做好"僵尸企业"及去产能企业债务处置工作的通知》，指出"建立政府法院协调机制"，从国家层面明确了破产案件审理过程中的"府院联动"机制。2019年国务院出台的《优化营商环境条例》从立法层面确立了府院联动机制，特别是在对大型企业集团破产的税务支持、金融支撑等方面发挥了巨大的作用。再如，《破产审判纪要》明确了跨境破产与互惠原则以及跨境破产案件中的权利保护与利益平衡。2021年5月最高人民法院开展了认可和协助香港特别行政区破产程序试点工作。这些机制共同发力，为大型企业集团破产新生提供了更多的可能性。

(二) 地方人民法院的探索

1. 大型企业集团破产案件的识别

早在2017年，南京市中级人民法院就率先出台了符合审判规律的破产案件繁简分流机制。在《破产审判纪要》出台之后，各地法院纷纷发文确立相应的分流机制。但与多地法院已经出台专门针对中小微企业破产保护的方案指引[1]所不同的是，基于我国现行单一企业破产法律制度的设计模式，各地法院目前尚未出台专门针对大型企业集团破产的机制。尽管如此，由于大型企业集团与中小微企业本身概念上的相斥，法院在破产案件受理审查时，通过对中小微企业破产识别要素的反向认定，即可确定大型企业集团破产的识别要素。从这个角度来说，大型企业集团的破产处置与中小微企业的破产保护之间彼此贯通，互为表里，适用同一识别标准。在最高人民法院确定的债权债务关系的复杂程度、债务规模及财产价值、债务人企业性质以及破产案件的社会影响性四个维度的基础上，各地法院又根据地区情况，在实践中予以了必要具化和细化。

（1）债权债务关系的复杂程度。各地法院通常将其具化为债权人的数量，其中又包括普通债权人与劳动债权人。从各地法院的实践来看，多将普通债权人人数200人以上或者普通债权人和劳动债权人共计500人以上的破产案件作为重大复杂破产案件。如深圳市中级人民法院《加强企业破产案件管理人指定与监督暂行办法》第7条第3项、吉林省高级人民法院《关于规范企业破产案件管理人选任与监督工作办法（试行）》第20条、湖北省高级人民法院《关于破产案件管理人分级与考评暂行办法（试行）》第9条均如此规定。之所以按照此标准设定，我们认为与金融法规领域出资人数、股东人数的200人限制，以及大中小企业划型标准中的从业人员数量或存在一定关联。

（2）债务规模及财产价值。最高人民法院2007年发布的《关于审理企业破产案件指定管理人的规定》并未明确重大复杂破产案件中债权数额或财产价值总额标准，由各地法院根据各地情况自行确定，因而随地域、时间的不同而存在明显差异。比如，上海市高级人民法院2021年出台的《破产审判工

---

[1] 如北京破产法庭2022年4月25日出台的《中小微企业快速重整工作办法（试行）》、广州市中级人民法院2022年7月5日出台的《关于发挥破产审判职能作用 助力中小微企业救治和退出 优化营商环境的实施意见》、南京市中级人民法院2023年3月20日出台的《关于推进小微企业破产保护的工作方案（试行）》、上海破产法庭2023年6月2日出台的《关于依法高效办理小微企业破产案件行动方案》、厦门市中级人民法院2023年7月25日出台的《关于小微企业快速破产重整、和解工作指引（试行）》。

作规范指引》较2018年的试行版本，将中级人民法院管辖的企业破产和公司强制清算案件中债务人资产总额从超过人民币4亿元提高到超过人民币10亿元，反映出随着大型企业集团破产案件的增多和更大规模企业破产案件的出现，法院对重大复杂破产案件债权数额或财产价值总额认定标准也随之提高。如前文所述，全国及地方具有较大影响力的大型企业集团破产案件自2020年起数量有了明显增长，债务规模始终是大型企业集团破产应当关注的重要因素。目前各地认定的重大复杂破产案件债务规模及财产价值标准主要有1亿元[1]、3亿元[2]、5亿元[3]等。

（3）债务人企业性质。一般而言，各地法院往往将商业银行、证券公司、保险公司等金融机构以及上市公司的破产案件列作重大复杂破产案件，也有

---

[1] 如海口市中级人民法院《破产案件管理人分级管理办法（试行）》第5条规定，重大复杂破产案件是指：（1）商业银行、证券公司、保险公司等金融机构破产案件；（2）上市公司破产案件；（3）本辖区、本省或者全国范围内有较大社会影响的破产案件；（4）债务人财产价值总额1亿元（含本数）以上的破产案件；（5）本院认为属于重大复杂的其他破产案件。

[2] 如吉林省高级人民法院《关于规范企业破产案件管理人选任与监督工作办法（试行）》第20条规定，符合以下条件之一的，应作为重大破产案件：（1）商业银行、证券公司、保险公司等金融机构及上市公司破产案件；（2）债务人财产价值或破产债务1亿元以上的破产案件；（3）普通债权人人数200人以上或普通债权人和劳动债权人共计500人以上的破产案件；（4）债务人财产分散，在全国、全省范围内有较大社会影响的破产案件；（5）人民法院认为属于重大破产案件的其他案件。再如，重庆市第五中级人民法院《破产案件管理人指定办法》第3条规定，具有下列情形之一的，为重大复杂破产案件：（1）上市公司破产案件；（2）债务人财产价值总额或者负债规模3亿元以上的破产案件；（3）在全国或者全市范围内有重大社会影响的破产案件；（4）关联企业实质合并破产案件；（5）本院认为具有其他重大复杂情形的破产案件。

[3] 如深圳市中级人民法院《加强企业破产案件管理人指定与监督暂行办法》第7条规定，符合以下条件之一的重大破产案件，应当从广东省高级人民法院编制的管理人名册中推荐一级管理人为管理人人选；推荐联合管理人人选的，推荐人选中应当至少包含一名符合前述要求的一级管理人。（1）商业银行、证券公司、保险公司等金融机构以及上市公司破产案件；（2）债务人财产价值或者破产债务5亿元以上的破产案件；（3）普通债权人人数200人以上或者普通债权人和劳动债权人共计500人以上的破产案件；（4）债务人财产分散，在全国、全省范围内有较大社会影响的破产案件；（5）人民法院认为属于重大破产案件的其他案件。再如，湖北省高级人民法院《关于破产案件管理人分级与考评暂行办法（试行）》第9条规定，破产案件实行分类制度。根据案件类型、难易程度、标的额大小等情况，分为重大破产案件、普通破产案件和简易破产案件三类。符合下列条件之一的，应作为重大破产案件：（1）商业银行、证券公司、保险公司等金融机构及上市公司破产案件；（2）人民法院裁定受理破产案件时，可查明的破产企业财产或破产债权金额超过5亿元的；（3）人民法院裁定受理破产案件时，可查明的普通债权人人数200（含）人以上，或普通债权人和劳动债权人共计500（含）人以上的；（4）债务人财产分散，在全国、全省范围内有较大社会影响的；（5）人民法院认为属于重大破产案件的其他案件。

部分法院将内外贸企业、省属国有企业、房地产企业的破产案件列入其中。虽然进入破产程序的大型企业集团并非都是上述类型的企业，但究其本质，之所以为这些企业单独设置特别规定，是因为这些企业与国计民生、区域经济发展乃至社会稳定有着密切关联。正如前文实证概览中已对大型企业集团的企业性质、行业特征、企业类型进行的分析，大型企业集团因其营业收入高、从业人员多、资产总额大的特征，加之其分支机构、下属企业多冗杂，一旦进入破产程序，所面临的形势将更加复杂，因此从企业性质的角度进行考量，大型企业集团破产案件也理应被各地法院更多关注和更加审慎地对待。

（4）破产案件的社会影响性。综合各地法院的工作机制，关联企业实质合并破产、企业破产重整、债权复杂程度、债务人财产处置困难程度、债务纠纷案件是否集中管辖、是否为国有企业、是否涉刑民交叉等均为案件社会影响性的重要判断因素。如前文所述，大型企业集团的债务危机往往波及甚广，板块效应突出，易引发区域性融资困难，对金融市场的稳定性带来巨大的负面影响。各地法院在决定受理大型企业集团破产案件时，不得不把破产案件的社会影响性作为重要考量因素，力争在审理过程中将该类型破产案件的负面影响降到最低。

除此之外，部分法院在大型企业破产的受理上仍然存在一定的审批色彩。如厦门市中级人民法院《关于企业破产案件审理工作规范（试行）》第 14 条规定，安置职工人数 800 人以上的企业或是负债总额 10,000 万元以上的企业以及省属国有企业等破产申请，需经上级法院同意方可受理。[1] 海口市中级人民法院《破产案件立案规程（试行）》第 29 条规定，受理申报债权金额在人民币 1 亿元以上的或是需要安置的员工数量在 100 人以上的破产申请等在

---

[1] 参见厦门市中级人民法院《关于企业破产案件审理工作规范（试行）》第 14 条第 1 款规定，对下列企业的破产申请受理前必须书面请示福建省高级人民法院，经同意后方可裁定受理：（1）内外贸企业；（2）安置职工人数 800 人以上的企业；（3）负债总额 10,000 万元以上的企业；（4）省属国有企业；（5）本辖区内有重大影响的其他企业。

拟立案受理前，应报上级法院批准。[1] 这些规定虽然客观上体现了对特殊类型群体或企业的特别关注，但毕竟在一定程度上影响了法院受理案件的独立性。大型企业集团等特殊主体的破产专门制度应是《企业破产法》修订的重要组成部分，我们认为仍应充分尊重各级法院案件受理的独立性，不宜对此类案件的受理采取审批制。

2. 大型企业集团的破产挽救

（1）破产重整的适用。在《企业破产法》正式颁布以前，由于破产重整制度的缺位，仅仅依靠不适应市场化的"行政整顿"工具，实践中出现的重组案件引发了法律争议。[2] 2006年8月27日《企业破产法》正式颁布，破产重整制度也得以正式确立。破产重整制度的建立，为挽救企业提供了制度性机会。也正如前文所述，有效运用重整等制度工具，对陷入危机的大型企业集团进行拯救，是破产审判工作开展的应有之义。相较一般破产审判实践中破产清算案件数量与破产重整案件数量的悬殊对比，从大型企业集团破产处置的实践看，各地法院在大型企业集团破产案件中则更加青睐重整程序。正如南京市中级人民法院2020年发布的《关于规范重整程序适用 提升企业挽救效能的审判指引》第56条指出的，"重整制度对于优化资源配置，激发市场活力，完善市场退出机制，推进国家治理体系和治理能力现代化具有重要作用。重整案件的审理应当注重将重整制度价值转化为司法效能。鼓励、引导和支持具备重整条件的债务人适用重整程序重获新生，但对于不具备重整条件的债务人，也要注意避免不当适用重整程序，影响企业及时退出"。在《破产审判纪要》第14条提出的重整价值以及拯救可能性两项判断标准基础上，各地法院又予以进一步明确。这也是大型企业集团陷入债务危机而寻求破产重整挽救时，首先所必须直面的价值判断。

---

[1] 参见海口市中级人民法院《破产案件立案规程（试行）》第29条规定，存在下列情形之一的破产申请，在拟立案受理前，应报海南省高级人民法院批准：(1)债权人申请债务人破产的，其申报债权金额在人民币1亿元以上的；(2)被申请破产的债务人需要安置的员工数量在100人以上的；(3)债权人或债务人对于债务人是否达到破产界限争议极大或债务人破产可能造成重大社会不稳定因素的。

[2] 参见王欣新：《破产法》（第4版），中国人民大学出版社2019年版，第286~287页。

第一，重整价值。各地法院通过破产申请审查指引（如重庆破产法庭2020年发布的《破产申请审查指引（试行）》）、破产案件审理指引（如山东省高级人民法院2019年发布的《企业破产案件审理规范指引（试行）》）、重整案件审理指引（如南京市中级人民法院2020年发布的《关于规范重整程序适用 提升企业挽救效能的审判指引》）以及管理人协会发布的流程指引（如武汉市破产管理人协会发布的2021年《破产管理基本流程指引（试行）》）等各级各类工作机制，明确债务人具有重整价值是指债务人的继续营业价值大于清算价值。笔者对各地机制予以总结分析，认为重整价值的判断主要基于对社会价值以及经济效益的考量，包括以下几个维度：①国家产业政策，考量所属行业是否属于根据国家产业政策等应当淘汰的产业及是否属于重点扶持、大力发展的产业等。②行业地位和行业前景，考量债务人的市场认可度、技术工艺及产能先进性等。③债务人的经营情况，考量债务人经营模式的成熟程度、内部组织结构、经营团队的稳定性以及经营管理、各项制度的运行情况等。④债务人的资产质量，考量债务人的财产价值，包括有形资产价值和知识产权、特许经营权或各类生产经营资质等无形资产价值。⑤债务人的品牌价值，包括债务人的营销网络、客户关系、品牌效应及其商誉等。⑥债务人的社会公共价值，包括债务人对职工就业、国计民生及公共利益的影响等。⑦重整的成本，考量债务人的债务负担与清偿能力。

第二，重整可行性。债务人具有重整可行性是指债务人的现有资源和条件能够保证重整计划的执行。笔者综合分析各地工作机制，认为债务人的重整可行性的判断应当从以下几个方面进行实质性审查：①参与重整各方主体的重整意愿及其配合程度，包括债务人的重整意愿及其配合程度以及主要债权人支持重整的情况。②债务人继续营业的条件，包括债务人的资产及负债状况、经营管理、技术工艺、生产销售情况等，根据市场、资源、社会公共功能等，判断债务人是否已经丧失经营价值或继续经营价值的高低。③重整方案及重整方情况，结合企业陷入经营困境的主要原因及重整方案是否有针对性和可操作性，判断重整方案的商业可行性、可操作性以及重组方的重组能力等。④法律与政策障碍情况，判断重整是否具有无法克服的法律或者政策障碍，如根据国家产业政策或区位功能等因素，重整后债务人所属行业属于应当淘汰、疏解的产能、产业，则不具备重整可行性。⑤重整与清算模式下的清偿率情况，分别预估重整、清算模式下的清偿率，判断债务人是否能够通过重整偿还债务，判断重整是否具有可行性。

人民法院对债务人重整价值和重整可行性进行审查时，可以根据案件情况，征询市场监管部门、行业主管部门、行业协会以及专家的意见。债务人自行重组期间由社会中介机构出具的报告可以作为判断债务人重整可行性的参考。

（2）破产管理人的选任。越是疑难复杂的重大破产案件，对破产管理人的能力要求也越高。从前文大型企业集团破产案件的识别要素分析中不难看出，破产案件的分类标准往往是在管理人分类管理监督规范中得以体现的。管理人在破产案件中扮演着沟通各方与利益平衡的重要角色，大型企业集团破产案件中对管理人的选任也往往予以特别规定。

最高人民法院2007年印发的《关于审理企业破产案件指定管理人的规定》是目前破产案件管理人选任的主要依据，其中确定了随机、竞争、推荐三种选任方式。鉴于大型企业集团破产挽救的成功与否与管理人的履职能力与勤勉程度密切关联，各地法院普遍对管理人采用分级管理模式，管理人选任以随机指定为原则，对于重大复杂破产案件则采用竞争、推荐等方式选任破产管理人。随着破产司法实践的发展，国务院于2021年10月31日发布并实施《关于开展营商环境创新试点工作的意见》，指出"允许债权人等推荐选任破产管理人"，在首批营商环境创新试点改革事项清单中明确"允许破产企业的相关权利人推荐破产管理人，并由人民法院指定"，确定北京、上海、重庆、杭州、广州、深圳6个城市为首批试点城市。随后，广东省高级人民法院《关于规范企业破产案件管理人选任与监督工作的若干意见》、北京破产法庭《接受债权人推荐指定管理人的工作办法（试行）》、广州市中级人民法院《关于在破产案件中推荐破产管理人的工作指引（试行）》、重庆市第五中级人民法院《破产案件管理人指定办法》等制度探索确立了协商确定管理人和接受主要债权人推荐指定管理人的方式，并在实践中予以运用。例如，除了金融监督管理机构通常被赋予推荐管理人的资格外，北京市第一中级人民法院出台了全国首个专门针对债权人推荐管理人的破产案件审判规范《接受债权人推荐指定管理人的工作办法（试行）》，明确由法院结合债务人财务会计报告、债务清册、财产状况说明等文书资料，以及生效法律文书等有效债权凭证，通过形式审查来判断确定债权额合计占已知总债权额1/2以上的债权人推荐管理人的主体资格。[1] 管理人的执业能力、职业操守、工作绩效、勤勉程度，始终是破产案件特别是大型企业集团破产挽救成功与否的关键重要因素，对其选任也不得不慎之又慎。

（3）其他破产挽救工具。鉴于大型企业集团破产案件的特殊复杂，相较于单一的破产案件，需要更加全面的审理方式和制度工具对其进行挽救。实践中，各地法院综合运用预重整、合并破产等多项制度工具，最大限度提升企业生命活力，尽最大可能发挥并实现破产挽救效能。

第一，预重整。为及时有效对接司法重整，对于具有挽救价值且在短期内有实现重组可能的债务人，经债务人或者主要债权人申请，人民法院可以决定对企业进行预重整。预重整是重整的前序工作但并非法定必经程序，综合各地工作机制，适用情形主要包括：债权人人数众多，债权债务关系复杂，或职工安置数量较大，影响社会稳定的大型企业；产业规模庞大，占据行业龙头或重要地位，对地区经济发展和金融环境稳定有重大影响的大型企业；上市公司以及对上市公司影响较大的关联企业；其他直接受理重整申请可能对债务人生产经营产生负面影响或者产生重大社会不稳定因素的企业。

第二，合并破产。"关联企业破产问题的复杂性，根源在于其组成形态上各成员企业的法律人格独立性与经营控制上的整体同一性之间的矛盾。按照单一企业破产模式涉及的现有破产法律制度难以应对关联企业破产问题，实质合并破产制度应运而生。"[2] 如南京市中级人民法院早在2020年即出台《关于规范重整程序适用 提升企业挽救效能的审判指引》，其中第32条规定，多家关联企业被裁定破产清算或重整，各关联企业之间存在人格高度混同情形、区分各关联企业财产的成本过高、严重损害债权人公平清偿利益时，各关联企业、债权人、关联企业中出资额占债务人注册资本1/10以上出资人、已经进入破产程序的关联企业的管理人，可以申请对多家关联企业进行合并

---

[1] 参见一中院：《快速读懂〈接受债权人推荐指定管理人的工作办法（试行）〉》，载北京市第一中级人民法院网2023年2月23日，https://bj1zy.bjcourt.gov.cn/article/detail/2023/02/id/7158323.shtml。

[2] 王静：《实质合并破产法律制度构造研究》，法律出版社2021年版，第10页。

重整，还可以申请将关联企业并入重整程序。但应当明确的是，实质合并破产始终是一项"审慎适用""例外适用"的特殊制度，当前阶段仍然不适宜广泛推广。此外，程序协调亦有创新成果。如上海市高级人民法院2021年《破产审判工作规范指引》第14条第3项规定，"母公司进入破产或强制清算程序涉及对外投资清理时，若全资子公司也进入破产或强制清算程序，可以由受理母公司破产或强制清算案件的法院一并管辖子公司破产或强制清算案件。对非全资的控股子公司进行资产清理时，子公司进入破产或强制清算程序的，为加快程序推进和协调，母公司管辖法院可以与子公司管辖法院协商确定子公司破产、强清案件的受理管辖。协商不成的，本市范围内的管辖争议，报上海市高级人民法院指定管辖；涉及外地法院的案件受理的，可以按照最高人民法院《关于推进破产案件依法高效审理的意见》第4条规定，请求上海市高级人民法院协商处理，必要时报请共同上级法院指定管辖"。

3. 地方破产府院联动机制的推进

持续深化破产府院联动是各地破产审判的重点工作，下文将作详述，此处仅作部分概述。如重整投资人的引入是破产企业能否实现重整挽救的核心关键，各地通过出台各类制度特别是法治营商环境文件，给予重整投资政策上的扶持。如2022年12月上海市高级人民法院会同22家行政机关和中央驻沪机构联合印发《关于完善破产财产解封处置机制的实施意见》，第11条明确"支持本市各区将破产财产处置、重整投资招募纳入招商引资及投资促进范围，研究给予相应政策支持"。融资支持方式上，各地采用融资担保、重整共益债、基金等多种方式支持破产企业重整，金融机构为破产重整企业提供融资被列为共益债务。又如信用修复是府院联动促进困境企业重整成功、尽快恢复正常经营发展的重要手段和典型举措，各地已设立的信用恢复机制包括税收信用修复、金融信用修复、市场监管领域信用修复、招标投标领域信用修复、司法执行信息信用修复等，其中又以税收信用修复最具代表性。再如，南京市企业破产公共服务中心作为江苏省首家企业破产公共服务中心，2023年7月19日正式揭牌启用，是南京法院为打通企业全生命周期服务的"最后一公里"，提升办理破产的集约度和便利度，深化府院联动机制而推出的一项新举措。[1]

  总之，在各地法院的努力推动下，破产府院联动机制"多面开花"，推动实现司法与行政良性互动，共同救治"病灶企业"，助推经济社会高质量发展。

---

[1] 参见《这里为困境企业"对症开方"！》，载微信公众号"江苏高院"2024年3月4日，https://mp.weixin.qq.com/s?__biz=MzA5NjcyNjgwMA==&mid=2650385453&idx=1&sn=b7dd648b3cda46878f3b0d09f7925cb0&chksm=88a6b652bfd13f446a16533605c800b7a3e274e662a7c853752fc75f02d55fe48bba148fe9e0&scene=27。

第三章
大型企业集团破产处置的域外考察

大型企业集团破产处置的特殊性给世界各国的破产立法和实践均带来了新的问题和挑战，引起了广泛的关注。在比较法上，企业集团的破产制度建设经历了一个从无到有的过程。破产法的现代化进程在国家、区域以及全球层面催生了一系列新的立法模式以及倡议书，旨在规范企业集团破产中的特殊问题，应对企业集团破产的挑战。

一、比较法对企业集团破产问题的态度转变

传统破产法受公司法人人格独立原则的影响，承认并尊重公司与其股东之间的独立人格属性，有鉴于此，企业集团破产的做法一度不受认可。负责起草1997年《跨国界破产示范法》（Model Law on Cross – Border Insolvency，MLCBI）的联合国国际贸易法委员会第五工作组在有关解释性文件中指出，企业集团破产的特别处置规则尚且是一种"操之过急的办法"（A Stage Too Far）。[1] 国际示范法及有关理论迟迟不能接受对资不抵债的企业集团适用特别规则的主要原因在于，国际贸易法委员会认为应当由管辖破产案件的属地国公司法与破产法为企业集团制定有关规则。但实际情况是，各国破产法对债务人企业的处置方案长期建立在"实体分离原则"（Entity – by – entity）这一根深蒂固的基础之上，具体表现为：（1）企业集团的资产依照企业实体进行划分，即一个企业实体对应产生一个破产财团；（2）债权人仅对特定实体

---

[1] See UNCITRAL Working Group V., *UNCITRAL Legislative Guide on Insolvency Law*, *Part Three*: *Treatment of Enterprise Groups in Insolvency*, United Nations（July 1st 2010）, https：//uncitral. un. org/sites/uncitral. un. org/files/media – documents/uncitral/en/leg – guide – insol – part3 – ebook – e. pdf.

及其资产享有和行使求偿权；（3）集团中个别成员所指定的破产管理人在履职时仅代表该公司及其债权人的利益。对此，Wessels 和 Madaus 总结为五个一原则：一个破产债务人，一个破产财团，一个破产程序，一个破产受理法院和一个破产管理人。[1]

然而，现代经济的发展导致由数十个甚至数百个企业实体组成企业集团，时常以密切关联、相互依存的方式运营。基于此，严格遵守法人人格独立的实体分离破产模式只能达成次优的结果，即导致陷入困境但仍具有挽救可能性的企业集团不得不以零星清算的方式被售卖和解体。[2] 有观点提出，应当根据企业集团的经营集中程度、组织一体化程度以及相互依赖程度等因素，建立一种针对企业集团的统一识别机制。其中，有的集团成员可能具备自给自足的独立业务（例如，负责特定的产品线），而在绝大多数情况下，企业集团的个别成员则仅负责经营单一的企业实体。正是后一种类型的企业集团组织值得破产法的特别关注——此类集团中个别成员的经营失败可能会在企业集团内部发生传导，并引发多米诺骨牌效应。[3] 应当认为，破产法若不能为这种内部关联的企业集团提供有效的财务困境整体化解方案，企业集团成员的破产财产及相应的破产债权将无法获得最优处置。

随着实体分离的破产方案与企业集团的经济现实之间的冲突愈演愈烈，破产法的现代化进程催生了一系列新的立法模式以及倡议书：近20年来，在国家、区域以及全球层面相继颁布了相关立法或示范法，旨在规范企业集团破产中的特殊问题，典型如欧盟在2014年制定的《银行恢复与风险处置指令》（Bank Recovery and Resolution Directive，BRRD）、在2015年修订的《跨境破产规章（第2015/848号）》[Regulation（EU）2015/848 of the European Parliament and of the Council of 20 May 2015 on Insolvency Proceedings（recast），EIR Recast]，以及联合国国际贸易法委员会在2019年发布的《企业集

---

［1］ See Bob Wessels and Stephan Madaus，*Rescue of business in insolvency law*，European Law Institute（July 2017），https：//www.europeanlawinstitute. eu/fileadmin/user_ upload/p_ eli/Projects/Instrument_ INSOLVENCY. pdf.

［2］ See Iya Kokorin，*Intra‐Group Financial Support in a Crisis Between Rescue and Abuse*，29 Norton Journal of Bankruptcy Law and Practice 378（2020）.

［3］ See Irit Mevorach，*Insolvency within Multinational Enterprise Groups*，Oxford University Press，2009，p. 135–147.

团破产示范法》(Model Law on Enterprise Group Insolvency with Guide to Enactment, MLEGI)。这些法律文件明确了企业集团破产的特殊性，尝试对企业集团作出定义，并提供或授权特殊的法律机制和工具来应对企业集团破产的挑战。

(一) 区域范围内的法案更新

在区域层面，欧盟针对破产制度架构的一体化规范颇具特色，被视为先进范例。EIR Recast 2015 年修订版取代了 2000 年的旧版，适用于 2017 年 6 月 26 日之后、在欧盟辖区内启动的破产程序。EIR Recast 率先将"企业集团"定义为"母公司实体及其所有的从属实体"(a parent undertaking and all its subsidiary undertakings)。[1] 在此基础上，EIR Recast 为企业集团破产提供了如下重要的规则指引：协调不同成员国的国内法中关于跨境破产管辖权的国际私法规则；统一企业集团破产的法律适用规则，承认外国破产程序以及与破产案件相关的司法文书；强化破产从业人员与法院之间的沟通与协作。值得特别关注的是，EIR Recast 新增第五章为企业集团量身定制了一套破产程序协调规则，即通过启动一项或多项协助程序 (Assisting Proceeding/Coordinating Proceeding) 来实现企业集团的破产处置。此外，EIR Recast 还重新界定了其适用范围，例如，对英国（脱欧前）公司法中关于企业重组的"债务偿还安排"(Schemes of Arrangement)，应当适用其他区域性法案，包括《布鲁塞尔公约》(Brussels I-bis Regulation)。

欧盟法中另一以金融机构作为规范对象的欧盟法《银行恢复与风险处置指令》指出，企业集团的风险处置计划系为集团的整体利益而制定，应当提供检测、预警、早期干预以及执行所需的信息，以提高金融机构管理层对潜在问题的认识，并有助于简化企业集团大量内部交易所引发的复杂结算关系。为此，重整计划构成企业集团整体治理方案的组成部分，其主要内容包括界定企业集团核心业务线以及关键职能领域所在的企业实体，并详细描述企业集团的内部担保、企业集团财务支持协议以及损益转移协议等法律和财务结构。值得说明的是，承认企业集团财务支持协议，并非意味着允许企业集团

---

[1] See Article 2 (13) of EIR Recast.

恣意在内部转移资金，而是允许由破产债务人以提供贷款、担保或抵押资产等方式作出承诺，其效力可涵盖企业集团中的一个或多个实体，从而形成从母公司到子公司（下游）、从子公司到母公司（上游）、同一企业集团的子公司之间（跨流）的多种财务支持方案。[1]

（二）国家层面的破产法改革

从国家层面来看，企业集团破产的特殊性同时引起了除欧盟之外的政策制定者的关注，部分国家的国内法亦相应加入了关于企业集团破产的规定。

当多个企业集团成员发生破产事由时，将有关程序集中在一个法庭或法院审理，这是当前多数国家采取的应对措施。值得说明的是，这里的合并是一种程序性合并。德国在2017年《破产法》改革时加强了关于破产程序的协调管理规范，新设专门的集团协调程序（Koordinationsverfahren），由同一法院集中受理多个破产程序，或在并行的破产程序中任命同一破产执业人员。[2] 印度的清算与破产委员会在2019年成立集团破产问题工作组，讨论和起草了一份关于程序性合并的企业集团破产法案。[3] 在美国，《美国破产法》第1408条以及《联邦破产程序规则》第1015（b）条均明确允许债务人向已受理其关联企业破产案件的法院提出破产申请，这种程序性合并的适用十分常见。

当然，破产法也可能对企业集团的资产和债务进行实质性合并，进而采取一种更具穿透性的集中处置方案。近年来许多国家都采纳了实质性合并的规定，包括意大利、西班牙和法国在内的国家相继出台了有关法律。典型如阿根廷的破产法将企业集团实质合并破产的规范中心放置在重整问题上，赋予破产重整单一或联动适用于所有潜在企业集团成员的可能性。据此，若法院认为某个企业集团成员的破产可能波及其他成员，或者企业集团中的多个

---

[1] See Stephen J. Lubben, *A Functional Analysis of SIFI Insolvency*, 96 Tex Law Review 1377 (2018).

[2] See Ilya Kokorin, Stephan Madaus and Irit Mevorach, *Global Competition in Cross – Border Restructuring and Recognition of Centralized Group Solutions*, 56 Texas International Law Journal 109 (2022).

[3] See Ilya Kokorin, Stephan Madaus and Irit Mevorach, *Global Competition in Cross – Border Restructuring and Recognition of Centralized Group Solutions*, 56 Texas International Law Journal 109 (2022).

成员在财务、人员等事项上紧密关联，那么利害关系人就有可能对仍具有偿付能力的企业集团成员提出实质合并重整的申请，只要这种合并的效果是符合企业集团整体利益的。[1]

（三）联合国的示范法出台

从全球层面来看，大型企业集团的跨境破产问题受到 MLCBI 的深远影响。如前文所述，该法并未直接对企业集团的破产问题作出特殊规范，但是，其通过规范跨境破产中不同国家、地区之间的承认与执行问题，规范外国法院的权限与外国法院或破产管理人的跨境协作等问题，为企业集团破产中的程序协同等重要措施奠定了制度基础。当然，MLCBI 仅仅是一项示范法、软法，其需要转化为国内法后方才具有强制约束力。而一经转化，有关内容便构成该国国内法的组成部分。因此，虽然 MLCBI 在条文设计上仅针对独立的破产程序，但其在解决企业集团内部复杂的破产问题方面，发挥着重要的支持作用。[2]

此后，联合国国际贸易法委员会 2004 年制作的《破产法立法指南》（Legislative Guide on Insolvency Law）的第三部分提出了适用于企业集团破产的两种程序类型，即"独立实体办法"与"集团企业办法"，可分别简称为"实体法"和"企业法"。其中，"实体法"充分尊重每个企业集团成员的独立法人人格，表现为独立地认定破产财产并要求破产债权人独立地行使权利。然而如前所述，由于企业集团成员之间在经济上的紧密联系，加之企业集团内部的不同财务安排，严格的"实体法"思路在应对实际破产问题时难免捉襟见肘。相比之下，"企业法"将企业集团视为一个经济单位，以增进企业集团作为一个整体单位的利益为目的，并配备了一系列特殊的破产规则以及企业挽救措施，包含从穿透性较低的程序协同到彻底无视法人人格边界的实质

---

[1] See Ilya Kokorin, Stephan Madaus and Irit Mevorach, *Global Competition in Cross-Border Restructuring and Recognition of Centralized Group Solutions*, 56 Texas International Law Journal 109 (2022).

[2] See Irit Mevorach, *On the Road to Universalism: A Comparative and Empirical Study of the UNCITRAL Model Law on Cross-Border Insolvency*, 12 European Business Organization Law Review 517 (2011).

合并等。应当认为,"企业法"有助于更好地解释和还原企业集团的真实结构以及商业现实。[1] 整体而言,《破产法立法指南》承认在企业集团破产的场合中,采取一定的协调措施可能是确保公平和高效的唯一途径,以避免企业集团的继续营业价值在零星出售乃至解体的情况下遭到破坏。[2]

近年来,最旗帜鲜明地规范企业集团破产问题的文件莫属联合国国际贸易法委员会在 2019 年发布的 MLEGI。该示范法明确指出和强调了对企业集团破产进行特别规范的必要性,为企业集团中其他非破产成员参与个别成员的破产程序提供了一种统一方案,即"规划破产程序"(Planning Proceeding)。规划破产程序以企业集团中个别成员的破产案件为核心,其他集团成员可以选择参与该程序而无须实际申请破产,更重要的是,其他成员有权参与制定"集团破产解决方案"(Group Insolvency Solution,GIS)。当然,在跨境企业集团的破产案件中,规划破产程序的适用需要考虑属地法院的管辖权问题,这要求规划破产程序的管理人尽力确保企业集团破产解决方案的内容能够符合管辖法院国内法关于破产财产分配计划/重整计划的各项生效要求,尤其是全体利害关系方在 GIS 中获得了充分保护。[3]

总之,企业集团的破产问题构成国家、地区以及联合国近年来发布的立法或示范法中的规制重点,值得我国加以重视以及审慎地借鉴。

二、实质合并的域外适用:Substantive Consolidation

实质合并破产是指,将一个企业集团中的多个实体合并为一个整体,统一处置多个企业实体的资产与负债,从而在债权人之间实现更为公平的分配

---

[1] See Irit Mevorach, *Transaction Avoidance in Bankruptcy of Corporate Groups*, 8 European Company and Financial Law Review 235 (2011).

[2] See UNCITRAL Working Group V., *UNCITRAL Legislative Guide on Insolvency Law*, Part Three: Treatment of Enterprise Groups in Insolvency, United Nations (July 1st 2010), https://uncitral.un.org/sites/uncitral.un.org/files/media-documents/uncitral/en/leg-guide-insol-part3-ebook-e.pdf.

[3] See UNCITRAL, *UNCITRAL Model Law on Enterprise Group Insolvency with Guide to Enactment*, United Nations (July 15 2019), https://uncitral.un.org/sites/uncitral.un.org/files/media-documents/uncitral/en/19-11346_mloegi.pdf.

结果。[1] 考虑到实质合并对破产债务人之法人人格的穿透效力，有关做法往往需要管辖破产案件的属地国实体法的授权，本章节内容将以该制度的发源地即美国破产法作为分析对象。

（一）实质合并的基本内涵

一般而言，实质合并是破产从业者与破产受理法院用来应对公司关联债务、公司缺乏法人人格独立性等问题的补救措施。从实体法的角度来看，《美国破产法》并未明确规定实质合并（但也未作禁止），实践中法院作出实质合并裁定的权力系基于其衡平法上的管辖权，即《美国破产法》第 105（a）条。[2] 在美国破产案件的办理中，实质合并被视为一种较为极端的方案，甚至可能引发破产制度的宪法地位问题，因而美国联邦破产法院真正批准实质合并的情况在现实中很少发生。

尽管颇具例外性，美国联邦破产法院作为衡平法法院，长期以来都保有实质性整合企业资产的裁定权，且主要适用于重整案件。一经批准，实质合并便具有穿透多位债务人企业之法人人格的效力：多个债务人的独立法人人格将被刺破、多个企业的资产将被视为一体，由此，债权人对多个债务人的请求权应当统一对合并后的破产财团行使，即债权人对个别债务人的权利将转变为对经合并的"资产池"的权利。

与一般公司法中的法人人格否认不同的是，实质合并不仅具有否认公司与其股东之间独立人格的垂直刺破（Vertical Integration）效力，破产法院还有权对相互关联的子公司人格进行横向刺破（Horizontal Integration），且后者是适用实质合并的多数情况。[3] 基于此，在子公司众多的大型企业集团破产时，法院很有可能认定实质合并破产构成一项适当的救济方式，进而统一将债权人对个别企业集团成员的权利统一视为对合并后破产财团的权利。[4] 可

---

[1] See Dennis J. Connolly, *Current Approaches to Substantive Consolidation*, 2019 Norton Annual Survey of Bankruptcy Law 3 (2019).

[2] See 11 U. S. Code § 105（a）: The court may issue any order, process, or judgment that is necessary or appropriate to carry out the provisions of this title.

[3] See Douglas G. Baird, *Substantive Consolidation Today*, 47 Boston College Law Review 5 (2005).

[4] See e. g., Matter of Gulfco Inv. Corp., 593 F. 2d 921 (10th Cir. 1979).

以认为，实质合并所特有的出乎意料的、极具破坏力的穿透效力，将对债权人（尤其是无担保债权人）的权利行使产生深远的影响。

需要说明的是，实质合并对法人人格的穿透效力仅存在于理念上的，其目的在于实现破产程序的总括清偿目标，被实质合并处理的企业实体并不必然随着破产程序的启动和终结而丧失其主体资格。具体说来，实质合并措施主要服务于破产财产分配计划/重整计划制作中的程序性事项，包括破产债权的分类、表决权的分配、重整计划的强制批准以及破产财产的分配等。而经过实质合并破产后（主要是指重整），根据有关计划的具体内容以及税务安排，被合并处置的破产债务人企业完全有可能保留其主体资格，在挽救成功后继续独立经营。[1]

当前关于实质合并的一项重要争议在于，当企业集团中的部分成员自身并未达到破产界限时，债权人或其他利害关系人是否有权申请将该未达到破产界限的企业同时纳入其他成员的破产程序并作实质合并处理：若是，破产法应当如何妥善回应实质合并对于这部分尚未达到破产界限的成员企业之债权人的权利可能产生的贬损、稀释效果？该问题并未在美国的司法实践中形成统一方案，下文将结合实际案例进行分析。显而易见的是，考虑到实质合并在效力上的强穿透性，确有必要限制其适用范围。甚至，破产从业者在实质合并之外还创制了一种弱化版本，即所谓的"视为合并"（Deemed Consolidation），以期为关联企业的资金池问题提供更多技术性支持。然而，"视为合并"无法合理解释有关措施对债权人根据州法所享有的实体权利的调整效力，而作为联邦立法的破产法必须尊重债权人在州法中的实体法律地位，除非存在必须进行实质合并的重要理由。[2]

（二）设立实质合并适用标准的典型案例

如前所述，实质合并主要是一种衡平法上的救济措施，因而其适用标准必须结合判例法加以确认。在美国联邦破产法院确立实质合并制度的过程中，

---

[1] See Timothy Graulich, *Substantive Consolidation – a Post – Modern Trend*, 14 American Bankruptcy Institute Law Review 527（2006）.

[2] See William H. Widen, *The Reality of Substantive Consolidation*, 26 American Bankruptcy Institute Journal 14, p. 56（2007）.

产生了三个界定实质合并适用标准的里程碑式判例，分别是 Auto-Train 案[1]、Augie/Restivo 案[2]以及 Owens Corning 案[3]。其中，Auto-Train 案和 Augie/Restivo 案均是第三巡回上诉法院在 2009 年的 Owens Corning 案之前证明实质合并的主要标准，而这些前序的裁判方式亦为第三巡回上诉法院在 Owens Corning 案中的裁决进行了铺垫，下文将分述三个案件中的裁判内容：

在 1980 年的 Auto-Train 案中，哥伦比亚特区巡回法院在审查实质合并申请的裁决中提出了一项平衡性测试（Auto-Train Balancing Test）。据此，法院在作出批准实质合并的最终决定之前，必须进行听证与调查，以确保实质合并可能产生的价值能够充分抵消其对反对者可能造成的损害。具体说来，法院提出了一种包含三个阶段的调查方式，对实质合并的证明责任进行了分配：（1）实质合并的支持者应当阐明，拟实质合并的债务人之间确实具有同一性，并且，为避免分别破产可能导致的某些危害或为了实现特定利益，采取实质合并是必要的。（2）支持方在完成初步证据的举证后，还需要进一步结合公司法中的法人人格否认制度，在实质合并语境下证明各项要素。（3）在支持方完成对实质合并的"表面证明"之后，反对方应当有机会提出反证，譬如其与个别企业实体的交易行为系出于对该实体独立人格的合理信赖，以及实质合并的适用可能对其正当利益产生危害。

此后，第二巡回法院在 1988 年 Augie/Restivo 案中的说理提供了另一项经常被援用的标准，其将实质合并的适用条件拆解为如下两个方面：（1）债权人在提供信贷等信用授予时并非依赖企业集团成员自身的独立人格，而是将多个企业视为一个经济单位整体并与之交易；（2）企业集团成员之间的关联关系达到了如此纷繁复杂的程度，以至于在破产程序中进行整合有助于降低程序成本、提升债权人利益。

在 2005 年的 Owens Corning 案中，第三巡回上诉法院在判例的基础之上，提出了较为开放的实质合并破产适用标准。Owens Corning 集团是一家在美国生产绝缘装修材料的跨国企业集团。该债务人因制造石棉而身陷高达 70 亿美

---

[1] See In re Auto-Train Corp., Inc., 810 F. 2d 270 (D. C. Cir. 1987).
[2] See In re Augie/Restivo Baking Co., 87 B. R. 242 (Bankr. E. D. N. Y. 1988).
[3] See In re Owens Corning, 419 F.3d 195 (3d Cir. 2005), as amended, (Aug. 23, 2005), as amended, (Sept. 2, 2005), as amended, (Oct. 12, 2005), as amended, (Nov. 1, 2007).

元的侵权损害赔偿纠纷，债务人遂申请根据《美国破产法》第 11 章进行重整。由于其无法获得融资，债务人注册在特拉华州的公司（下称 Owens 特拉华州公司）在破产程序启动前便与某贷款机构达成了一项 20 亿美元的借款协议，用于收购另一家公司。Owens 特拉华州公司是 Owens Corning 集团的母公司，其基于税务、监管以及债务安排等原因而持有众多的子公司，而且这些子公司多是一些鲜有负债、富有资产的"优质企业"。因此，贷款机构坚持要求由 Owens 特拉华州公司的优质子公司对该借贷协约提供担保。但问题在于，Owens 特拉华州公司在提交破产重整申请的同时，要求对集团中的 17 家子公司进行合并重整。这一举措将导致贷款机构在破产程序启动前获得的担保权被全部取消，该贷款机构遂对实质合并表示反对并向第三巡回法院提出上诉。

第三巡回上诉法院在审查了该案债务人企业集团的具体构造以及债权人签订借款合同时的合理期待之后，认为实质合并不适用于本案场景。更重要的是，第三巡回上诉法院首次在该案中明确提出了可以适用实质合并重整的具体标准——当事人申请实质合并的，应当举证符合如下两项标准的其中之一：（1）债权人在破产程序启动前与债务人发生交易时，已经预先了解和考虑到了债务人与其关联企业之间存在的高度人格混同，以至于债权人能够意识到其系与同一个经济单位进行交易，并且合理期待其行使权利时可忽视不同企业之间的实体界线；或者（2）债务人与其关联企业之间的资产和负债是如此的混乱乃至于将它们分开的工作令人望而却步，换言之，采取实体分离的破产模式会损害所有债权人的利益。

国内学者在介绍以 Owens Corning 案为代表的该时期美国破产实践时就指出：该案在梳理总结既有实质合并判例规则的基础上，明确提出了对于实质合并适用的利益衡量原则以及具体的判断标准，这预示破产法院开始倾向于频繁批准实质合并申请的一种现代化发展，可视之为一种自由化的趋势。[1] 实际上，美国法院在该时期的其他案件中，确实对于实质合并申请采取了相对宽松的审查标准，典型如美国第九巡回上诉法院对 Bonham 案作出的判决结果。[2] 该案中，自然人 Bonham 同时是 WPI 以及 APFC 这两家企业的唯一股

---

[1] 参见王静：《实质合并破产法律制度构造研究》，法律出版社 2021 年版，第 130 页。
[2] See In re Bonham, 229 F. 3d 750, 762 (9th Cir. 2000).

东和董事。这两家公司登记的经营事项是从各航空公司或第三方收购可用作折扣的飞行里程，并使用它们来购买打折机票然后向公众出售以获取利润。在企业经营的过程中，Bonham 以个人身份签订短期投资合同的同时也经常以 WPI 和 APFC 的名义签订此类合同。投资者随后针对 Bonham 提起非自愿的破产申请，鉴于在实体分离的破产模式下债权人仅有权从 Bonham 的个人资产中获得极少的清算分配，遂进一步申请将 Bonham 的个人破产财产与 WPI 以及 APFC 这两家并未达到破产界限的企业资产合并处置。破产法院批准了该申请，地区法院予以推翻，但第九巡回上诉法院最终又推翻了地区法院的判决并裁决维持破产法院的实质合并决定。第九巡回上诉法院认为，现 Bonham 与其他非破产债务人实体系共同经营完全同一的业务，因而有必要将其资产与非破产债务人企业的资产合并处置。

（三）近年紧缩适用实质合并的裁判趋势

在 Owens Corning 案之后，美国法院近年来对实质合并的适用采取了更为严格的审查，即所谓的自由主义趋势发生了逆转。典型如 Stewart 案[1]，在该案中，债权人 SE Property Holdings LLC（SEPH）申请对 Stewart 夫妇适用第 7 章破产程序，同时申请将 9 位非破产债务人一并纳入该破产程序，其理由在于：Stewart 夫妇均在非破产债务人企业中承担经营管理的角色或持有相关利益，该夫妇与有关企业之间的资金混合程度已经达到了无可救药的程度，非破产第三人所管理的资产是如此混杂以至于该第三人应被视为破产债务人的"他我"（Alter Ego）。此时，如果一个实体缺乏足够的资金来偿还债务，那么就应当使用另一个实体的资金进行偿还。而对于 SEPH 的申请，Kirkpatrick Bank 作为其中一家非破产债务人的债权人（并非破产债务人的债权人）向法院提起动议，反对实质合并的申请。

法院审查后认为，在十分有限的情况下，破产法院作为衡平法院确实享有批准实质合并的裁量权，但是这并非本案的情况，遂根据 Kirkpatrick Bank 的动议驳回了 SEPH 的实质合并申请。该院认为，申请实质合并的债权人未能提出足够的证据来证明对其他非破产债务人进行资产整合是符合所有债权

---

[1] Se Prop. Holdings, LLC v. Stewart (In re Stewart), 571 B. R. 460 (Bankr. W. D. Okla. 2017).

人利益的必要做法。该院指出，本案审理中的关键问题并非在于债务人与其关联企业之间是否存在资产难以分离的事实——实际上，法院毫不怀疑本案申请人所陈述的事实足以证明分离性要素。而本案 SEPH 的实质合并申请的真正问题在于，其未能明确指出和界定非破产债务人之债权人的范围，在程序上也未通知其他非破产债务人的债权人参与实质合并申请的庭审。实际上，Kirkpatrick Bank 只是偶然得知 SEPH 在尝试将其他非破产的债务人一并纳入 Stewart 夫妇的非自愿破产程序。法院引用 Owens Corning 案的说理指出，如果有关资产是通过实质合并来实现强制集中的，那么非破产债务人的债权人的求偿权将大概率被稀释，此时不能简单地认为对 SEPH 有利的措施必然对非债务人的所有债权人均有利。尽管实质合并申请人 SEPH 认为这将有利于全体债权人，但 SEPH 没有提供证据解释非破产债务人的债权人将如何受益。相反，本案中非破产债务人的已知债权人 Kirkpatrick Bank 极力反对实质合并，法院最终以申请人未能充分举证为由驳回了实质合并申请。

在法院下达其驳回决定后，SEPH 提交了一份修改后的投诉，试图添补其首次起诉中缺乏的证明要素。尽管 SEPH 进行了新的指控和举证，即非破产债务人的另一已知债权人将从实质合并中受益，但该债权人另行提交了一份反对实质合并的声明。法院在审查两方的请求后认为，这一反对意见"即使不是决定性的，也是非常重要的"，并且认为 SEPH 无权将其对于什么是有利的判断凌驾于其他债权人自身的判断之上。考虑到该案中存有两位非破产债务人的已知债权人均明确反对合并，法院再次驳回了 SEPH 修正后的控诉。

归纳之，在 Stewart 案中，法院认为实质合并的申请人不仅需要举证说明资产难以分离的要素，还需要同时举证说明实质合并有益于非破产债务人的债权人；在举证责任方面，若其他已知的非破产债务人的债权人提出反对意见，很有可能构成法院驳回实质合并申请的重要理由。显然，这就形成了不同于 Owens Corning 案中择一满足两项标准的、更为严格的实质合并适用标准。此外，在程序上，法院在 Stewart 案的最终裁判中指出，虽然非破产债务人的债权人并非实质合并申请中的被告，但这部分利害关系人也有权收到关于实质合并庭审的通知以获得正当程序的保护。虽然法院并未明确当事人具体应当采取何种类型的通知措施，但其指出，申请人无疑需要在庭审过程中证明其不仅向非破产债务人发出了实质合并的申请，而且还向非债务人的债权人发出了充分的通知。

三、程序协同的域外适用：Planning Proceeding

除了对企业集团中多个成员的破产程序进行实质合并从而在实体法上彻底刺破法人人格、统一处理债权债务之外，还应当允许利害关系人申请对企业集团成员的多项破产程序采取程序协同措施。如前所述，实质合并有着较高的适用门槛，尤其是在企业集团中部分成员尚未达到破产界限的情况。因而在企业集团成员众多、情况各异的大型企业集团破产案件中，实质合并也只能构成较为例外的措施。何况，若企业集团中部分子公司设立于境外，那么在跨境破产案件的办理中，将更加难以统合不同国内法对实质合并的适用标准和处置模式；若为了不同的国内法规定而分别审议表决组中的每一项实体权利，必然会极大增加跨境企业集团的破产案件办理成本。实际上，企业集团的跨境破产问题往往是以国际谈判的形式提出的，但结果表明，在跨境企业集团的破产案件中促使关系人作出具有强制效力的承诺、促成国际协作以及达成让步协议，通常是十分困难的。[1] 因而在国际法的层面，关于企业集团破产的示范法往往采取程序协同的做法，本章节主要以 MLEGI 以及美国破产法为例加以说明。

（一）MLEGI 的制作背景及其程序性要素

2019 年，联合国国际贸易法委员会通过了《企业集团破产示范法》（MLEGI），该示范法的规范目的在于专门为企业集团提供有效的破产处理机制，因此不同于《跨境破产示范法》，MLEGI 是专门为企业集团破产而设计、旨在提高程序效率和协同效果的示范法。整体看来，MLEGI 提供了多项程序性措施来支持集中式的破产解决方案，典型如：（1）允许集团成员启动"规划破产程序"并使其在该程序中获得广泛的救济；（2）允许对其他集团成员适用"合成程序"（Synthetic Proceeding），从而在多个成员启动不同性质的破

---

[1] See Daoning Zhang, *Reconsidering Procedural Consolidation for Multinational Corporate Groups in the Context of the Recast European Insolvency Regulation*, 26 International Insolvency Review 332 (2017).

产程序的情况下,一体化处理与企业集团相关的所有债权债务关系。

整体看来,MLEGI 的主要创新在于为企业集团破产提供了一项"规划破产程序"并统一任命破产程序的"集团代表人"(Group Representative)来执行协同程序。规划破产程序的最终目标是制定一份 GIS,其主要内容包括:在重组、出售或清算的计划草案中制定一系列关于一个或多个企业集团成员的部分或全部资产和业务的处置建议,以保持、实现或提高企业集团的整体商业价值。[1]

从程序要素来看,这种针对企业集团破产的规划破产程序主要有如下五个方面的特征:(1)在启动关于个别企业集团成员的规划破产程序的同时,保留其他潜在企业集团成员加入规划破产程序的可能性。MLEGI 对于哪些企业集团成员有资格参与规划破产程序有严格限制,在此基础之上,若多个企业集团成员的司法管辖地都符合相关条件,规划破产程序可以在其中择一启动。(2)MLEGI 中的规划破产程序并非强制适用于全部企业集团成员,即不要求企业集团中的所有成员一致参与该程序,甚至可以允许多个规划破产程序同时进行,即 MLEGI 允许规划破产程序仅解决部分企业集团成员企业的资金问题,以显示企业集团破产规则的灵活性以及多样性。(3)MLEGI 将规范重点置于一个新的核心角色上——集团代表人。由此,在多个规划破产程序并行的情况下,破产管理人有可能身兼数职:在一个根据《美国破产法》第7章提起的企业集团破产案中,受托人可以同时具有负责接管破产企业集团的管理人身份(因此成为 MLCBI 下的潜在"外国代表")以及该企业集团的代表人。相反在强调破产事务专业化管理的法律体系中,则可能由并非企业集团代表的其他受托人来担任破产管理人。(4)MLEGI 仍以主要利益中心(Center of Main Interests,COMI)作为规划破产程序开展的前提,即"规划破产程序"必须在企业集团特定成员的 COMI 中启动。另外,MLEGI 还规定了一项 E - COMI(Enterprise - COMI),要求作为"规划破产程序"中 COMI 认定依据的企业集团成员构成企业集团破产解决方案中"必要的和值得注意

---

[1] See UNCITRAL, *UNCITRAL Model Law on Enterprise Group Insolvency with Guide to Enactment*, Art. 2, United Nations (July 15 2019), https://uncitral.un.org/sites/uncitral.un.org/files/media-documents/uncitral/en/19-11346_mloegi.pdf.

的"组成部分。(5) MLEGI 对于破产财产分配计划/重整计划的设计与执行有清晰的界分,尤其在执行规定中设置了部分企业集团成员在其国内法中可能并不适用的各种制度工具。综合来看,MLEGI 对集团代表、规划破产程序和集团破产解决方案这三个方面的创新均重在程序的"前端"即计划的设计上。最后,如果一切顺利,企业集团经过规划破产程序将形成一个统一的集团破产解决方案并提交给债权人批准。[1]

(二) MLEGI 中"规划破产程序"的程序协同效果

为实现程序协同,MLEGI 的规范落脚点并不在于改变企业主要利益中心的传统定义进而实现对企业集团破产的管辖权集中。实际上,该示范法并未另行创设"Group-COMI"的特殊概念,也并不要求所有协同参与破产程序的企业集团成员的主要利益中心均在同一辖区范围内。相反,MLEGI 集中管理企业集团破产的驱动力来自程序协调,主要通过规划破产程序加以实现。在前文介绍的程序性要素的基础之上,还有必要进一步讨论规划破产程序的具体运作机理:

规划破产程序的主要目的在于,由遭遇财务困境的企业集团中的个别成员启动破产程序(该成员对于企业集团维持营运是不可或缺的,且对于挽救企业集团是必不可少的)并以此作为规划破产程序的主要利益中心,其他企业集团成员将有机会在规划破产程序启动后享受 MLEGI 所提供的各项有利于一体化破产的手段,具体包括:冻结对企业集团成员的执行程序,中止针对企业集团中任一成员资产的转让或任何形式的处置,中止关于企业集团任一成员的破产程序,并统一设计企业集团资产的整体安排方案。应当认为,规划破产程序通过限制针对企业集团成员的其他诉讼程序的启动,且使有关的司法程序集中于一个或几个特定的管辖法院,为实现企业集团破产的程序协同创造了可能性。

进一步而言,MLEGI 创新性地提出了合成程序这一概念,来增强企业集团破产中规划破产程序的一体化审理效力。根据 MLEGI 的有关规定,合成非

---

[1] See John A. E. Pottow, *Love Hertz: Corporate Groups and Insolvency Forum Selection*, 56 Texas International Law Journal 155 (2021).

主要程序是指，若债权人对企业集团成员的实体权利和诉讼实施权本可以在另一辖区中以非主要程序（Non-main Proceeding）的方式提起，那么企业集团破产的主要程序（Main Proceeding）应当有权统一处理该诉讼。为赋予主要程序受理法院这种管辖权"表面扩张"的效力，应当充分尊重有关权利在其他非主要程序中的本来内容与规范依据。为实现裁决结果的一致性，当其他诉请被纳入主要程序受理法院进行管辖时，原则上应当由破产管理人（或集团联合代表）来负责监督进行。而主要程序的受理法院一旦批准对相关诉讼进行管辖，那么其他潜在的非主要程序法院就应当终止或驳回有关程序。[1] 归纳之，企业集团的规划破产程序一般是指为实现企业集团破产所必不可少的针对核心成员的主要程序，而若该主要程序还合并审理了部分本应由非主要程序审理的诉讼及衍生诉讼，那么该主要程序同时构成一种特殊的合成非主要程序。就其规范目的而言，MLEGI 的这种设计有利于最大限度地避免程序重复、减少程序费用，并且有助于巩固有关裁决的确定性效力。

至于企业集团破产中，破产财产分配计划或重整计划对于尚且具备偿付能力的企业集团成员的处置问题，MLCBI 的程序协同方案并不以所有企业集团成员均达到破产界限为前提，即规划破产程序的适用并不关注某特定企业集团成员的资产负债情况。[2] 具体说来，根据 MLCBI 的规定，所有企业集团成员均有机会参与作为主要程序的规划破产程序并参与企业集团破产解决方案的制作，不论其财务状况如何。实际上，该示范法的目标和规范重点完全聚焦于企业集团成员参与另一企业集团成员破产程序的可能性及其功能效力，因而作为参与者的企业集团成员无须单独申请破产，也就无需以资不抵债作为适用标准。正因如此，MLEGI 明确表示，由本国或外国的规划破产程序作出的免责决定，一般来说不会对那些自身并未进入破产程序的企业集团成员产生拘束力。当然，这并不排除其他资可抵债的企业集团成员自愿申请破产并加入规划破产程序的可能性。

---

[1] See Bob Wessels, *Contracting Out of Secondary Insolvency Proceedings: The Main Liquidator's Undertaking in the Meaning of Article 18 in the Proposal to Amend the EU Insolvency Regulation*, 9 Brooklyn Journal of Corporate, Financial & Commercial Law 63 (2014).

[2] See Ilya Kokorin, Stephan Madaus and Irit Mevorach, *Global Competition in Cross-Border Restructuring and Recognition of Centralized Group Solutions*, 56 Texas International Law Journal 109 (2021).

（三）美国破产法中的程序协同

MLEGI 作为示范法，并不具有直接的法律拘束力，截至 2024 年 10 月，尚未有国家明确将规划破产程序的模式纳入其国内法。

就当前各国国内法关于程序协同的已有规范而言，较为典型的亦是美国破产法的规定。对此，《美国联邦破产程序规则》第 1015 条就明确回应了"在同一法院正在进行的破产案件的程序合并与联合管理问题"，分别规定了程序合并与联合管理两种情况，其第 1 款、第 2 款内容具体如下：

1. 涉及同一个债务人的案件。如果两个或者两个以上的破产申请由同一个债务人提起或者针对同一个债务人提起，且相关程序都在审查过程中，法院有权裁定将这些案件合并。由此，这些申请会被合并为同一个破产案件。

2. 涉及关联债务人的案件。如果联合申请或者两个或两个以上的申请在同一个法院被提出，且这些案件涉及以下情况：（1）丈夫和妻子的破产案件；（2）合伙企业和其一个或者多个普通合伙人的破产；（3）两个或者两个以上普通合伙人的破产；（4）债务人与其关联企业的破产，那么法院便有权裁定对这些债务人财产进行"联合管理"（Joint Administration）。在裁定联合管理之前，法院必须审查对不同债务人的责任财产享有债权的债权人之间的潜在利益冲突。而在对丈夫和妻子的个人破产案件作出联合管理的裁定时，如果配偶一方选择适用《美国破产法》第 522（b）（2）条项下的财产豁免，而另一方选择了第 522（b）（3）条项下的财产豁免，则联合管理的裁定应确定一个合理的时间段，在这一时期之内，作为债务人的夫妻双方应当选择同一个财产作为豁免标的；而若夫妻债务人未能在法院确定的时段内选择豁免财产，则他们将被视为自动选择第 522（b）（2）条的财产豁免范围。

在美国的司法实践中，早有案件开始适用程序协同的破产模式，典型如通用公司的破产申请。2009 年 6 月 1 日，通用公司的子公司中位于纽约曼哈顿的经销商 Chevrolet - Saturn of Harlem，向纽约南区破产法院申请适用《美国破产法》第 11 章进行破产重整。在同一天，位于底特律的通用公司（General Motors Corporation）、通用的子公司土星公司（Saturn LLC），以及土星公司的子公司土星分销公司（Saturn Distribution Corporation）也紧随其后向纽约南区破产法院提出破产申请。经纽约南区破产法院的审查，这些关于通用公司的破产重整案件均由同一法官（Robert Gerber）进行审理，即在分别立案的情况下，不同的通用公司的子公司最终启动了同一破产重整程序且形成和采用了统一的重整计划。[1]

四、第三人免责在企业集团破产中的域外适用：Third‑party Release

诚然，企业集团在内部构造和外部融资上的特殊属性引发了实质合并以及程序协同的做法，但即便 MLEGI 已竭力避免关于企业集团成员是否全部达到破产界限的讨论，其在实际适用中仍难以回应部分企业集团成员尚不具备破产原因的问题。实际上，若仅考虑企业集团中单一成员启动破产程序的情况，那么企业集团中其他成员与该破产成员之间的债权债务关系所引发的应当是破产程序对第三人的免责问题。由此，破产程序对非破产第三人的潜在免责效力也属于企业集团破产法律制度的组成部分。[2] 当然，考虑到这种免责效力是对破产制度本身的变通甚至突破，应当具有充足理由作为支持（典型如为维持企业的继续营运所必需），因此本章节内容主要以破产重整中的重整计划作为讨论对象。

（一）重整计划免除关联企业债务的现实基础

重整计划是对破产债务人的责任免除或调减，但实践中不乏免除非破产关联企业之债务的做法，一般认为，这是一项源于企业集团重整实践、促进重整成功的特别措施。

1. 企业集团融资中的相互担保安排

实践中，企业集团成员经常以提供保证或提供抵押品的方式来担保另一个企业集团成员的债务履行，此类关系可以统称为"交叉责任安排"（Cross‑Liability Arrangements）。正是这种安排使多个公司得以作为单一的经济实体进行融资，从而大大降低了债权人对企业集团之间资产转移等内部行为的监

---

[1] 参见贺丹：《企业集团破产：问题、规则与选择》，中国法制出版社 2019 年版，第 55~86 页。
[2] See Lucas Reinert, *Third‑Party Releases in the Restructuring of An Enterprise Group Member*, 32 Norton Journal of Bankruptcy Law and Practice Article 3 (2023).

控成本。[1] 应当认为，规范的交叉责任安排有助于提升企业集团的融资效率，并构成对贷款人的权利保障。[2]

在典型的企业集团融资架构中，一般由母公司以自身名义向银行贷款，并通过资金池的流通或债务让与的方式在整个企业集团内分配借贷资金。甚至，有的企业集团会选择设立特殊目的实体（Special Purpose Vehicle，SPV）。此类 SPV 的唯一经营目的是向银行借贷，构成企业集团中向银行贷款的唯一交易对手，并且负责将借贷资金转让给企业集团中的其他实体。在 Oi Brasil Holdings Coöperatief 案中，债务人企业集团就采用了这种结构。[3] 从法律意义上来看，此时企业集团内部的不同成员仍构成相互独立的法人实体，各自拥有独立的资产与负债，即使在重整程序中原则上也应是如此。若贸然采用实质合并的做法，那么贷款提供者将不得不面对权利劣后的结构性风险——如果其他企业集团成员可以通过实质合并免除其对 SPV 借款所提供的担保责任，那么贷款人只能向该名义借款人提出索赔，而此类名义借款人通常只有极少的或不断变化的资产用以偿还债权。何况，对于 SPV 或是专门管理集团股份的控股公司而言，其自身并不从事产生营收的实际业务，这将更加不利于债权人实现权利。在这方面，英国的 Cattles Plc. v. Welcome Financial Services Ltd. 案就是一个很好的例子。该案中，母公司为整个企业集团的利益筹集了 26 亿英镑，主要由上游企业作出担保。[4] 而在其他现实纠纷中，下游、跨流的担保模式也十分普遍。可以认为，企业集团内部的互相担保已经形成了债务融资市场中的通行做法。

2. 企业集团内部担保在破产法语境下引发的问题

不可否认的是，不同企业集团在股权安排以及债务融资等方面的财务架

---

[1] See Ilya Kokorin, *Third – Party Releases in Insolvency of Multinational Enterprise Groups*, 1 European Company and Financial Law Review 107（2021）.

[2] 企业集团内部的交叉担保在我国实践中也十分常见：作为银行监管部门曾大力倡导的旨在缓解中小民营企业融资难问题的"融资担保创新机制"，企业交叉互保安排在东部沿海经济发达省份一度十分盛行。参见蔡嘉炜：《重整计划引入调整保证人责任条款之依据及其限度》，载《理论探索杂志》2024 年第 6 期，第 123 页。

[3] In re Oi Brasil Holdings Coöperatief U. A., 578 B. R. 169（Bankr. S. D. N. Y. 2017）. See Also Richard Cooper, Francisco Cestero and Jesse Mosier, *Oi S. A.: The Saga of Latin America's Largest Private Sector in – court Restructuring*, 14 Pratt's Journal of Bankruptcy Law 209（2018）.

[4] See Cattles Plc. v. Welcome Financial Services Ltd., [2010] EWCA Cir 599.

构存有很大差异,然而,企业集团成员之间的相互担保已毫无疑问地形成了一种企业集团融资的"标准方案",因而破产重整有必要对此予以重视。在企业集团以内部担保的方式保障个别成员的贷款协议的基础之上,一旦该企业集团成员遭遇财务困难,这种交叉担保便会导致破产重整规则在适用上的诸多困境,譬如:(1)同为企业集团成员的担保人是否有权向破产企业主张代位追偿权,若是,其金额是多少?(2)重整程序是否会影响银行债权人保证债权的行使?即重整程序在限制银行对破产企业直接行使请求权的同时,是否必然会限制银行对担保人的权利主张?(3)由此引发第三个方面的问题,即一项完全忽视企业集团内部交叉责任安排的重整计划,从长远来看,是否能够真正起到挽救企业的作用?

结合破产理论来剖析如上问题,可以进一步发掘出企业集团的交叉担保现象在破产语境下的症结:

第一,由于企业集团内部成员的相互依存关系,一个成员的财务困境可能会引发其他成员的财务困境,甚至牵连到那些本身尚具有偿付能力的成员,从而威胁整个企业集团的生存。多数情况下,在一个财务、营运和效能相互依赖的企业集团中,某个企业集团成员的破产将成为整个企业集团破产的"多米诺骨牌"的开端。因此,债务危机在企业集团内部的传导效应将极大地破坏企业集团的重整,对母公司的重整就是一个很好的例子:母公司通常是纯粹的控股公司,由子公司分别在不同的业务领域开展业务,从而有可能为重整程序提供成功所必需的现金流,由此可见,子公司的持续营运对于整个企业集团的重整成功是必不可少的。一旦子公司丧失营运能力,母公司即便自身暂时重整成功,也将成为缺乏实际业务能力的"孤儿"。[1] 换言之,在内部关联的企业集团中,纯粹针对单一企业实体的重整方案是缺乏经济效率的——实际上,负责在企业集团中承担借款任务的名义实体的财务困境通常与为借款提供担保的业务实体的财务困境密切关联,由此,针对母公司的重整程序意味着其将丧失对子公司的控制力以及统筹管理整个企业集团的能力。因而在母公司的重整计划中,确有必要加入对其他企业集团成员提供的关联

---

[1] See Alexander Dahnert, *The Threat of Corporate Groups and the Insolvency Connection*, 18 International Insolvency Review 209 (2009).

担保的处置方案，以保护这些尚且具有偿付能力的子公司。相反，如果重整计划忽视了这种对子公司的免责效力，那么子公司很有可能不会配合为母公司提供重整所必需的资金、协作以及业务支持，最终导致重整计划执行的失败。

第二，在重整计划中加入对非破产关联企业的免责约定有助于避免多个重整程序的启动，因而有助于节省重整程序的时间和成本。Ilya Kokorin 对此作出了如下精辟的比喻："在部分集团成员遭遇经济困境的情况下，破产法所意欲禁止的执行竞赛极有可能演变为多项并存的执行竞赛，即升级为多场竞赛，从而导致个别破产程序在集团范围内引发十分复杂的链式后果"[1]。这方面的典型案例如 Purdue Pharma L. P. 破产案。该案的受理法院批准重整计划时发现，即使非破产第三方不再实际经营业务，针对第三方的诉讼也会导致母公司的重整程序成本增加乃至走向失败，因此有必要允许重整计划对该关联第三方的权利义务作出安排。[2]

第三，如果重整计划不对关联担保债权的行使作出安排而是允许债权人根据原本的合同约定内容向其他企业集团成员行使其权利，那么保证人在对债权人作出清偿后将有权取得对破产债务人的追偿权（Ricochet Claim）。毫无疑问，保证人对破产债务人的这种追偿权行使通常超出了重整计划的预期范围并且很有可能使整个重整计划严重受阻或归于失败。考虑到重整的成功很大程度上取决于企业集团在程序期间的资金流，这种内部追偿的方式显然与重整成功的目的背道而驰。因此，否认和切断其他关联企业对个别重整企业的破产财产行使追偿权，有利于对企业集团整体的挽救。换句话说，如果在重整计划中明确对债务人免责，但又允许债权人的原请求权嗣后伪装成担保人的追偿权，通过"走后门"的方式再度反射至债务人、再度影响破产财产，那么重整计划关于宽恕和挽救债务人的效力无疑将丧失殆尽。

综上所述，传统坚守企业实体独立性的破产方式以及重整计划的制作方式难以应对企业集团内部交叉担保的复杂情况，由此引发了在某特定企业集

---

[1] Ilya Kokorin, Third – Party Releases in Insolvency of Multinational Enterprise Groups, 1 European Company and Financial Law Review 107（2021）.

[2] Dunaway v. Purdue Pharma L. P., (S. D. N. Y. Dec. 10, 2019).

团成员的破产程序中直接安排其他关联成员的担保责任的做法，从而借助单一的破产程序来统一调整企业集团内部的财务结构，并在企业集团范围内真正实现挽救目标。实际上，支持重整计划对非破产第三人产生免责效力的观点往往认为，这是维持企业集团整体价值的必要手段，并能够防止其他企业集团成员随后再度陷入破产。[1]

（二）重整计划免除关联企业债务的前提条件

1. 美国做法

作为分析的出发点，《美国破产法》第 11 章第 524（e）条明确规定，重整计划的免责效力不及于任何第三方对相关债务所负的责任，[2] 即原则上禁止通过重整程序对非破产第三人作出免责。但在实践中，第三人因为债务人破产而获得免责的做法确实广泛存在，主要包括如下两种路径：

第一，债权人明确同意对第三人免责。需要注意的是，这种同意区分于债权人会议中的多数决，而是要求债权人"明白且确切"地表达了对第三人免责的态度。若仅是在重整计划中记载了对第三人责任的处置，那么债权人对重整计划的同意并不足以达成这种免责。[3] 美国破产法学会在有关改革报告中就推荐了表决免责的具体场景，包括：（1）投票赞成一项独立于重整计划的事项，载明对第三人的免责效力；（2）在债权人的重整计划表决选票上单独标明对第三人免责的意见选项；（3）由第三人与受影响的债权人单独签订免责协议。[4]

---

[1] See Stephan Madaus, *Leaving the Shadows of US Bankruptcy Law：A Proposal to Divide the Realms of Insolvency and Restructuring Law*, 19 European Business Organization Law Review 615 (2018).

[2] See 11 U. S. Code §524（e）：Except as provided in subsection (a)(3) of this section, discharge of a debt of the debtor does not affect the liability of any other entity on, or the property of any other entity for, such debt.

[3] See Stephen W. Sather, *The Controversial Role of Third-Party Releases in Bankruptcy*, 31 American Bankruptcy Institute Law Review 71 (2023).

[4] See American Bankruptcy Institute, *Final Report and Recommendations of the ABI Commission to Study the Reform of Chapter 11*, American Bankruptcy Institute (2014), https：//www.abi.org/bookstore/final-report-and-recommendations-of-the-abi-commission-to-study-the-reform-of-chapter-11?gad_source=1&gclid=CjwKCAjwx4O4BhAnEiwA42SbVKNW0k9TKgLt2X2imKWY-LAieeJ5mCwyLU2NFO9i2TiQkSKhHj38GhoC0ZMQAvD_BwE.

第二，债权人并非明确同意的情况下仍对第三人免责。部分美国法院认为，这种免责是《美国破产法》第 524（e）条所禁止的，但亦有部分法院认为，当第三人的免责是重整成功所必不可少的措施时，仍有可能认为第 105（a）条赋予法院衡平权来批准这种免责。譬如，在 Dow Corning Corporation 案中，[1] 第六巡回上诉法院总结了 7 项审查标准，包括：（1）债务人与第三人之间存在利益的同一性，即对该第三人的诉讼实质上构成对债务人的诉讼，诉讼结果可能消耗破产财产；（2）第三人为重整提供了大量资产支持；（3）该免除第三人责任的强制令是重整成功的必要条件；（4）受该免责影响的表决组以压倒性多数投票同意该计划；（5）该计划提供了一种支付所有或基本上所有受影响债权的机制；（6）该计划为那些不同意免责的债权人提供了其他合适的救济渠道；（7）破产法院审理发现了其他支持其结论的具体事实。

2. 英国做法

在英国，2006 年《公司法》第 26 部分（第 895～901 节）规定的"债务偿还安排"（A Scheme Of Arrangement）同样以挽救债务人企业为制度目的，根据其规定，第三方有可能通过此类程序获得免责。第 895 条将债务偿还安排定义为公司与其债权人（任何类别的债权人）之间的协议约定，或者公司与股东之间的协议安排。公司在使用这种债务偿还安排时享有较大的自由选择空间，尤其是在对公司的债权或股权等进行调减时，可以采取包括债转股、修改债权内容（如延期）或减少债权数额等手段。不同于美国，英国公司法并不要求债务整理方案只能适用于破产债务人与主债权人，而是根据个案中的实际对价（Give And Take），视情况安排利害关系人之间的权利义务关系。[2] 据此，第三方的免责若具有合理对价，那么该债务偿还安排自然有可能适用于该第三方。

在 T&N Ltd. 的债务偿还安排中，法院批准一并处理关于该债务人以及 57 家关联公司（连带债务人）的雇员以及前雇员因接触石棉而引发的现实和潜在的人身伤害损害赔偿。根据该方案，债务人和雇员（索赔人、债权人）同

---

[1] In re Dow Corning Corporation, 287 B. R. 396 (E. D. Mich. 2002).
[2] See Jennifer Fayne, *Schemes of Arrangement: Theory, Structure and Operation*, Cambridge University Press, 2014, p. 24.

意不向责任保险公司索赔，条件是保险公司应当设立一笔价值3674万英镑的信托基金，以便在潜在的侵权责任成立之后用于支付未来的损害赔偿。该计划的反对者认为，本案拟议的计划并非债务人T&N Ltd.与其债权人之间的债务清偿安排，其实是在债务人与保险公司之间达成的妥协，因为该计划并没有调整侵权损害请求权人对T&N Ltd.的实体权利。法院驳回了这一反对意见并批准了该计划。法院认为，《公司法》中的"债务安排"一词应当作广义解读，这完全有可能包括T&N Ltd.与保险公司之间的诉讼和解，因为这种和解（虽然并非即刻地）影响着债务人的权利义务地位，在事实上构成一种"三方事项"。根据法院的说理，本案中的债务安排方案是"影响所有利害关系方的提案中的必要组成部分"。[1]

在La Seda De Barcelona案中，法院批准了债务人的债务偿还安排。该方案约定对承担担保责任的第三方（另一企业集团成员Artenius）提供免责，作为对价，该担保人应当相应放弃其个人对其他企业集团成员的请求权。法院由此认为，在该案的债务偿还安排中加入对第三方Artenius的免责约定，其实可以使主债权人受益，因为该方案为其他企业集团成员提供了免责效力，整体上改善了企业集团的财务状况；如果严格限制方案的免责范围，那么Artenius对其他企业集团成员的后续追索权很可能使一家公司的破产进一步升级为整个企业集团的破产。[2]

最近的一个案例是远东资本（Far East Capital Limited）的债务偿还安排，该方案涉及两套贷款票据下的责任免除，并以债务人支付一笔和解金为对价。该方案包括对其他第三方企业（同时也是企业集团成员）的免责内容，基于这些企业集团成员对案涉票据提供的担保。除此之外，远东资本的债务偿还安排还特别赋予了其他参与该计划的筹备、谈判或执行的特定"受保护当事方"免责效力。[3]

3. 对比与小结

综合来看，在第三方免责的问题上，《美国破产法》第11章所采用方法

---

[1] Re T&N Ltd. and Others (No. 3), [2006] EWHC 1447 (Ch).
[2] Re La Seda De Barcelona SA, [2010] EWHC 1364 (Ch).
[3] Far East Capital Limited S. A., [2017] EWHC 2878 (Ch).

与《英国公司法》中的债务整理制度存有部分相似之处。二者都要求对第三人的免责效果必须在主债务人的重整程序/整理方案中扮演必要的角色；二者都对可获得免责的第三方范围采取相对灵活的认定标准，例如，下属的企业集团、董事、高级职员、顾问、保险公司等；二者都对可作被免责的债务类型作广义解释，包含由合同或侵权引起的多种债务类型。

然而，英美两国对于第三方免责的规范态度显示出更多的差异性。在英国的司法实践中，当事人根据债务偿还安排实现第三方免责的做法已经广泛应用于英国企业的债务重组安排，并且明显得到了法院的支持。相反，美国法院在对重整计划中的第三人免责内容进行严格审查后，要么严令禁止，要么只是在极个别的情况下作出批准。一般而言，法院需要结合支持第三人免责的具体事实和详细证据来作出判断，尤其当涉及第三方对重整计划作出贡献的要件要求——通过《美国破产法》第 11 章的重整计划获得免责的第三人，必须以实质性注资（Substantial Assets）的方式对重整程序提供协助。

五、预重整的域外适用：Pre – packaged Reorganization

实质合并、程序协同以及第三人免责均是正式破产法律制度为企业集团破产提供的富有针对性的工具，而当大型企业集团破产时，往往还需要结合运用其他制度手段，典型如预重整。

联合国国际贸易法委员会在《破产法立法指南》设置了"快速重组程序"，是一种"为使受到影响的债权人在程序启动之前的自愿重组谈判中谈判商定的计划发生效力而启动的程序"。对于快速重组程序的具体内容，《破产法立法指南》第 149（a）条进一步指出，应当直接"复制重整中的具体规则"。显然，示范法在正式重整中为破产受理前已经达成的磋商结果设置了一项"快捷通道"。实际上，对破产程序启动前后的磋商行为进行衔接的做法，已经以不同的形式广泛应用于各国的司法实践。

（一）美国破产法中的预重整规则

作为弥补正式重整缺漏的机制，美国破产实务于 20 世纪 80 年代初期产生了预重整（Pre – packaged Reorganization）的做法，即债务人在申请破产之前征集对重整计划的表决票，若这种征集行为合乎非破产规则中的信息披露规定，那么征集的结果在破产程序中也视为有效。[1] 经过数十年的实践，预重整展现了出诸多优势：（1）强调庭外重组与正式重整的衔接融合，减轻正式重整效率低下、成本高昂的问题；（2）提供了一个和谐的磋商平台，法院的作用比较消极，产生的对立情绪较少，更利于各方达成重整方案；[2]（3）对债务人业务的负面影响较小，可以维持其正常的经营活动，有助于提高重整成功率。

就法律规范而言，《美国破产法》主要在正式重整的表决规则以及信息披露规则中回应了预重整问题。当前的《美国破产法》中与预重整有关的条文是第1125条、第1126条中的部分款项，系于2005年《美国破产法》第11章修订时新增。[3] 其中，第1125（g）条规定："除非法院认定信息披露不充分或该投票被误导，债权人或股东在重整程序开始前已接受或反对重整计划将被视为在《美国破产法》下接受或反对该重整计划，该投票结果拘束所有的债权人或股东。"第1126（b）条则进一步规定了庭外协商阶段的信息披露标准，具体分为："符合规范这种磋商行为的非破产法规则；若无如这种规则，则应当符合《美国破产法》第1125条a款关于充分信息披露（Adequate Information）的要求。"可见，美国的破产法律主要是从重整计划表决效力的角度，认可了当事人于破产程序开始前作出表态的效力，并对破产程序开始前的信息披露作有一定要求。但是要注意的是，预重整不产生中止相关诉讼程序的冻结效力，个别债权人、利害关系人在预重整期间还可以随时提出正式的破产清算或重整申请。

既然对预重整的规范主要着眼于正式重整规则中，那么就可以从重整计划对预先表决票的效力认定视角来勾勒美国破产法中的预重整制度：（1）以法院正式批准重整计划为界限，对重整计划的表决应符合表决人意思表示真实且明确的要求。在法院批准重整计划之前，计划尚未生效，表决人仍有机会否认其表决结果，并且表决人如果仅作出"同意法院裁定"等内容不清之

---

[1] See John J. McConnell and Henri Servaes, *The Economics of Prepackaged Bankruptcy*, 4 Journal of Applied Corporate Finance 16 (1991).
[2] 参见［美］杰伊·劳伦斯·韦斯特布鲁克、［美］查尔斯·布斯等：《商事破产：全球视野下的比较分析》，王之洲译，中国政法大学出版社2018年版，第135~136页。
[3] See Charles J. Tabb, *The Future of Chapter* 11, 44 South Carolina Law Review 792 (1991).

表达，不得视为同意票。（2）仅预重整中的同意票在正式重整中继续有效，反对票则不具有拘束力。在美国的司法实践中，重整计划的反对者也尝试对反对票进行征集，[1] 法院在审查后认为，既然预重整的目标在于推动重整计划的顺利通过，应当仅赋予同意票在正式重整中的效力。（3）对预重整计划的修正不必然引发再次表决。鉴于重整计划的内容可能在法院批准之前部分修正，《美国联邦破产程序规则》第 2002 条对预重整表决票的计入方式有规范规定，如果在法院确定的期间内（一般为 21 日），债权人或股东未能以积极的方式表示改变表决意见，就视为其对最终的重整计划保持原表决意见。[2]

就行业规范与理论研究而言，美国的债务重组实践正在持续不断地积极探索预重整，并且形成了一系列行业指导文件。有关理论研究发现，预重整中的谈判方式、谈判效果，根据每个债务人企业的高级管理层、债权人结构等因素而呈现出较大的差异性。[3] 譬如，对预先起草的重整计划的投票，在破产申请之前或之后都可以进行，据此美国破产法理论研究也将预重整区分为"整体预重整"与"部分预重整"。[4] 此外，预重整中的磋商手段往往与其他企业挽救措施配合使用，包括纯粹的法庭外重组，以及企业合并购等。

（二）英国公司法中的庭外重组

英国的破产法中并不存在对预重整的直接规定，但其设置了较为多样的企业庭外重组模式。在废除了管理接收制度、受偿保护金制度后，1986 年《破产法》第 1 条中的债务人自愿安排程序（CVA）以及 1985 年《公司法》第 425 条规定的"和解/偿债协议安排"构成债务人自我挽救的常用手段。[5] 在这些自愿偿债模式中，法院的地位非常消极，是"一种不经法院而进入破产拯救程序的启动方式"。譬如 CVA 无非是一种"就偿付公司债务或安排公司其他事务而达成的和解协议，该协议通常由公司高管层提出并获得公司及

---

[1] See In re California Fidelity, Inc., 198 B. R. 567 (9th Cir. BAP 1996).
[2] 参见何心月：《我国破产预重整实践的现状与出路》，载《华东政法大学学报》2022 年第 5 期。
[3] See Thomas J. Salerno and Craig D. Hansen, *A prepackaged Bankruptcy strategy*, 12 The Journal of Business Strategy 36 (1991).
[4] See Elizabeth Tashjian, Ronald C. Lease and John J. McConnell, *Prepacks*: *An Empirical Analysis of Prepackaged Bankruptcies*, 40 Journal of Financial Economics 135 (1996).
[5] See Roy M. Goode, *Principle of Corporate Insolvency Law*, Sweet & Maxwell, 2005, p. 271.

相关债权人接受"[1]。

由银行主导的"伦敦模式"亦具有典型的预重整效果。"伦敦模式"系由英格兰银行在 1990 年英国经济衰退期间倡议发起,以英格兰银行为主导,选任一个主导的债权人和债权人委员会,由债权人共同合作并充分分享信息以达成对危困企业的重新安排。相关社会调查显示,英国大约有一半的破产管理程序均已经过了预先安排程序。[2]

此外,部分英国的法律行业文件对预重整进行了比较详尽的规范,以 Statement of Insolvency Practice(SIP）16 为代表。该行业规范发布于 2015 年 11 月 1 日,旨在为那些清算业务律师提供与预重整有关的工作指引。从制作主体来看,由英国破产事务联合委员会发布的 SIP 16 显然并非法律文件,但是,其中部分规则已经开始获得破产法院的裁判引用和认可。[3] 从判例法的角度来看,可以认为在实践中该行业规范具有了一定的司法效力。类似的文件还有 Department for Business Innovation and Skills'（BIS）2010,有观点认为这对英国破产重整专业人士有着 "Bible" 一般的作用。[4]

（三）日本行业规范中的私下整理

日本模式与英国模式类似,破产法并未直接规范庭外协商的效力,而是由以银行为主导的相关行业协会对庭外重组进行自治,也称为"私下整理"。如日本的"事业再生实务家协会"就是一个以专业律师为核心的民间团体。虽然当前《ADR 基本法》对企业重建进行了一定规范,但是相关规定不具有正式破产的司法效果,"私下整理并不当然地像审判层面的倒产处理程序那

---

[1] 参见齐砺杰：《破产重整制度的比较研究——英美视野与中国图景》，中国社会科学出版社 2016 年版，第 21 页。
[2] See Vanessa Finch, *Pre–Packaged Administrations：Bargains in the Shadow of Insolvency or Shadowy Bargains*, 3 Journal of Business Law 438（2006）.
[3] See In Re Kayley Vending [2009] BCC 578.
[4] See The Insolvency Service, *Report on the Operation of Statement of Insolvency Practice 16（SIP16）*, UK Government（July–December 2009），https：//assets. publishing. service. gov. uk/government/uploads/system/uploads/attachment_data/file/301181/sip16_report_dec_2009. pdf#：~：text=report%20concerning%20the%20introduction%20of.

样,具有排除个别执行的效力"[1]。正是为了弥补其法律强制力的缺失,私下整理往往以债权人委员长作为信托义务人,当事人通过向委员长让与部分破产财产使其脱离债务人的责任财产。

(四)德国破产法中的重整准备程序

在德国模式中,破产法主要对债务人提出重整申请与法院裁定受理之间的缓冲阶段进行了规定,法院有权指定临时管理人、作出临时保全的决定、组建临时债权人委员会,甚至允许债务人的临时自行管理。[2] 在债务人的临时自行管理中,《德国破产法》第270(b)条构建了一种重整准备程序。据此,法院可以根据当事人的自行管理需求而给予其一定期限去准备和提交重整计划草案,最终的效果是法院在一定期限内裁定受理破产重整或者清算。但这以当事人提出重整申请,且具有重整原因为前提。[3] 可见,在德国的重整准备程序中,申请人提出正式重整的申请,而法院在受理之前有权裁定为其安排一段临时自行管理期;在程序转换的问题上,也由法院直接决定是否受理重整或清算,法院对程序的开展保留主导权。

总体看来,集团企业破产在不同国家、地区以及联合国的立法以及示范法中逐步成为新的规范重点,域外相关法律体系在有关企业集团破产的实质合并、程序协同等程序制度上不断进行创新;第三人免责不断突破重整计划的固有效力而成为应对集团内部交叉担保问题的重要方案;预重整作为弥补正式重整缺漏的机制,也通过实践不断总结而成为大型企业集团破产的重要制度工具,在各国立法上得以发展和完善。

---

[1] 参见[日]谷口安平主编:《日本倒产法概述》,[日]佐藤孝弘、田言等译,中国政法大学出版社2017年版,第27~28页。
[2] 参见[德]乌尔里希·福尔斯特:《德国破产法》(第7版),张宇晖译,中国法制出版社2020年版,第59~68页。
[3] 参见何旺翔:《破产重整制度改革研究》,中国政法大学出版社2020年版,第36~38页。

第四章

大型企业集团破产的程序构造

从大型企业集团的风险特征及其破产处置的司法实践可以看出，大型企业集团风险处置工作的难度和工作量巨大，对相应的制度供给提出了更高的要求。破产法是市场经济的基本法，良好的破产法律框架能够推进企业优胜劣汰，激发市场活力，促进资源、要素和行业整合，最终助力社会经济发展。[1] 但破产法现有的程序无论是破产清算还是重整、和解均针对一般性企业而制定，在司法实践中尚不足以匹配大型企业集团的特殊性。大型企业集团破产不同于单体企业破产程序，一般出现债务危机时需要考虑整体性救治的问题，而因其规模巨大、结构复杂而依赖更多元的程序安排和适用，在实体上也需重视解决企业集团内部关系。因此，有必要完善大型企业集团破产相应的程序设计和制度供给。

一、程序启动

（一）风险识别机制

1. 企业的风险识别机制

当金融规模不断扩张而监管水平与之不匹配时，未被监管覆盖的金融风险便得以隐藏，显性金融风险隐形化便开始酝酿。当隐性金融风险积聚到一定程度开始集中爆发并被监管者识别之时，风险已然形成。[2] 从大型企业集团风险处置的实践可以看出，从其出现隐患到产生危机，直至风险蔓延是一个相对漫长的过程，但是受各方面因素限制，一般拖至风险爆发时才开始寻

---

[1] 参见郁琳、李忠鲜：《我国提升营商环境的破产法应对》，载《中国应用法学》2024年第1期。
[2] 参见杨强强：《金融风险如何指导公司治理结构调整？——来自隐性金融风险的证据》，载《河北法学》2024年第1期。

求破产拯救，难免错过最佳时机。如果能够及时发现风险，采取防范化解措施，那么不仅能够尽早化解危机，也能够将风险控制在最小范围内，降低挽救成本，提高破产风险处置成功率。风险识别是风险管理的首要环节，也是最为重要的一环。尤其是在当前大型企业所面临的风险日趋复杂化多样化而企业风险识别能力和管理意识仍较为薄弱的情况下，对企业破产风险识别和风险管理更具意义。为此，大型企业集团应加强对债务风险的识别，建立危机早期预警机制，通过风险识别机制，提高风险防范和破产保护效率。

国有资产监督管理委员会发布的《中央企业全面风险管理指引》（国资发改革〔2006〕108号）中指出，企业风险指未来的不确定性对企业实现其经营目标的影响，一般可分为战略风险、财务风险、市场风险、运营风险、法律风险等。该指引第4条对全面风险管理的定义为："企业围绕总体经营目标，通过在企业管理的各个环节和经营过程中执行风险管理的基本流程，培育良好的风险管理文化，建立健全全面风险管理体系……为实现风险管理的总体目标提供合理保证的过程和方法。"风险识别是指对尚未发生的、潜在的以及客观存在的各种风险进行系统的、连续的预测、识别、推断和归纳，并分析风险产生原因的过程。相比较而言，我国大部分企业一般风险识别能力薄弱，风险预警机制不健全，对于风险管理的运用主要存在于银行等金融机构中，实体企业普遍缺乏合理的风险管理体系。然而，实体企业尤其是大型企业集团往往与上下游企业、金融机构等关联度较高，若不采取有效的风险识别和风险管理机制，一旦出现危机将形成多米诺骨牌效应严重冲击市场，影响区域经济稳定。为保障大型企业集团的正常经营管理，有效遏制经营风险形成和扩大，应当坚持预防为主，强化风险源头识别与管控，提升破产处置与化解的及时性和针对性。

企业风险的防范应当在依法审慎合规经营的基础上，有效监测、识别和防范风险。这依托于企业建立权责明确、有效制衡的公司治理结构和内部控制机制，并防范相关人员违规干预控制企业。[1] 就企业风险识别而言，结合大型企业集团的困境成因和破产实践来看，主要集中于宏观经济风险、行业

---

[1] 例如，2022年4月6日发布的《中华人民共和国金融稳定法（草案征求意见稿）》第11条规定，【风险防范主体责任】金融机构应当依法审慎合规经营，在批准的业务和区域范围内开展活动。金融机构应当建立合理的股权架构，加强公司治理和内控机制建设，防范大股东操纵和内部人控制。

风险、财务风险以及公司治理风险等，且不同的风险类型对于不同类型的企业集团及其不同发展阶段的影响程度不同，对此可以建立企业风险识别指标体系，以对企业风险管理和处置提出对策建议。多元化经营是企业集团的一大特征，也是企业集团防范重大风险、增强企业韧性的重要手段，然而由于多元化企业集团的复杂性和多样性，面临的风险也更加多元复杂。建立一套科学有效的分层分级风险监测体系对于企业集团的持续经营和稳健发展至关重要。根据企业集团规模和类型，建立分层分级的风险识别机制，当企业集团内部出现债务风险潜在危机时，能够及时提示，便于统筹安排，并做好处置应对。

近年来大型企业风险应对持续受到各方重视。实际上中国人民银行《中国金融稳定报告 2020》就已经专门使用一个专题"大型企业风险监测"来讨论大型企业的风险问题。通过风险监测和识别，可以发现大型企业风险在地域分布和行业类型上的特点和爆发阶段，通过分析风险成因，以提出具有针对性的化解路径，例如，存在扩张激进风险的企业集团要主动瘦身；存在资金链紧张风险的企业集团要及时调整债务结构，加大资产处置力度；存在遇到阶段性困难风险的企业集团应及时引进投资、改革重组；出现整体风险的企业集团可以通过破产程序进行重整挽救。从大型企业破产处置实践中总结而来的有关风险因素、债务特征，以及地区性、行业性的类型特点，为大型企业集团破产风险的识别机制完善亦提供了相应路径。

2. 监管层面的风险识别

大型企业集团应当树立风险识别和防范的协同理念，在各方分工协同下良性互动、同向发力，从市场和监管等多途径，实现"三个效果"的有机统一。在企业主体责任、市场风险防控的基础上，监管上的风险识别和防范也是针对大型企业集团破产处置特殊性的必要举措。风险的隐形化，本质上是规避监管的问题。[1] 从监管的角度，监管层面的风险识别既是提升监管效能，提升对重点领域风险的源头防控，也是服务保障高质量发展，为企业集团发展壮大创造更加有力的外部环境。这需要加强监管协同，加强对大型企

---

[1] 参见杨强强：《金融风险如何指导公司治理结构调整？——来自隐性金融风险的证据》，载《河北法学》2024 年第 1 期。

业集团债务风险的监测监管。行业监管部门应当从企业经营发展上关注企业集团的运营状况和持续经营能力；金融管理部门应当建立金融风险监测预警系统，及时互相通报发现的金融风险隐患；地方政府应当牵头建立企业集团风险防范统筹协调机制，坚持系统思维，注重事前预防，不能停留在对特定事项的一事一议或者事后协调层面，要形成系统化、规范化、常态化的工作机制。对于存在债务风险和经营危机可能的企业集团及时通过预警系统提请关注，必要时地方政府会同相关部门及时研判，督促企业集团予以处置。

3. 破产处置的衔接

在企业集团风险识别与防范中要充分发挥法治"固根本、稳预期、利长远"的保障作用。重大风险处置往往伴随着后续企业清算或重整，应当主动研究发掘有利于稳妥处置风险的法治方式，通过构建企业、政府、法院联动防范化解处置机制，帮助企业做足破产前的准备和与有关部门的衔接配合，确保风险处置和相应的破产工作平稳有序，避免处置工作陷入被动。

实践中股东与企业人格混同、关联企业关系不顺、公司内部治理结构混乱，往往是导致企业破产的重要原因，甚至滋生了企业在经济方面的违法犯罪等问题。破产法具有重要的挽救企业功能，一方面通过破产程序全面调查分析企业致困的原因和症结，为救治企业对症下药打下基础；另一方面，破产重整程序可以通过完善治理结构、优化经营管理方案、健全管理制度等实现企业的良性发展。发挥破产审判的服务保障作用，既是做好大型企业集团破产处置的衔接配合，亦是有效进行价值识别，提升挽救效果的需求。

破产企业是否具有重整价值，关涉到其能否顺利进入破产重整程序并走向复兴。价值判断是一种预先的商业判断，价值识别的核心是回应市场需求。价值判断中，在企业层面，体现为企业自身价值，包括生产经营、组织结构的可持续；在行业层面，体现为所处行业价值，包括具备行业发展前景，符合国家产业结构调整政策；在社会层面，主要指企业存续的社会公共利益价值。重整价值判断的程序审查，应当通过听证、征询以及第三方评估等多种手段进行协商和沟通，建立多元主体参与的共同识别程序。[1] 例如，韩国和

---

[1] 参见张世君、郑侠：《破产企业重整价值的法律识别》，载《法律适用》2023年第10期。

日本的企业重整要接受来自专业调查委员会的严格审查。[1] 价值判断对于大型企业集团破产处置程序的启动与选择具有重要意义，人民法院应当对此进行必要的审查与识别，在前期介入时，根据债务人的资产状况、技术工艺、生产销售、行业前景等因素，及时识别企业的重整价值以及拯救可能性。

(二) 管理层的义务

1. 管理层对于风险处置的义务

在企业陷入困境之时，其财务恶化的状况可能会十分迅速，而财务状况越恶化，拯救企业方面的选择途径也就越少，这样导致很多企业不得不走向破产清算，从而带来企业主体消灭、就业岗位丧失、投资失败，甚至影响经济环境的后果。债务人企业的管理层往往能够较早地发现企业面临的困境，但在实践中，管理层往往并未及时采取行动。[2] 有限责任将企业经营失败的风险转嫁给了债权人，因此在许多企业在陷入财务困境、濒临破产时，企业管理层对企业的治理能力下滑严重，并且有动机通过牺牲债权人和企业利益的方式为自己获利，损害债权人利益。

为了提高债权赔付率，夯实企业管理层的责任，及时高效地启动破产程序，许多域外制度都对企业濒临破产时的管理层义务和问责机制进行了规定。当公司处于濒临破产情形时，必须强化债权人利益保护，而积极地提起破产申请可能是获得这种保护的最佳路径，也是防止股东、管理层的机会主义行为，避免公司既有资产持续恶化，丧失挽救机会。例如，在德国，设定董事申请破产的义务是为了保护债权人的利益不因公司财产继续减少而受到损害。与之相似，作为董事破产申请义务的功能性替代制度，美国的"加深破产理论"也是为了遏制公司在其濒临破产时对其既存价值的持续性损害，强调故意拖延公司进入破产程序会增加公司负债并扩大债权人边界，进而严重损耗公司的现有资产。同样，英国"不当交易条款"的预设功能也是如此。英国1986年《破产法》第214条对该条款的引入就是因为先前的欺诈交易条款未能在公司陷入严重财务困难时遏制董事不断给公司增加的损失，通过适用第

---

[1] 参见肖磊：《论再建希望作为重整启动之要件》，载《东南学术》2011年第6期。
[2] 参见贺丹：《企业集团破产：问题、规则与选择》，中国法制出版社2019年版，第160~161页。

214条来规范董事行为是一种尝试阻止董事将公司债务成本外部化并将进一步交易的所有风险都推给债权人的重要举措。[1]

我国《企业破产法》第125条虽然也提及忠实、勤勉义务，但没有对管理层的责任和义务问题作出规定。2023年5月，世界银行发布新营商环境评估规则（BR）及其各项指标。BR的破产指标共有三个支柱，规则框架支柱是在法律上进行的评估，公共服务支柱和办事便利度支柱则是在事实上进行的评估。[2] 规范框架评价维度中一项新增指标是破产前公司管理层的职责义务，具体而言，该指标考察法律规范中是否规定了管理层在企业濒临破产时应当避免企业陷入资不抵债的状态，或者在企业已经资不抵债时降低其负债程度。[3]

我国破产法缺少对管理层在破产程序启动前义务的规定，需要针对企业濒临破产的界定以及义务履行的具体方式等方面进行制度构建。[4] 在一个全面的规则框架中，当企业面临破产时，管理层有义务保护债权人和其他利益相关者的合法权益，并为及时采取行动提供激励。同时，这也将尽量减少对债务人和债权人进行挽救处置的任何监管障碍。

联合国国际贸易法委员会《破产法立法指南》第4部分临近破产期间董事的义务中指导性规范指出，有关人员要适当顾及债权人和其他利害关系人的利益，并且采取合理的步骤：（1）避免破产；（2）破产不可避免的，尽量缩小破产的范围。[5] 2019年，国家发展和改革委员会、最高人民法院等13个部委在《加快完善市场主体退出制度改革方案》中强调，要研究规定企业和企业高级管理人员等相关责任主体在企业陷入财务困境时负有及时申请破产清算或重整义务的必要性和可行性，试图加强企业在即将破产时企业管理层的义务。在区域法治创新发展上，《上海市浦东新区完善市场化法治化企业破产制度若干规定》第4条和《海南自由贸易港企业破产程序条例》第6条

---

[1] 参见赵树文：《公司濒临破产时董事破产申请义务的立法建构》，载《学术论坛》2024年第1期。

[2] 参见虞李辉：《破产法修订契机下对世界银行新营商环境评估规则的法律回应》，载《政治与法律》2023年第12期。

[3] 参见郁琳、李忠鲜：《我国提升营商环境的破产法应对》，载《中国应用法学》2024年第1期。

[4] 参见虞李辉：《破产法修订契机下对世界银行新营商环境评估规则的法律回应》，载《政治与法律》2023年第12期。

[5] 参见郁琳：《破产重整制度的实施与保障》，载《人民司法》2021年第8期。

第 4 款都对该问题进行了初步规定，要求企业管理层在知道或者应当知道企业存在破产原因时，及时采取合理措施避免损失扩大，存在故意或重大过失的，需要承担相应责任。笔者认为在《企业破产法》的修订中，应当考虑将该部分义务内容纳入。

设定濒临破产时董事与高级管理人员义务与责任的出发点在于鼓励尽早启动破产程序与促进实现良好的公司治理。[1] 为了提高破产前义务的实效性，管理层应当根据破产程序的不同，在判断企业破产走向的同时对履行义务的具体方式进行区分，积极履职避免危机恶化，与股东和债权人进行沟通，并且及时向法院申请破产以避免企业价值的持续减损。当大型企业集团出现债务危机时，管理层应当及时向股东和债权人披露企业的财务和经营状况。当企业管理层知道或者应当知道企业出现破产原因时，应当及时向法院申请破产清算或者重整。企业管理层不履行相应义务，致使所在企业破产，给债权人造成损失的，应当依法承担民事责任，另外还应当受到一定的禁业期限的惩罚。

2. 公司法上的董事清算义务人地位

2023 年修订的《公司法》于 2024 年 7 月 1 日起施行。该法第 232 条规定："公司因本法第二百二十九条第一款第一项、第二项、第四项、第五项规定而解散的，应当清算。董事为公司清算义务人，应当在解散事由出现之日起十五日内组成清算组进行清算。清算组由董事组成，但是公司章程另有规定或者股东会决议另选他人的除外。清算义务人未及时履行清算义务，给公司或者债权人造成损失的，应当承担赔偿责任。"2023 年《公司法》对于"清算义务人"进行了重大修订，无论是股份有限公司还是有限责任公司，董事成为法定的唯一清算义务人。

我国法律对于"清算义务人"及"怠于清算责任"的规定几经变化。2005 年《公司法》统一规定"有限责任公司的清算组由股东组成，股份有限公司的清算组由董事或者股东大会确定的人员组成"，但并未明确区分"清算组成员"和"清算义务人"的概念，据此一般认定有限责任公司的股东、股份有限公司的董事为法定的清算义务人。最高人民法院《关于适用〈中华人民共和国公司法〉若干问题的规定（二）》第 18 条第 2 款规定："有限责任

---

[1] 参见贺丹：《企业集团破产：问题、规则与选择》，中国法制出版社 2019 年版，第 160 页。

公司的股东、股份有限公司的董事和控股股东因怠于履行义务，导致公司主要财产、账册、重要文件等灭失，无法进行清算，债权人主张其对公司债务承担连带清偿责任的，人民法院应依法予以支持。"据此，将有限责任公司的股东、股份有限公司的董事和控股股东作为履行清算义务的责任主体。《民法典》第70条第2款规定："法人的董事、理事等执行机构或者决策机构的成员为清算义务人。法律、行政法规另有规定的，依照其规定。"这是法律首次明确提出"清算义务人"的概念，且未将股东作为清算义务人。

本次《公司法》修订后，将公司清算义务人的主体统一明确为董事，与《民法典》的规定相统一，并明确了董事作为清算义务人应当承担的损害赔偿责任，进一步强调了董事作为管理层的责任和义务。以前《公司法》上的董事义务，常被聚焦于董事对公司承担的忠实义务和勤勉义务，学理上又称"信义义务"。2023年《公司法》特别明确董事的法定清算义务，该义务显然已经超越董事忠实和勤勉义务，为董事在公司法上的特别义务，该义务不仅为公司利益而存在，而且为公司债权人免受公司清算的不当损失的利益而存在。[1] 在比较法上通常也是这种安排，如《德国股份公司法》第265条规定："董事是清算人；章程或者股东大会决议可以选任其他人作为清算人"；《日本有限责任公司法》第72条规定："有限公司解散时，除合并及破产的场合之外，董事为清算人。"《美国标准公司法》第14.09节规定董事负自愿解散公司的清算义务。[2]

董事责任是公司法律关系的核心问题，如何确定其责任事关营商环境以及民商事法律关系的改善。[3] 2023年《公司法》在公司治理结构的完善上，实行董事会中心主义，扩张了董事会权力。[4] 就清算义务主体的界定而言，2023年《公司法》在规范公司治理结构的基础上，立足于公司经营权与所有权逐渐分离的客观实际，为保护债权人利益，故而明确董事的清算义务主体地位，其价值选择十分明确，即强化董事责任。在此基础上，笔者认为可以尝试进一步明确董事的破产申请义务，这与《公司法》的规定一脉相承。

---

[1] 参见邹海林：《公司法上的董事义务及其责任配置》，载《法律适用》2024年第2期。
[2] 参见张旭东：《有限公司清算义务人范围问题研究》，载《南大法学》2022年第2期。
[3] 参见汤欣、李卓卓：《董事对第三人责任的理论基础与规范构造》，载《法律适用》2024年第3期。
[4] 参见潘勇锋：《论审判视角下新公司法主要制度修订》，载《中国应用法学》2024年第1期。

需要注意的是，在大型企业集团破产背景下的董事义务存在特殊性。联合国国际贸易法委员会第五工作组曾发布《临近破产期间董事的义务：企业集团》报告，其中对企业集团破产时董事义务的特殊性进行了概括，主要包括在企业集团濒临破产时，要求公司董事仅对其所在的集团成员负责，有可能并不利于企业集团摆脱困境。在企业集团破产时要从整体利益上识别困境，对其董事义务要从企业集团整体拯救需要来综合作出判断。[1] 因此，设定企业集团破产时的董事义务，需要对企业集团的整体挽救进行综合考量，为其进行企业拯救及其路径选择提供适当的指引。

（三）司法管辖与审查

1. 司法管辖的确定

现代大型企业集团跨地域经营的情况越来越多，这就导致实践中容易发生管辖冲突。我国《企业破产法》是以注册地原则来确定破产案件的地域管辖，该法第3条规定，破产案件由债务人住所地人民法院管辖；最高人民法院《关于审理企业破产案件若干问题的规定》（法释〔2002〕23号）第1条进一步规定，债务人住所地是指债务人的主要办事机构所在地，债务人无办事机构的，由其注册地人民法院管辖。这一规定也一以贯之地体现在《民法典》[2]关于法人住所的规定上。也有学者提出，从破产程序清产核资的主要功能出发，由主要利益中心地法院管辖更符合破产程序的要求。[3]

主要利益中心这一概念源自跨境破产领域，为解决管辖权的冲突，以此作为确定跨境破产案件中主要破产程序管辖权及主要破产程序所在地的依据。大型企业集团横跨众多区域，除了在是否超越国境这一界限上有所区别外，与跨国企业在经营管理上异曲同工。在确定企业集团实质合并破产的地域管辖时，最高人民法院顺应国际趋势，借鉴跨境破产中主要利益中心的概念，确立了实质合并破产案件的地域管辖原则，即以核心控制企业住所地管辖为

---

[1] 参见贺丹：《企业集团破产：问题、规则与选择》，中国法制出版社2019年版，第160页。
[2] 《民法典》第63条规定："法人以其主要办事机构所在地为住所。依法需要办理法人登记的，应当将主要办事机构所在地登记为住所。"该条规定源自《民法通则》（已失效）第39条、《民法总则》（已失效）第63条的规定。
[3] 参见韩长印主编：《破产法学》（第2版），中国政法大学出版社2016年版，第55页。

原则，核心控制企业不明确的，由关联企业主要财产所在地法院管辖。[1] 这主要考虑到核心控制企业往往集中了关联企业的主要资产和负债，并处于组织架构顶端，是关联企业的利益重心所在。由核心控制企业住所地法院管辖，有利于程序的推进，减少费用成本。[2] 需要注意的是，在主要利益中心的识别上应当遵循实质重于形式的原则。破产程序主要是围绕债务企业的财产进行清产核资、变价出售、集中清偿，所以，对于核心控制企业仅为控股而设，名下并无经营资产，对外也不发生交易的，由关联企业主要财产所在地法院管辖，更符合破产程序的目的，也更有利于关联企业的财产接管、资产债务清理以及衍生诉讼案件审理，从而提高程序整体推进效率。在认定法院有无管辖权时，应当以最先开始受理破产申请时关联企业中的核心控制企业及关联关系、财产分布状况为准，即使之后情况有所变化，也不影响地域管辖权的确定。这也是管辖恒定原则的体现。实践中企业集团的规模、业务、经营及管理模式千差万别，具体个案中核心控制企业或者主要财产所在地的认定未必都是简单明了的。笔者认为，可以借鉴跨境破产中主要利益中心的识别要素，在大型企业集团破产案件中综合考量以确定合适的管辖法院。

同时，根据大型企业集团破产的不同审理方式，最高人民法院也对不同审理方式下的管辖确定作出了不同规定。未采取实质合并破产审理方式的，企业集团成员的破产案件审理原则上按成员企业住所地各自确定管辖。确有必要的，可以综合考虑破产案件审理的效率、破产申请的先后顺序、成员负债规模大小、核心控制企业住所地等因素由共同的上级法院指定一个法院集中管辖。[3]

2. 企业集团破产申请的审查

（1）审查方式。

对于大型企业集团破产申请的审查方式，除了破产案件通常由法院围绕

---

[1]《全国法院破产审判工作会议纪要》第35条规定，采用实质合并方式审理关联企业破产案件的，应由关联企业中的核心控制企业住所地人民法院管辖。核心控制企业不明确的，由关联企业主要财产所在地人民法院管辖。多个法院之间对管辖权发生争议的，应当报请共同的上级人民法院指定管辖。
[2] 参见郁琳：《关联企业破产制度的规范与完善——〈全国法院破产审判工作会议纪要〉的解读（四）》，载《人民法院报》2018年4月11日，第007版。
[3] 参见林文学：《破产审判工作中应当注意的几个问题》，载最高人民法院民事审判第二庭编：《商事审判指导》总第56辑，人民法院出版社2023年版。

破产受理条件、重整价值及重整可行性等进行的审查外，实践中主要是对于是否要采取实质合并破产方式的审查上不统一，通常有两种方式：一是以债权人会议或债权人委员会表决同意作为法院裁定实质合并的前提。这种方式在实质合并破产的早期实践中尤为常见。二是由法院采取公开听证的方式进行审查。近来的司法实践中，逐渐摒弃了以债权人会议或债权人委员会多数决通过为前提的方式，更多采用法院组织公开听证的方式对实质合并申请进行审查。

这两种方式分歧的关键在于，实质合并的适用，是属于债权人集体意思自治的范畴，还是法院职权裁量的范畴。有学者主张，实质合并属于债权人会议自治的范畴，应当交由债权人会议按照多数决规则作出决定。[1] 也有学者指出，虽然法院作出实质合并裁决前最好能征求利害关系人的意见，但并非要以债权人会议表决通过作为适用的前提。实质合并已经突破了债权人会议自治的边界，法院是进行适用标准审查及利益衡量的最佳主体，是否进行实质合并的裁量权属于法院。[2] 还有学者进一步指出，即使债权人没有反对意见也不意味着法院可以在不独立考虑合并的经济必要性或可行性的情况下准予实质合并。[3] 有的法院在相应的裁定中明确指出，债权人会议以议案方式对实质合并破产进行表决，混淆了法院司法裁判权与债权人会议自治权的界限。[4]

采用债权人会议或债权人委员会表决同意的审查方式混淆了法院司法职权与债权人会议职权。第一，从程序属性而言，实质合并是法院基于实质公平在处理企业集团破产时所采取的一种特殊的审理方式。是否适用实质合并，

---

[1] 参见朱黎：《论实质合并破产规则的统一适用——兼对最高人民法院司法解释征求意见稿的思考》，载《政治与法律》2014年第3期；曹文兵：《供给侧改革背景下实质合并破产制度的构建与完善——以16件关联企业实质合并破产案件为分析样本》，载《理论月刊》2019年第7期。
[2] 参见王欣新、周薇：《关联企业的合并破产重整启动研究》，载《政法论坛》2011年第6期；王欣新：《关联企业的实质合并破产程序》，载《人民司法（应用）》2016年第28期；徐阳光：《论关联企业实质合并破产》，载《中外法学》2017年第3期；解正山：《企业集团"合并破产"实证研究》，载《现代经济探讨》2020年第2期。
[3] See Timothy J. Hogan, *Substantive Consolidation: Observations and Suggestions*, Norton Annual Survey of Bankruptcy Law, September 1986.
[4] 参见《上海某兴铝业有限公司等三公司关联企业实质合并破产案——关联企业实质合并破产的审查及复议》，人民法院案例库编号：2023-08-2-421-005。

不仅仅只是申请人与被申请合并的债务人、反对合并的异议债权人之间的争议，实质合并的裁定结果对所有被合并的成员企业及其债权人都会产生影响，具有参与主体上强烈的"共益性"。所以普通民事诉讼程序中基于"个人行为、个人负责"的当事人处分主义在此失去了适用的基础，应当受到限制。法院应当发挥职权裁量的作用，不受当事人主张的约束。第二，从事实确认与利益衡量而言，对于企业集团的成员之间是否构成高度人格混同、有无达到资产分离困难的程序、实质合并是否符合债权人利益最大化等实质合并适用标准的认定及各方主体的利益衡量均具有司法裁判的属性，既不属于当事人对自我权利的处分，也不属于破产法规定的债权人会议的职权范围。第三，从现实可行性而言，企业集团各成员的资产负债状况不同，各自债权人之间存在着显著的利益冲突，如果要求所有成员企业各自的债权人会议都同意实质合并，从现实操作层面而言，程序也难以顺利推进。第四，从利益相关方的权益保障角度而言，通过听证程序的合理设计，贯彻对债权人等相关利益主体听审请求权的保障，充分保障债权人及利益相关方参与听证、提交证据、发表意见的权利，已经能够充分、有效地保障各方的知情权、参与权、监督权，无须以债权人会议表决通过作为实质合并适用的前提。

实质合并是法院审理企业集团破产案件的一种审理方式，对于这种审理方式的适用属于法院司法职权的范畴。公开听证已经成为司法实践中审查大型企业集团破产的通用方式。听证程序具有释放、缓解、稀释、吸收利害关系人之间存在的冲突与不满情绪的程序功能，还可以适当制约审判权的恣意，有助于限制过度的自由裁量权。[1] 最高人民法院多次强调，对于企业集团破产尤其是实质合并破产申请，人民法院应当组织进行听证。最高人民法院指导案例165号的裁判要点指出，人民法院收到实质合并破产清算申请后，应当及时组织申请人、被申请人、债权人代表等利害关系人进行听证，并综合考虑关联企业之间资产的混同程度及其持续时间、各企业之间的利益关系、债权人整体清偿利益、增加企业重整的可能性等因素，依法作出裁定。[2]

---

[1] 参见王欣新《实质合并破产中听证与复议的规制研究》，载《法律适用》2022年第8期。
[2] 参见重庆金江印染有限公司、重庆川江针纺有限公司破产管理人申请实质合并破产清算案，最高人民法院指导案例165号。

(2) 启动模式。

大型企业集团成员之间关联往来繁多，各成员企业的情况各不相同，就启动模式并无统一之规，实践中主要存在以下几种模式：

第一，多元并行模式：分别申请、再行合并。

此种模式是指各企业集团成员同时或先后进入破产程序，再经管理人等相关主体申请将企业集团纳入整体破产程序。该模式下，各企业集团成员均具备破产原因，通过分别进入破产程序，管理人在清产核资的基础上，能够较为清晰、全面地掌握企业集团的整体情况及企业集团成员彼此之间的资产、往来情况，有利于判断是否符合实质合并的适用标准，而且也能够遵循审慎原则，避免将不具备破产原因的成员企业强行纳入破产程序。有的法院在审判指导文件中也倡导采取这种模式。如广东省高级人民法院《关于审理企业破产案件若干问题的指引》第29条规定，债权人申请多个债务人实质合并破产或者多个债务人提出实质合并破产申请的，人民法院应当针对不同债务人分别编立"破申"案号。人民法院应当结合单个债务人是否符合破产条件、是否达到实质合并条件等进行审查。河北省高级人民法院《破产案件审理规程》第9条第1款也规定，关联企业申请破产时，原则上应当分别提出破产申请。

这种模式下需要注意的是对于企业集团成员破产原因的认定，不同于单体企业破产原因的审查，应当充分考虑企业集团一体化经营及通过内部资本市场进行非公平交易的背景。形式上未达到资不抵债标准或者尚能清偿债务的成员企业，在考虑企业集团内部之间不当利益输送、不合理费用成本减免后，这些成员企业在本质上已具备破产原因，不将此类形式上未破产、实质上已破产的成员企业纳入整体破产范围，无异于纵容企业集团利用控制关系转移资产、逃避债务，有碍于债权人整体公平清偿目的的实现。联合国国际贸易法委员会《破产法立法指南》第三部分《破产企业集团对待办法》对于这类情形也建议，"实质性合并通常涉及已进入破产程序的集团成员，但在某些情形下，而且某些破产法也允许时，可以把合并的范围延伸至表面上并未破产的成员。发生这种情况的实情是：如果进一步调查表明，由于资产混合或该法律实体为虚假实体或涉嫌欺诈图谋，该成员实际已经破产，则把其列入合并将有所助益,不将其包括在合并中不现实"[1]。我国司法实践中,在对大型企业集团适用实质合并时,也越来越重视对于企业集团整体破产原因的认定。海航集团等321家公司实质合并重整案、北大方正集团实质合并重整案、雨润控股集团实质合并重整案均强调对于破产原因的认定上,应当坚持整体认定的原则。[2]

第二,联合申请模式:一并申请、合并破产。

此种模式是指申请人在企业集团进入破产程序之前已知晓其符合实质合并的适用标准并就此提出申请,经法院审查裁定同时将所有企业集团成员实质合并破产。该模式的优势在于可以和行政清理[3]、预重整等制度相结合,通过对企业集团债务困境的前期介入,及时发现和评估是否符合实质合并的标准,并尽快提出相应申请。尤其在金融机构集团破产案件中,[4]经由特别法规定的行政接管程序再转入破产程序,这种方式有利于两种程序的有效衔接。该模式虽然对于申请前的准备要求较高,但是由于各成员企业是同时进

---

[1]《联合国国际贸易法委员会破产法立法指南》第三部分《破产企业集团对待办法》,联合国维也纳办事处英文出版和图书馆科2012年版,第62页。

[2] 参见海南省高级人民法院民事裁定书,(2021)琼破1号之一;北京市第一中级人民法院民事裁定书,(2020)京01破申530号;江苏省南京市中级人民法院民事裁定书,(2020)苏01破37号之一。

[3] 如在陕西咸阳西郊国家粮食储备库等10家关联企业实质合并破产清算案中,某深化国有企业改革领导小组专门以文件批复,同意启动陕西咸阳西郊国家粮食储备库及关联公司依法破产工作。陕西咸阳西郊国家粮食储备库及其9家关联企业同时向咸阳市中级人民法院申请实质合并破产清算。参见陕西省咸阳市中级人民法院民事裁定书,(2018)陕04破申10号。

[4] 证券公司、商业银行、保险公司等金融机构在出现重大风险、信用危机、偿付能力严重不足等情形时,首先要经过相应的行政接管、托管等程序进行处理,再由国务院金融监督管理机构向法院提出重整或破产清算的申请。《企业破产法》第134条规定:"商业银行、证券公司、保险公司等金融机构有本法第二条规定情形的,国务院金融监督管理机构可以向人民法院提出对该金融机构进行重整或者破产清算的申请。国务院金融监督管理机构依法对出现重大经营风险的金融机构采取接管、托管等措施的,可以向人民法院申请中止以该金融机构为被告或者被执行人的民事诉讼程序或者执行程序。金融机构实施破产的,国务院可以依据本法和其他有关法律的规定制定实施办法。"《证券法》第143条规定:"证券公司违法经营或者出现重大风险,严重危害证券市场秩序、损害投资者利益的,国务院证券监督管理机构可以对该证券公司采取责令停业整顿、指定其他机构托管、接管或者撤销等监管措施。"《商业银行法》第64条第1款规定:"商业银行已经或者可能发生信用危机,严重影响存款人的利益时,国务院银行业监督管理机构可以对该银行实行接管。"《保险法》第144条规定:"保险公司有下列情形之一的,国务院保险监督管理机构可以对其实行接管:(一)公司的偿付能力严重不足的;(二)违反本法规定,损害社会公共利益,可能严重危及或者已经严重危及公司的偿付能力的。被接管的保险公司的债权债务关系不因接管而变化。"

入破产程序，破产申请受理审查与实质合并申请的受理审查合一，有利于程序事项的统一协调，有助于增进效率、减少费用。

如前所述，大型企业集团破产的启动模式各有利弊，因案制宜，不宜一概而论，但共同点在于，不同于个别企业破产程序的启动严格遵循申请主义，大型企业集团破产的启动在要求法院恪守司法职权界限的同时也需要法院适度发挥司法职能，积极协调和引导当事人根据企业集团的具体情况，及时提出申请，尽快进入程序，避免影响破产制度尤其是破产挽救制度的功能发挥。

（3）相关权利人的保障与救济。

为防范审判权的专断，保护各方利益，增强相关利益方对程序的接受度，需要给予参与各方必要、合理的程序保障。现代程序保障理论认为，程序赋予利害关系人的权利、提供的程序保障应当与关系人的相关利益大小、程序结果相匹配。从程序保障的共通性要件出发，大型企业集团破产处置的程序保障应当遵循最低限度的程序正义要求，其核心便是听审请求权的保障。

第一，受通知权的保障。及时获得通知是相关主体能够有效参与程序的前提。由此，利益相关方才能及时了解程序开始及相应的进展。因此，首要的是企业集团破产审查听证程序中对利益相关方的有效通知。从程序正当性要求及权利保障原则而言，应当将申请及听证通知到债权人、成员企业股东等利益相关方。首先，在通知的范围上，除了被申请进入破产程序的企业集团成员及其出资人、已知债权人等利害关系人，还应当包括成员企业的债权人等可能受到影响的利益相关方。其次，在通知的内容上，至少应当包括申请方主张进入破产程序的成员及可能会采取实质合并的性质及可能产生的法律后果。最后，在通知的方式上，应当采用足以引起利益相关方注意作为是否合理的认定标准。需要注意的是，个案中还应当考虑通知方式与成本效益的平衡性。基于破产实践中债务人企业财务资料接管的现状，逐一通知到被申请破产的成员企业的债权人在现实中可能是一个无法完成的任务。作为涉及众多利益主体的程序，也无须严丝合缝地完全恪守普通民事诉讼程序对于当事人个别化的送达要求，符合《企业破产法》规定的信息公示及程序参与制度的要求即可。[1] 所以，对于潜在的受到企业集团破产影响的成员企业的债权人而言，发布明确、清晰的公告应当是可以被认可的合理通知方式之一。同时应当与时俱进地推动信息化在破产审判中的运用。

第二，到场权、陈述权、证明权、辩论权、意见受尊重权的保障。在保障利益相关方获得有效通知的基础上，法院应当要给予实体权利可能受到影响的利益相关方参加听证、发表意见、提交证据、进行辩论的机会，赋予相关主体就是否应当受理企业集团破产、是否需要进行实质合并充分表达意见的权利。法院也应当充分听取各方的意见，保障利益相关方享有充分的到场权、陈述权、证明权和辩论权。从意见受尊重权保障的角度，法院在决定受理企业集团破产或者是适用实质合并的裁定中应当对各方主体的陈述及提交的证据进行描述和分析，充分展开释法说理，认真、审慎地阐明决定受理破产申请或者是适用实质合并的理由。

第三，异议权利人的救济。对裁定仍不服的异议债权人，有学者认为可以参照企业破产法的规定，并借鉴美国破产法院的做法，赋予异议债权人上诉权。[2] 为保护相关利害关系人的异议权，《破产审判纪要》赋予异议债权人等利害关系人向上一级法院申请复议的权利。相关利害关系人对受理法院作出的裁定不服的，可以自裁定书送达之日起15日内向受理法院的上一级人民法院申请复议。有的法院进一步规范了复议的听证程序、期限、案号及复议决定的文书形式等具体程序性要求。多数法院以"破监"字案号登记立案。如南京市中级人民法院、日照市中级人民法院、娄底市中级人民法院、上海市第三中级人民法院、黑龙江省高级人民法院等列"破监"字案号，[3] 在审理程序上均是由作出实质合并裁定的上一级法院组成合议庭对复议案件进行审查，并组织异议债权人、申请人及管理人等相关各方进行听证，充分发表意见、提交证据、进行辩论。在案件的审判组织、审查方式、期限、复议裁

---

[1] 按照我国《企业破产法》第44条、第45条的规定，债权人按照该法规定的程序行使权利；债权申报采用公告通知的方式进行。

[2] 参见徐阳光：《论关联企业实质合并破产》，载《中外法学》2017年第3期。

[3] 参见江苏省南京市中级人民法院民事裁定书，（2019）苏01破监1号；山东省日照市中级人民法院民事裁定书，（2020）鲁11破监3号；湖南省娄底市中级人民法院民事裁定书，（2019）湘13破监1号；上海市第三中级人民法院民事裁定书，（2019）沪03破监2号；黑龙江省高级人民法院民事裁定书，（2022）黑破监1号。

定的说理部分等方面,[1] 与不予受理破产申请的上诉案件并无差别,都给予异议债权人充分的陈述权、证明权、到场权和辩论权等程序保障。所以,在今后我国《企业破产法》的修订中,完全可以因应实践的发展,破除现有规定的制约,在总结实践经验的基础上,在立法层面明确赋予异议债权人上诉的权利。

二、审理方式

企业集团破产处置的特殊性不仅体现在企业集团结构、债务规模的复杂性上,也表现在依据单体公司设计的破产审判程序规则与企业集团内部牵连关系、整体救治要求之间的矛盾。传统破产程序在应对企业集团的经济与法律特征的复杂性时有所不足,因此预重整、实质合并以及程序协调等多种制度工具均在企业集团破产的审理中不断加以创新适用。

(一)预重整的适用

预重整在大型企业集团破产处置的实践中逐渐成为一种重要制度工具,发挥了有效的程序价值。鉴于我国《企业破产法》对于重整制度的适用有明确的限制性要求,特别是对重整期间、表决规则等方面的刚性规定,加之重整程序具有不可逆性,在重整不成时只能走上破产清算的道路,使得债务人对重整制度望而却步,耽误了困境企业的挽救时机。而预重整所蕴含的制度价值和程序效力恰恰可以为大型企业集团的破产处置提供制度价值。

1. 预重整的制度价值

预重整将庭外重组谈判中的协商上升为成文化规则,稳定各方利益博弈预期,使得现有和将来的市场参与者能够在一套透明、清晰的法律制度下进行商业决策,激励企业尽早启动相应程序化解财务危机,通过尽早发现风险、

---

[1] 参见江苏省南京市中级人民法院民事裁定书,(2019)苏01破监1号;山东省日照市中级人民法院民事裁定书,(2020)鲁11破监3号;湖南省娄底市中级人民法院民事裁定书,(2019)湘13破监1号;江苏省苏州市中级人民法院民事裁定书,(2019)苏05破终10号;重庆市第三中级人民法院民事裁定书,(2019)渝03破终1号;贵州省毕节市中级人民法院民事裁定书,(2018)黔05破终2号;广东省高级人民法院民事裁定书,(2018)粤破终37号、38号、39号;河南省高级人民法院民事裁定书,(2018)豫破申1号。

处置风险，防止其逐步累积形成区域甚至系统性风险。同时，预重整也有助于法院对企业重整的价值和可行性的甄别，降低重整滥用和失败的风险。在进入重整程序前，债务人与主要债权人通过谈判协商预先制定重整计划草案。由于批准重整计划草案所需要的大部分工作在进入重整程序之前已经完成，进入重整程序后，法院的主要任务是对重整计划草案的合法性与可行性进行审查，极大地简化重整程序、节约了时间成本。而在预重整期间，将对企业财产和营业事务的控制权交给最了解企业情况的管理层，可以节省破产管理费用，提高企业拯救效率，并且可以激励管理层及时拯救困境企业并尽最大努力管理好重整中的企业。[1] 如广州市中级人民法院审理的浪奇公司预重整案，在预重整期间，由浪奇公司自行经营管理，最终取得了成功。

预重整制度在我国立法层面尚属空白，但在本土化的"消化"中得到了广泛认可。国家发展和改革委员会等13部委联合发布的《加快完善市场主体退出制度改革方案》、最高人民法院发布的《关于为改善营商环境提供司法保障的若干意见》《关于依法妥善审理涉新冠肺炎疫情民事案件若干问题的指导意见（二）》等均对"预重整"的制度建构做了展开阐述，国务院发布的《关于开展营商环境创新试点工作的意见》（国发〔2021〕24号）中提出在首批试点的北京等6个城市"推行破产预重整制度"。与此同时，各地法院也在积极探索，目前已有50多家法院出台了涉及预重整制度的文件。[2]

2. 预重整期间的主体和职责内容

预重整制度的核心是意思自治原则，通过当事人间的自主协商推动程序。在预重整阶段，管理人并不接管债务人企业，企业的经营管理仍然由债务人负责。管理人的职责应当是协助、监督推进预重整程序尽快转入重整程序，在此基础上从事相关事务，推动债务人与相关利害关系人进行协商，协助拟定预重整方案。关于临时管理人的选任与延续，大部分以协商、推荐、竞争

---

[1] 参见许德风：《破产法论——解释与功能比较的视角》，北京大学出版社2015年版，第498~499页。
[2] 有代表性的如深圳市中级人民法院印发《审理企业重整案件的工作指引（试行）》，南京市中级人民法院印发《关于预重整程序适用的工作指引（试行）》，温州市人民政府办公室印发《企业金融风险处置工作府院联席会议纪要》，上海破产法庭印发《预重整案件办理规程（试行）》等。

等方式确定临时管理人或预重整辅助机构，即使采用摇号方式也会限定范围。如深圳市中级人民法院《审理企业重整案件的工作指引（试行）》第 30 条规定预重整阶段的"管理人一般通过摇珠方式在一级管理人中选定"。在转入重整程序后，除有证据证明临时管理人不能依法、公正执行职务或者有其他不能胜任职务情形，会认可其继续担任重整程序的管理人。鉴于债务人、主要债权人等相关利益主体在预重整阶段需要进行充分的协商和博弈，当事人的自主性和自由度远高于重整程序，这需要各方的信任和配合才能够形成合力，程序的推进才有可能，因而在临时管理人的选任上需要各方参与主体的共同信任（至少也是认可）。在临时管理人延续上，鉴于预重整期间管理人通常已经开展了大量的工作，对整个案件情况更为熟悉，从预重整程序提升重整效率的价值目标角度，在重整程序中延续临时管理人的身份，让其在正式进入重整程序后继续提供服务，能够使重整的连贯性得以延续。但也要明确，对于临时管理人是否转为重整管理人，应当由人民法院根据预重整管理人履职表现决定，参与各方尤其是债权人对其在预重整阶段的工作表现的意见是法院决定是否沿用的重要依据。如南京市中级人民法院进一步明确必要时可以征询债务人、主要债权人等相关利害主体的意见，这也让各方主体充分参与到重整管理人的选任工作中。

  在预重整中既要明确法院的程序指导与监督作用，又要注重地方政府等多方主体的协同作用。另外，鉴于预重整取决于自行协商，债权人的支持是预重整能否成功的关键。在预重整期间，债务人可以在预重整管理人辅导下，结合营运价值维持和预重整方案制定，积极与债权人协商，争取债权人在预重整期间暂缓对债务人的执行。预重整期间的营业保护制度是预重整程序能够进行下去的保障，这涉及暂停行权、合同履行、融资保护等问题。对于暂停行权，域外往往是债权人自愿，否则与进入重整无异。美国对于偏颇撤销的例外安排中，认为常规营业内的交易亦属偏颇清偿的例外，允许债权人保留常规营业范围内的清偿款，实际上鼓励债权人与存在财务困难的债务人继续进行信用交易。[1] 因我国预重整并不具有法定止付的效力，为了避免个别

---

[1] 参见［美］查尔斯·J. 泰步：《美国破产法新论》（第 3 版），韩长印、何欢、王之洲译，中国政法大学出版社 2017 年版，第 19~20 页。

抢先清偿，实践往往通过协商、协调的方式，参照破产止付的相关规定，请求相关法院暂停诉讼或执行。对于该权利行使限制的正当性，还是落脚于债务人的营运价值维护上。营运价值得到维护，未来将提高重整收益，这对包括金融债权在内的全体债权人是有利的。在预重整期间部分供应商合同到期支付，应当结合预重整方案清偿安排，避免同质债权得不到公平对待，至少应当大抵相同。结合域外实践分析，暂停行权约束的主体主要针对金融债权人，并不约束供应商债权（包括新发生业务）、雇员债权等履行。金融机构债权人委员会（以下简称金融债委会）应当协调金融机构债权人一致行动，可以自行协商约定不进行有碍预重整的行为，对于可能对债务人重整产生影响的行为暂缓执行。

另外关于融资保护问题，为了解决重整融资难，《企业破产法》第75条第2款规定，在重整期间，债务人或者管理人为继续营业而借款的，可以为该借款设定担保。最高人民法院《关于适用〈中华人民共和国企业破产法〉若干问题的规定（三）》第2条规定，破产期间为债务人继续营业而借款的，提供借款的债权人可以主张视为共益债务。在预重整期间，企业多需要融资来维持正常的生产运营，对于预重整期间的融资保护，目前并无明确的法律依据，这严重影响到预重整制度功能的发挥，特别是对于房地产企业集团而言，其往往是因为资金链断裂而陷入危机。在预重整阶段获得融资与否直接关系到债务人的持续经营，进而影响到相关债权人对债务人的信心。事实上，预重整期间供应商债权和重组融资问题具有经济上的同质性，供应商在预重整期间提供货物也可以视为对债务人的"授信"，只不过标的形态是某一具体财产而非金钱。为了促成预重整成功，建议参照上述司法解释规定，对于预重整期间融资，经债权人会议预表决通过，或者债权人会议召开前经法院许可后，可以在进入重整程序后视为共益债务。同时为预重整融资所设定的担保，属于"个别清偿使债务人财产受益的除外情形"，在后续程序中不得行使破产撤销权。

预重整制度的最终目标是启动后续的重整程序，并推动法院批准重整计划。关于预重整阶段所需要完成的工作任务，从各地规范看，主要包括三个方面：其一，清产核资。在此基础上完成债权申报的预审查，为后续重整的快速推进打下良好的基础。其二，拟定重整计划草案。在预重整阶段，参与各方应当充分协商并拟定重整计划草案，充分反映各方意志并满足各方诉求，后续不再对重整计划草案作实质性修改，否则一定程度上否定了预重整阶段的成果，影响预重整的效率价值。其三，预表决，这是预重整程序工作的核心。在拟定重整计划草案后，需要各方在预重整阶段进行预表决，有助于及时固化预重整阶段的工作成果，这也是法院考量债务人是否具有重整可行性、能否转入重整程序的重要因素之一。

3. 预重整的程序适用

人民法院决定对债务人进行预重整的，应当制作预重整决定书和指定预重整管理人决定书。决定书应送达申请人和被申请人。在案件管理上，预重整案件一般以"破申"作为案件类型代字编制案号，预重整期间应不计入破产重整申请审查期间。

关于预重整期限，国内司法实践并不统一，域外预重整实践往往要求债权人给予债务人一定时间开展预重整，债权人在该期限内保持必要的司法克制，愿意暂时停止行使权利。国际破产协会于 2000 年制定的《多个债权人法庭外债务重组的全球方法的原则声明》（Insol 法庭外债务重组八项原则）中的第一项原则即暂停期间原则，应当给予债务人充足（尽管是有限的）时间。韩国 1998 年由 210 家金融机构达成的《金融机构之间促进公司重组的协议》规定签署《公司重组协定》的债权人必须暂停其追债权利，包括担保债权人的担保权益，暂停偿债期限为 1~3 个月，并可以延展 1 个月。[1] 预重整期限应当是明确的。期限明确能够稳定重组参与各方的谈判预期。预期明确对谈判成本控制至关重要，同时期限的设定既要考虑到预重整工作完成的实际需要，也要兼顾债权人权利行使克制的限度。本书建议将预重整的期限统一为"6+3"个月，即预重整期间一般为 6 个月，有正当理由的，可以再延长 3 个月。

在程序衔接上，与传统的重整程序相比，预重整将提出重整计划、进行信息披露和对重整计划进行表决这三个步骤移出了破产程序之外，完全交给

---

[1] 参见胡利玲：《困境企业的法庭外债务重组》，载王卫国、郑志斌主编：《法庭外债务重组》第 1 辑，法律出版社 2017 年版，第 148 页。

当事人自治而不需要法院的干预，较好地克服了传统重整程序费时耗力的弊端。[1] 预重整工作完成或者预重整期间届满，管理人应当提交预重整工作报告，并就债务人是否具有重整价值和重整可行性、是否形成预重整方案以及预重整方案的协商表决情况、是否申请进入重整程序等方面提出意见。

预重整方案应当合法、合理、可行，方案表决结果也是法院裁定是否转入重整的重要考量因素。《全国法院民商事审判工作会议纪要》第 115 条规定了庭外重组协议效力在重整程序中的延伸，人民法院受理重整申请前，债务人和部分债权人已经达成的有关协议与重整程序中制作的重整计划草案内容一致的，有关债权人对该协议的同意视为对该重整计划草案表决的同意。但重整计划草案对协议内容进行了修改并对有关债权人有不利影响，或者与有关债权人重大利益相关的，受到影响的债权人有权按照企业破产法的规定对重整计划草案重新进行表决。各地对于预重整期间预表决的效力承继，与上述纪要的规定一脉相承，均明确了"禁反言"规则。

预重整的根本目的在于庭外表决效力向庭内延伸，即法院通过事后审查，认可庭前进行的通知、协商、表决的效力，从而豁免在庭内重新进行上述程序环节。[2] 因此，对于预表决的效力，债务人和部分债权人、出资人已经达成的有关协议或者预重整程序中已经拟定的预重整方案与重整程序中制作的重整计划草案内容一致的，有关债权人、出资人对该协议或预重整方案的同意视为对该重整计划草案表决的同意。

关于意见征集形式，可以采取召开债权人会议的方式征集表决意见，管理人在会议上通报债权预审核结果，会议对债权的预核查结果作为计算表决金额的依据。对于未参会的债权人，管理人也可以采取书面协议的方式固定其表决意见。依据禁反言规则，方案表决规则或协议中可以约定，在方案内容基本一致的情况下，权利人对于预重整方案的表决同意，在进入重整程序后将视为对重整计划草案表决的同意。影响表决效力的例外情形主要包括：(1) 方案内容发生了修改且对权利人产生不利影响；(2) 修改内容与有关权

---

[1] 参见胡利玲：《困境企业拯救的法律机制研究——制度改进的视角》，中国政法大学出版社 2009 年版，第 190 页。
[2] 参见高丝敏：《预重整的双重效力延伸和司法审查机制的本土化构建》，载《法律适用》2024 年第 3 期。

利人重大利益相关，使权利人受到实质性影响，如偿债方式的变化；（3）债务人隐瞒、欺诈误导债权人错误作出意思表示；（4）表决后债务人经营出现重大变化导致权利人受到实质性影响等。

4. 预重整期间的信息披露

企业财务信息越透明，获取成本越低，企业经营越规范诚信。重组谈判越不需要司法干预，但在信息不对称问题较为严重的情况下，债权人需要借助中立的第三方介入，搭建谈判平台，对债务人资产负债充分调查，解决信息不对称问题。若缺乏具备公信力的第三方参与，几乎不可能由危困企业自行与债权人或重整投资人达成协议，在当下《企业破产法》相关配套机制还有待健全和完善、管理人队伍专业能力有待提高的情况下，仅要求法院参与到预重整中并不现实，否则后续转入重整程序，法院在对重整计划草案的合法性进行审查时，还需要对诸如债务人信息披露是否足够充分、投票表决程序是否合法正当等内容重新进行审查，预重整程序将形同虚设。

权利主体对于重整收益自主决定分配是以知情为前提，信息披露是预重整中的重要内容，信息披露的程度关系到对重整计划草案的投票表决结果，只有在真实、准确、充分、完整的信息披露下，当事人才能作出有效、真实的意思表示。重整程序之所以出现效率危机，与程序中参与主体之间的信息不对称有极大的关系。[1] 企业破产法并未对重整计划表决的信息披露作出规定，实践中债权人的知情权也没有得到有效保障。对于预重整期间的信息披露要求，各地法院的预重整司法文件仅作出笼统规定。目前深圳、南京等地明确规定了债务人进行信息披露的标准，涵盖了信息内容的范围、程度与合法性等要求，当然，相关利害关系人也应当对在预重整阶段债务人所披露的信息负有相应的保密义务。

预重整中的信息披露主要有两个重要的节点：第一个节点是在向参与预重整的债权人征集表决或同意之前，债务人和临时管理人必须对这些债权人进行相应的信息披露；第二个节点是债务人正式提交重整申请的同时，应提交一份信息披露报告，向未能提前参与预重整程序的普通债权人进行详尽的

---

[1] 参见徐阳光、王静主编：《破产重整法律制度研究》，法律出版社2020年版，第28页。

信息披露，以使其有机会提出异议。[1] 信息披露程度应当与权利调整影响大小成正比关系，即对不同权利类型组别的披露程度并不要求完全一致。差异化的信息披露和谈判安排将整体上大大提高预重整意见征集效率，这样做能够减轻债务人信息披露的成本，集中精力做好与重点债权人的谈判，提高预重整方案的可行性及其通过的概率。

（二）实质合并

大型企业集团破产处置的复杂性根源于其组成形态上各成员企业的法律人格独立性与经营控制上的整体同一性之间的矛盾。传统的按照单体企业破产模式设计的现有破产程序规则难以应对企业集团破产问题。在总结各地法院实践探索的基础上，《破产审判纪要》第六部分用8个条文规定了涉及关联企业破产处置的问题。《破产审判纪要》指出，人民法院审理此类破产案件时，要立足于破产关联企业之间的具体关系模式，采取不同方式予以处理。既要通过实质合并审理方式处理法人人格高度混同的关联关系，确保全体债权人公平清偿，也要避免不当采用实质合并审理方式损害相关利益主体的合法权益，为实践提供了依据。

司法实践中，大型企业集团破产处置运用较多的审理方式是实质合并。实质合并是应对企业集团破产问题应运而生的一项企业破产法上的特殊制度，是指在破产程序中否定企业集团各成员企业的独立人格，将两个或者两个以上成员企业的资产与负债作为单一破产财产组成部分对待。[2] 实质合并主要产生三方面的法律效果：第一，将各成员企业的资产合并为一个统一的资产池，以此实现对企业集团全体债权人的平等清偿；第二，消灭成员企业之间的内部债权债务；第三，以同一给付为目的的重复债权合并为一个债权。在《破产审判纪要》基础上，2021年9月14日最高人民法院再次以发布第29批专题指导性案例的方式，通过指导案例163—165号等3个案例，专门对实质

---

[1] 参见高丝敏：《预重整的双重效力延伸和司法审查机制的本土化构建》，载《法律适用》2024年第3期。
[2] 参见《联合国国际贸易法委员会破产法立法指南》第三部分《破产企业集团对待办法》，联合国维也纳办事处英文出版和图书馆科2012年版，第2页。

合并的例外适用原则、适用标准及法律后果等进一步予以明确。[1]

1. 实质合并的适用原则

实质合并通过在破产程序中忽略各自独立的关联企业成员的实体资格，将之视为一个统一实体的形式，改变了债权人与债务人企业之间基于法人财产独立性预先安排的交易基础。如果法院经常如此无视债务人企业法人人格的独立性，将会严重动摇资本市场交易信赖的基础。所以，实质合并破产作为企业集团破产的一种审理方式，应当坚持例外适用、审慎适用的原则。最高人民法院指导案例163号的裁判要点指出，关联企业成员的破产应当以适用单个破产程序为原则，在关联企业成员之间出现法人人格高度混同、区分各关联企业成员财产成本过高、严重损害债权人公平清偿利益的情况下，可以依申请例外适用关联企业实质合并破产方式进行审理。[2] 最高人民法院民事审判第二庭也多次强调，只有在企业集团的成员之间法人人格存在高度混同、区分各自财产的成本过于高昂、严重损害债权人利益的情况下，不实质合并无法对当事人利益进行公平保护的，才可以适用实质合并破产规则。企业集团成员之间不同时具备这三种情况的，不能适用实质合并破产程序。[3]

2. 实质合并的适用标准

前述最高人民法院民事审判第二庭所列举的能够适用实质合并的三种情况，概括从法理角度解读，可以归纳为实质合并适用的两项综合标准：法人人格混同与债权人利益保护。

第一，人格混同标准。人格混同标准是实质合并中普遍认同的标准，也是我国实践中采用最多的标准，《破产审判纪要》第32条也将人格混同作为适用实质合并的首要条件。需要注意的是实质合并破产制度已经脱离了对公司法上法人人格否认制度的模仿与借鉴，成为《企业破产法》上的一项独立制度。公司法上法人人格否认制度侧重"惩罚主义"思维，着眼于对滥用控制关系、不当利益输送、欺诈等行为的个别纠正，通过债权人承担连带清偿

---

[1] 参见最高人民法院《关于发布第29批指导性案例的通知》（法〔2021〕228号）。
[2] 参见江苏省纺织工业（集团）进出口有限公司及其五家子公司实质合并破产重整案，最高人民法院指导案例163号（2021年）。
[3] 参见林文学：《破产审判工作中应当注意的几个问题》，载最高人民法院民事审判第二庭编：《商事审判指导》总第56辑，人民法院出版社2023年版。

责任的方式"惩罚"滥用法人人格和有限责任的股东。[1] 实质合并作为企业集团破产时实现整体债权人利益最大化的救济方式，更加注重提升破产程序运行的效率与效益，保障所有债权人整体的公平受偿。所以，实质合并意义上的法人人格混同必然要考虑厘清关联企业成员间错综复杂的财产关系可能导致难以承受的破产程序运行成本，及由此造成的对债权人利益的损害。概而言之，适用实质合并时对于人格混同程度的判断，应当主要着眼于企业集团成员间财产的混同，核心则是财产混同的程度及区分的成本，即资产分离困难标准应当是实质合并中人格混同的核心判断标准，有的学者甚至认为这才是唯一的关键性因素。[2]

审查具体案件时，在资产分离困难标准的认定上，可以从财产混同的严重程度与区分成本两个方面提炼出实践中的各种具体情形等识别要素作为实质合并审查时的指引。从联合国国际贸易法委员会《破产法立法指南》第三部分《破产企业集团对待办法》的总结以及司法经验的梳理来看，可以围绕下列要素重点审查企业集团成员之间财产混同的严重程度：（1）成员彼此之间合并财务报表、会计账簿、混用账户、统一财务管理等情况；（2）成员之间财务资料是否完备；（3）成员之间资金往来的情况及频繁程度；（4）成员之间互贷互保的情况与涉及的金额、规模；（5）成员之间不动产、动产、货物、原料等主要资产的所有权登记及使用情况；（6）资产、现金、银行贷款等在成员之间随意、非正常使用、划转、转移的情况；（7）成员各自职工雇佣管理及工资支付的情况；（8）成员在日常开支、行政费用、财务费用及其他费用方面的拨付及承担的情况；（9）成员之间应收及应付账款各自能否独立的情况。这些要素并非要在实质合并时要求全部满足，可以作为判断资产分离困难程度的行为性要素综合进行考量。而且，这些情形在关联企业成员间应当是广泛存在，是普遍、经常性的现象，持续时间较长，且在程度上具有显著性，如果只是个别、例外的情况，则不宜因此而适用实质合并。另外，在前述财产混同的表征要素中，应当重点关注的是关联企业成员之间会计账

---

[1] 参见蒋大兴：《"法人格否认裁判"之效力射程——"法人格否认裁判"是否具有跨域效力？》，载《交大法学》2023年第5期。
[2] 参见王欣新：《关联企业实质合并破产标准研究》，载《法律适用（司法案例）》2017年第8期。

簿与银行账户的完整性和独立性。

区分的成本，是指破产程序中清产核资所需要的成本，主要包括管理人进行财务与法律调查、财产接管、债权审核、权属确认、追收资产等可能产生的成本，既包括确认及追收等恢复成员企业财产独立性的直接成本，也包括债权人资金被占用的收益损失及商业机会丧失等间接成本。就区分成本是否过高的判断上，包含可能实际支出的费用与需要消耗的时间、人力等资源两个层面。具体而言，可以分为四种情形：（1）财产混同情况严重，管理人履职所需的费用较高，而企业现存财产较少，各成员企业的管理人预计花费的破产费用及报酬合计已经超过企业现存所有财产；（2）财产混同的情况严重到区分成员企业各自的资产与债务所需要的费用将使债权人，尤其是无担保的普通债权人现存的能够受偿的财产消耗殆尽或者大部分被消耗；（3）在财产严重混同的基础上，考虑扣除厘清成员企业各自资产与债务的费用之后，成员企业中原本财产较多的成员企业的无担保普通债权人，能够获得的清偿已经少于那些资产负债率较高的企业成员的无担保普通债权人在单独破产程序中可能获得的清偿；（4）企业成员间财产混同的规模过大，或者混同的情况极为严重、极为复杂，以至于区分各自的财产基本不可能或者需要耗费大量的时间与资源，从而造成破产程序迟滞不前，给全体债权人造成严重的损失。区分的过高成本已成为实践中法院确定适用实质合并的重要考量因素之一。如在某银行股份有限公司鹤岗分行诉鹤岗市某家电有限责任公司、鹤岗市某生物科技有限公司、鹤岗市某商贸有限公司申请破产清算案中，[1] 法院驳回债权人对实质合并复议的理由之一就是区分该三家公司的财产成本过高。该案中，会计师事务所出具的审计意见载明，三公司资产负债项目中债权债务、实物资产重叠程度过高，存在账务处理收支不配比，占用贷款资金以及相互抵押担保形成的债权债务不清晰；初步审计过程中以及现场勘查中，已经花费了大量的人力、物力和时间去追根溯源，但三公司的人员已经发生大量流动，相关问题没有知情人、经手人、责任人；业务的重叠度高；实际贷

---

[1] 参见《某银行股份有限公司鹤岗分行诉鹤岗市某家电有限责任公司、鹤岗市某生物科技有限公司、鹤岗市某商贸有限公司申请破产清算案——实质合并破产清算案件的裁判路径》，人民法院案例库编号：2024-08-2-421-001。

款人和实际使用人不同，也无法明确实际业务的连贯性及合理性，更无法明确实际的债权债务情况；无法区分三公司的收支及财产情况，初步认定该三家公司财务资产存在混同，无法区分。同时结合该三家公司在财务管理方面存在无法区分相关款项交易的性质和实际使用借款的主体不明等问题，法院据此认定区分该三家公司财产成本过高，厘清该三家公司之间的债权债务关系难度较大。

  需要指出的是，资产分离困难标准作为法人人格混同的核心标准，并非要完全否定表征人格混同其他要素的存在。诸如业务混同、人员混同等，经营业务、组织机构、人员、场所方面具有同一性等提示法人人格混同的其他表征可以佐证财产高度混同以至于资产分离困难产生的原因、表现、后果以及程度。这些要素与财产混同共存，可以为认定人格高度混同提供更为扎实的基础。在实践中可以作为判断实质合并中人格混同的辅助性补强要素。尤其应当重视的是大型企业集团成员之间业务经营上的同一性。这一要素在近来的大型企业实质合并破产案件中也多有呈现。如海航集团等321家公司实质合并重整案中，经调查发现海航集团等321家公司的管理架构为"集团总部—事业部/产业集团—其他公司"的三级管控结构，海航集团董事局系核心决策机构，中间层"事业部/产业集团"则是管理平台，底层公司持有资产，依据海航集团、管理平台的指令开展工作，实行垂直化控制和管理。海航集团同时设置了集团办公室、计划财务部、合规法务部、人力资源部等专业部门，在三级管控结构外并行设立条块化管理架构，架空各公司的内部治理与决策机制。该集团强调经营行为的统一性，对业务规划进行统一安排、管理，各公司无权自主对外签署合同。[1]

  第二，债权人利益保护标准。又称为债权人受益标准或债权人利益最大化，是指根据企业集团成员之间的混同情况，当实质合并可能增加债务人的偿债能力，从而有利于实现债权人利益最大化时，法院可以适用实质合并破产。就"有利于债权人"的判断上，存在两种不同的验证标准。第一种标准认为，只有实质合并会使所有债权人获益才符合债权人利益保护的标准；第二种标准则认为，即使实质合并可能对部分债权人造成损害，但只要损害小

---

[1] 参见海南省高级人民法院民事裁定书，（2021）琼破1号之一。

于合并所带来的利益,仍然是有利于整体债权人的,实质合并仍然可以适用。[1] 这两种情形,对债权人而言,前者是帕累托最优状态,即至少有一个债权人从中获益并且没有任何一个债权人的利益受损;后者则应当构成卡尔多·希克斯改进,即有些债权人获益而个别债权人利益受损,但从整体上看,债权人群体所获得的利益大于个别债权人的损失。显然,如果实质合并能够实现帕累托改进的话,债权人利益保护标准作为实质合并适用的类型性标准,完全可以独立适用。"以牺牲部分债权人的利益为代价提升另一部分债权人的利益需要正当性为支撑。"[2] 所以,第二种标准在适用时就需要在实质合并造成的损害与产生的利益之间审慎地权衡,对损害产生的原因、损害与利益的大小进行审查、比较,尤其要围绕损害的合理性、可接受性及公平性等方面进行审查。

实质合并这种破产处理方式本身并不会增加债务人财产的总量,提高债权人的清偿比例。但是,基于企业集团一体化的运作方式与内部复杂的关联关系,实质合并有可能从正反向两个方面提高可供清偿财产的整体价值,进而在根本上有利于债权人利益最大化。从正向价值提升角度而言,企业集团内部为了降低成本、规避风险,可能在成员企业之间进行分工协作,采用整体化运作,甚至构成完整的产业链条。在进入破产程序后,如果忽视成员企业之间这种经济联系,人为割裂这种经济联系,进行资产处置,则必然会影响资产变现的价值。采用实质合并方式处置的好处在于,企业集团基于生产过程协同、产品知识产权共享等存在于关联企业成员间的共有资产价值,则会因配套、互补产生整体处置的溢出效应,相应地提升债权人的整体受偿率。更为重要的是,在企业集团高度一体化经营的情况下,每个成员企业只是产业链条上的一个环节,单独重整的价值不大、成功率不高,且效率低下。实质合并则可以实现现有资源的有效整合,保留整体品牌,提升企业集团重整的价值与可行性,实质性增加债务人企业的整体资产价值,从而有利于整体债权人的利益。这也被司法实践反复验证。从反向减少财产损耗的角度而言,

---

[1] See In re Auto—Train Corp, 810 F. 2d (D. C. Cir. 1987).
[2] [美] 道德拉斯·G. 贝尔德:《论破产重整的实质合并》,张钦昱译,李曙光、郑志斌主编:《公司重整法律评论》第 3 卷,法律出版社 2013 年版。

企业集团成员之间可能存在复杂的金融、财务交易，资产混同、账户混用、账簿合并、交易广泛、往来频繁、财务资料不完整甚至缺失等情况，都会增加区分成员企业财产的成本，甚至可能因为对结果的不认可引发多起衍生诉讼，降低破产程序运转的效率，进一步消耗企业的现有财产，进而加剧对债权人利益的损害。所以，虽然仅仅是有利于破产事务处理本身并不构成对债权人的某种利益，不属于适用实质合并的充分理由，但是，因此节省的大量费用、减少的现有破产财产的损耗，则可能符合债权人利益保护的标准。

司法实践中多起大型企业集团实质合并的案例均是适用前述两项综合标准进行审查。如在青海省某投资有限公司等17家企业申请破产重整案中，[1]法院经审理认定，青海某投资有限公司经多年发展初步形成了以"煤—电—铝—铝加工、水电资源开发—铝基合金—铝加工、矿产资源开发及风险勘探产业链"为核心产业体系的生产型企业集团，旗下产业主要分为电解铝、水电、火电、铝加工及其他（主要由矿业、融资贸易等非主业组成）五个板块。企业集团内的17家企业法人人格高度混同，尤其在资金管理方面，各企业之间涉及257笔账务往来、资金拆借等关联往来，导致区分关联交易的真实性、合法性和有效性难度增大，同时还存在大量互相担保的情况。近3年内各重整企业账面记载的关联往来总金额为567.22亿元，财务混同情形长期持续存在，区别各重整企业财产成本过高。经评估审计，企业集团实质合并口径下账面资产审定价值为244.41亿元，资产评估市场价值为295.39亿元，负债合计540.83亿元，涉及债权人近2000家。通过实质合并重整，缩减了企业集团810亿元重复、缠绕债务，显著降低了审计成本，保障了债权人公平受偿权利。所涉合并企业集中了企业集团核心主业的电解铝、水电板块企业，企业资产相对优良，债权人数量占全体债权人人数的70.32%，实质合并重整相较于单体企业重整模式下，提升了大多数企业普通债权人的清偿率。统一的实质合并重整计划草案能够平衡和整合资源，相较于单一的重整分配方案，能够与各企业债权人进行整体沟通协商，降低谈判成本，重整计划执行会更有保障。同时统一的实质合并更有利于引入战略投资者，协商战略投资者制

---

[1] 参见《青海省某投资有限公司等十七家企业申请破产重整案——关联公司实质合并破产的运用》，人民法院案例库编号：2023-08-2-422-005。

定"一揽子"重整投资方案,整体推动各重整企业战略投资者招募工作。综上,基于青海省某投资有限公司及下属 16 家子公司之间法人人格高度混同,区别各重整企业财务成本过高,实行实质合并重整将有利于保护全体债权人的公平清偿利益,维护债权人的实质平等,亦有利于后续重整计划的制订和执行,实现实质公平正义,法院裁定适用实质合并重整。

(三)程序协调

对于不符合实质合并适用标准的企业集团,还可以采取程序协调的方式来处理企业集团的破产问题。有学者认为,程序协调的方式可以恪守《企业破产法》与其他法律的基本原则,兼顾灵活性,有效对应融合程度不同的企业集团。[1] 企业集团破产的程序协调,是指在保持各成员企业法人人格与资产的独立性基础上,通过将不同法院受理或者管辖的企业集团多个成员企业的破产案件协调至同一法院统一审理,通过协调统一的破产程序,有效推进企业集团整体的破产处置。《破产审判纪要》第 38 条、第 39 条规定了对企业集团破产的程序协调。

不同于实质合并,程序协调并不消灭企业集团成员之间的债权债务关系,不对成员企业的财产进行合并,各成员企业的债权人仍以该成员企业的财产为限依法获得清偿。同时,在企业集团外部债权人的权利保障上,主要是通过关联债权劣后清偿的方式来实现。企业集团成员之间不当利用关联关系形成的债权,应当劣后于其他普通债权顺序清偿,且该劣后债权人不得就企业集团其他企业成员提供的特定财产优先受偿。这也是我国首次在司法文件中明确适用衡平居次[2]规则,将不当关联债权劣后清偿。程序协调既不会归并企业集团成员之间的财产,也不会在破产程序中消灭合并的成员企业的法人人格,不改变成员企业各自债权人的清偿率,通过法院、管理人、成员企业

---

[1] 参见葛平亮:《德国关联企业破产规制的最新发展及其启示》,载《月旦财经法杂志》2016 年第 5 月刊。

[2] 衡平居次规则(doctrine of equitable subordination)是经由美国破产法院的衡平权力发展出来的一项破产法上的制度,是指为了避免不公平的结果出现,破产法院可以突破法定的破产分配制度,将某些特定债权人的债权劣后于其他债权清偿。参见[美]查尔斯·J.泰步:《美国破产法新论》(第 3 版)(中册),韩长印、何欢、王之洲译,中国政法大学出版社 2017 年版,第 782 页。

及债权人的合作，可以提高效率和重整机会。

　　鉴于大型企业集团成员之间错综复杂的关联关系，个案审理中可能根据成员企业彼此之间混同的不同程度，采取实质合并或者程序协调等不同的破产审理方式。更有甚者，还可能采取部分成员企业实质合并，同时与另外成员企业的破产程序进行程序协调的方式进行。如海南某石油基地有限公司重整案[1]即采取了某企业集团部分成员进行实质合并破产清算，同时与海南某石油基地有限公司（以下简称石油基地）的破产重整程序协同推进的方式处理。该案中，法院裁定受理某企业集团旗下核心成员企业上海某国际公司破产清算后，因上海某国际公司及其全资子公司海南某国际公司等成员企业之间存在法人人格高度混同、区分各关联企业成员财产成本过高、严重损害债权人公平清偿利益的情况，法院先后将上海某国际公司、海南某国际公司等70家企业集团内的成员企业纳入某企业集团实质合并破产清算程序。石油基地系海南某国际公司的全资子公司。石油基地主营的原油仓储业务及其经营资质、资产具备较高的市场价值和持续运营条件，具有重整价值和重整可行性。石油基地作为海南某国际公司的全资子公司，属于海南某国际公司的股权资产，应依法处置变现。对石油基地以破产重整方式启动处置亦是为了资产处置价值最大化，有利于某企业集团债权人的整体利益，并保障石油基地运营安全。对石油基地的破产重整仍需在某企业集团关联企业实质合并破产清算程序的框架下协调推进。所以，该案采取的是在企业集团整体实质合并破产清算的大框架下，嵌套某个成员企业重整程序，以重整方式实现该企业集团全资子公司的资产处置，实现处置价值最大化，处置收益导入企业集团的实质合并破产程序。法院将石油基地的重整程序与某企业集团的实质合并破产清算程序两者协同审理，重整资金在对石油基地债权人清偿完毕后，剩余部分归入某企业集团的实质合并程序。

---

[1] 参见《海南某石油基地有限公司重整案——实质合并破产清算框架下的重整模式探索》，人民法院案例库编号：2023-08-2-422-003。

第五章

大型企业集团破产的挽救处置

大型企业集团风险涉及利益主体众多，鉴于债权类型和人数的广泛性以及对社会稳定和金融安全的重大影响，其破产处置依赖于多方主体的支持与合作，在挽救方案上要平衡债权人的预期、集团整体价值以及经济社会发展等因素，且因其容易滋生多方面衍生问题而需配套机制处理等，需要构建契合大型企业集团特点的破产制度模式。

一、方案制作

（一）创新工具的运用

大型企业集团破产处置和金融市场、资本市场有着天然的紧密联系。一方面，大型企业集团破产资产负债规模巨大，往往牵涉众多金融机构债权人和中小投资人等主体利益，事关金融市场、资本市场的风险防范和发展稳定；另一方面，大型企业集团破产也有赖于金融市场、资本市场提供资金、注入资本，盘活资产，优化资源配置效率。2021年2月，国家发展和改革委员会、最高人民法院、财政部等联合印发《优化营商环境意见》强调加强金融机构对破产程序的参与和支持。但现实中，困境企业特别是进入破产程序后，因为债务逾期、企业信用受损以及无可供担保财产等，难以通过银行贷款融资；部分资产也会因为流动性差，处置渠道和效率受限，制约了破产制度功能有效发挥。为此，我国破产实践也一直在探索运用金融创新工具，为大型企业集团破产挽救引入社会化投资，分担债务风险，挖掘和共享危机投资收益。随着我国金融市场、资本市场的日益活跃和破产制度特别是重整挽救实践逐步深入，大型企业集团破产越来越多地运用资产证券化、破产服务信托等各种金融创新工具，进一步丰富了破产工具箱，提升了破产程序效益。

1. 资产证券化

(1) 资产证券化的基本概述。

关于资产证券化（securitization），有关学者将该制度定义为：发起人将缺乏流动性但能在未来产生可预见的稳定现金流的资产或资产集合（在法学本质上是债权）出售给 SPV（特定目的实体，是专门为资产证券化而设立的特殊载体，即资产证券化发行人，可以由第三方组建，也可以由发起人设立），由其通过一定的结构安排，分离和重组资产的收益和风险并增强资产的信用，转化成由资产产生的现金流担保的可自由流通的证券，销售给金融市场的投资者。在这一过程中，SPV 以证券销售收入偿付发起人的资产出售价款，以资产产生的现金流偿付投资者所持证券的权益。[1] 资产证券化已成为国际金融市场最重要的金融创新之一，也是各国有效管理经济和金融风险、发挥金融市场投融资功能并促进社会和经济稳定发展的重要工具。[2] 2014年，中国证券监督管理委员会发布了《证券公司及基金管理公司子公司资产证券化业务管理规定》。该规定第 2 条第 1 款将资产证券化业务界定为：以基础资产所产生的现金流为偿付支持，通过结构化等方式进行信用增级，在此基础上发行资产支持证券的业务活动。

资产证券化制度安排具有三个核心要素。其一，可被证券化的资产——须具备难以立刻变现且未来能够带来稳定现金流的特点；其二，资产证券化的交易模式——基础资产转让给专门设立的 SPV，并由 SPV 通过证券化的方式转让给投资者；其三，资产证券化的目的——切断发起人破产与证券化资产的联系。[3]

作为一项结构复杂的金融工具，资产证券化一般包括以下基本流程：第一，确定可被证券化的基础资产。资产支持证券发起人即基础资产原始权利人首先对其所享有的能在未来产生独立、可预测的现金流并且能够特定化的财产权利或者财产进行剥离、整合，组建成资产池，做好证券化准备。第二，

---

[1] 参见洪艳蓉：《资产证券化法律问题研究》，北京大学出版社 2004 年版，第 6~7 页。
[2] 参见秦亚东、杨健：《论我国资产证券化的法律风险——从美国次贷危机谈起》，载《当代法学》2009 年第 2 期。
[3] 参见陈冰：《资产证券化法律问题研究》，载《武汉大学学报（哲学社会科学版）》2011 年第 6 期。

设立 SPV 并转移基础资产。由发起人将基础资产转移给 SPV，进而实现破产隔离。第三，对基础资产进行信用增级和信用评级。SPV 对其所受让的基础资产进行结构化重组，并通过超额担保或抵押、第三方担保等方式对拟证券化资产进行信用增级，之后，由中立的资信评级机构对信用增强后的基础资产进行信用评级。第四，发行销售资产支持证券并向发起人支付基础资产转让款。在经过信用评级之后，SPV 即可依托承销商对外发行资产支持证券。SPV 应当在取得资产支持证券销售收入后，及时向证券化发起人支付基础资产的转让款。第五，基础资产管理和证券权益的偿付。SPV 需聘请专门的服务机构对基础资产进行日常管理，收集其产生的现金流，并负责账户之间的资金划拨和相关税务、行政事务；对于收取的现金流，首先偿付资产支持证券持有者的投资权益，其次支付证券化过程中的各项服务费用，仍有剩余，则按 SPV 与证券化发起人的约定进行处理。

（2）破产程序中资产证券化运用。

如前所述，破产企业融资难是制约破产挽救功能发挥的突出障碍之一。虽然，我国《企业破产法》第 75 条第 2 款规定，在重整期间，债务人或者管理人为继续营业而借款的，可以为该借款设定担保。对于该借款，借款人可以主张按照共益债权优先于普通破产债权清偿，但不能优先于此前已就债务人特定财产享有担保的债权清偿。为该借款设定抵押担保的，按照《民法典》第 414 条规定的存在数个抵押权时的清偿顺序清偿。事实上，即使重整制度规定可以为重整企业新借款设定担保，但破产程序中各种债权顺位的复杂性，仍然使金融机构心存疑虑。反之，资产证券化作为一项以基础资产为信用基础的融资工具，通过"真实出售"和"破产隔离"两大风险隔离制度使得新投资者与旧债权人的债权请求权的对象相区别，即两者之间的权益不会发生冲突、纷争，保障重整程序能够顺利有效开展。同时这项金融创新技术通过未来收益的可视化和可观性还能使投资者产生融资欲望，提高重整成功的概率。因此，在符合一定条件下，资产证券化工具应用能够有效补充破产企业融资渠道。

资产证券化较早应用于企业破产可见于 2015 年 3 月浙江省舟山市定海区人民法院审理的舟山中恒置业有限公司破产清算转重整案。该案也是浙江省首例破产企业资产证券化融资案件。该案中，舟山中恒置业有限公司因为资金链断裂被法院裁定进入破产程序，其正在开发过程中的房地产项目"倚山艺墅"也因此陷入停滞。之后，浙江恩伦有限合伙投资管理公司向该项目投资 5000 万元用于该项目的续建。因为这笔投资不仅有利于该房地产项目的保值升值，而且有利于全体业主和债权人，符合共益债务的认定标准，被法院依法认定为共益债务。然后浙江恩伦有限合伙投资管理公司以该债权作为基础资产在浙江金融资产交易中心发行投资收益权产品"中恒共益"，成功募集到资金，使得房地产项目"倚山艺墅"得以续建完工。这种方式不仅保护了全体业主的利益，也保护了债权人的利益。[1] 该案是以破产程序中共益债权作为基础财产发行资产支持证券。该案通过资产证券化方式，解决企业因破产而导致的资金链断裂、债务负担问题。资产证券化通过结构设计，为发起人创造了新的融资渠道，并且降低了融资成本，也为投资者提供了新的投资途径和较高的投资回报。自 2015 年以来浙江金融资产交易中心已经先后发行了舟山中恒置业（即上述案例中的投资收益权产品"中恒共益"）、安吉丰华置业、长兴莱茵河畔、玉环保地国际、上河国际、晓郡花园等收益权产品，均以"共益债权+资产证券化"的模式介入企业的破产重整之中。

作为金融衍生工具的一种形式，资产证券化的风险总是与它的价值功能相伴而生，资产证券化在为企业分散风险、融通资金、提高资源配置效率的同时，也将不可避免地带来一系列的风险。尤其是在破产重整程序中，重整风险与资产证券化的风险双重叠加，只有充分认识和了解其中的各项风险，并实施审慎监管，才能有效防范和控制风险，促进资产证券化的顺利进行，促成企业重整成功。

基础资产风险主要包括两个方面，一方面是基础资产本身的风险，另一方面是基础资产的转移风险。就前者来说，基础资产质量关系到能否产生稳定的现金流。现金流状况是否可预见，是否具有稳定性，具有多大的稳定性，是确定基础资产的主要风险。为防范基础资产的质量风险，在基础资产确定环节，应当做好资金测算和资产评估，并充分尊重债权人会议意见。就后者而言，基础资产的转移风险主要是 SPV 的设立风险与资产转移是否真实销售的风险。设立 SPV 的目的就是避免发起人（或 SPV）破产时其他债权人对发

---

[1] 参见张毅：《房地产企业破产实务中的金融创新》，载王欣新、郑志斌主编：《破产法论坛》第 11 辑，法律出版社 2016 年版。

起人（或 SPV）追索涉及用于该证券化的基础资产，从而保证基础资产信用，保障投资者证券偿付权益。在破产重整程序中，SPV 作为连接重整企业与投资者的融资通道，管理人组织发起设立时，相关方案应当由债权人会议通过后实施，并且对 SPV 的组织形式、成立目的、经营范围等作出特别严格的限定。资产转移过程中最大的风险就是不能达到"破产隔离"的效果，使得交易结构中设置的投资人优先受偿的权利归于消灭。对于基础资产的转移方式，实践中有参照信贷资产证券化的做法，采用信托的方式实现"破产隔离"。

此外，资产证券化中的信息披露至关重要，"只有信号足以信赖时，信号机制才能发挥作用"[1]。资产证券化在资源配置过程中，也将破产风险和投资收益在债权人和投资者之间作了再分配。因此，在资产证券化实施过程中，应当充分保护破产债权人和资产支持证券投资者的知情权。对于破产重整的债权人而言，资产证券化可能涉及对外借款、重大资产处置、债权清偿分配等重大事项，是重整计划的重要组成内容，债权人有权向破产管理人了解相关信息，在此基础上行使表决权。资产证券化实施后，管理人也应当定期向债权人披露相关情况。对于投资者而言，按照资产证券化业务管理规定和信息披露指引等相关规定，享有按规定或约定的时间和方式获得资产管理报告等专项计划信息披露文件，查阅或者复制专项计划相关信息资料等权利。相关信息披露义务人应当及时、公平地履行披露义务，所披露或者报送的信息必须真实、准确、完整，不得有虚假记载、误导性陈述或者重大遗漏。

2. 破产服务信托

根据我国《信托法》的规定，信托是指委托人基于对受托人的信任，将其财产权委托给受托人，由受托人按委托人的意愿以自己的名义，为受益人的利益或者特定目的，进行管理或者处分的行为。根据《信托法》的分类，信托分为民事、营业和公益信托，其中民事信托和营业信托属于私益信托。以共同基金、退休基金和资产证券化为代表的商业信托在全球的迅猛发展，改变了传统上对信托应用领域的狭隘认识，商业信托中受托人的权力得到了极大的扩张。信托以其灵活的弹性设计，在大规模的财产管理方面提供了其

---

[1]［美］柯提斯·J. 米尔霍普、[德] 卡塔琳娜·皮斯托：《法律与资本主义：全球公司危机揭示的法律制度与经济发展的关系》，罗培新译，北京大学出版社 2010 年版，第 41 页。

他制度无法替代的功能，资金雄厚和信誉卓著的机构受托人凭借较低的信用风险和破产风险赢得了广大投资人的青睐。[1]

（1）破产服务信托的实践发展。

大型企业集团破产过程中，因多元经营、资产庞杂，难有投资者有能力或意愿整体接盘，在优质资产整合保留或打包出售后，剩余冗余资产短期内难以处置，除非远低于市场价出售。该类待处置资产问题成为大型企业集团破产处置难点。为促进债务人高效重生，同时尽可能盘活资产、提升资产价值和债权人清偿率，重整程序中的财产权信托模式应运而生。

渤海钢铁集团等 48 家公司破产重整案是信托工具进入企业破产程序的首次尝试。2019 年 1 月 31 日，法院裁定批准渤海钢铁集团等 48 家公司重整计划。根据重整计划的规定，渤钢系企业的资本重组为钢铁资产平台与非钢资产平台。对于钢铁资产平台，渤海钢铁将其交予战略投资人进行管理，同时对于非钢资产平台将其委托给信托公司进行管理与处分，将信托受益权按重整计划确定的债权比例向债权人进行分配。[2] 该案信托结构见图 5-1。

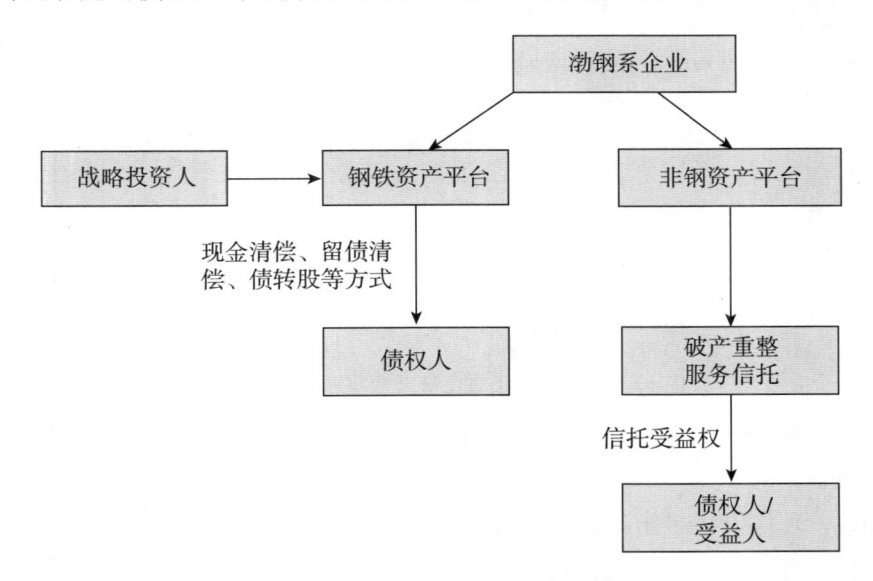

图 5-1 渤钢系企业破产重整服务信托结构

---

[1] 参见江平：《信托制度在中国的应用前景》，载《法学》2005 年第 1 期。
[2] 参见刘鑫莉、丁燕：《企业破产重整中信托机制的运用》，载《西南林业大学学报（社会科学）》2023 年第 3 期。

在渤海钢铁集团等48家公司破产重整案之后，实践中又有多个破产案件运用信托工具。主要模式包括："出售式重整+服务信托"，以北大方正集团实质合并重整案为典型；"存续式重整+服务信托"，以海航集团等321家公司实质合并重整案为典型。

北大方正集团实质合并重整案是"出售式重整+服务信托"的典型案例。该案中，破产管理人将重整企业的资产分为保留资产和待处置资产。保留资产出资设立新方正集团和各业务平台公司，作为投资者持股和运营平台，承接相应业务和职工就业，同时部分股权用来抵债。待处置资产保留在老方正集团内，设立破产重整服务信托，信托受益权用来抵债。[1] 该案信托结构见图5-2。

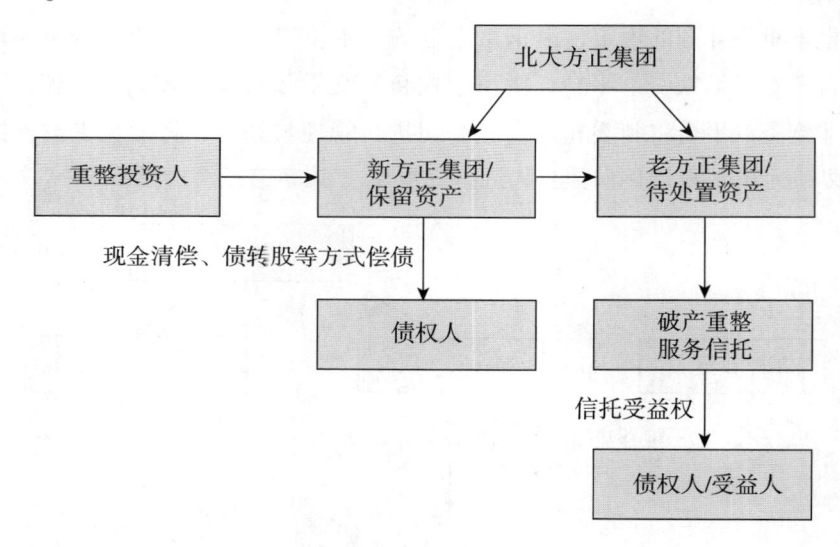

图5-2 北大方正集团破产重整服务信托结构

北大方正集团由于内部资产交织密集，各企业难以清楚分割。与渤钢系企业重整不同，北大方正集团的绝大部分资产都作为保留资产设立了新方正集团，管理人仅将部分有权属争议及涉诉的资产保留在老方正集团内，作为长期待处置资产用来偿债。借助破产重整服务信托第三方管理机制的作用，提高重整效率。

---

[1] 参见王欣新：《方正集团重整方案的解读与启示》，载微信公众号"中国破产法论坛"2021年5月6日，https://mp.weixin.qq.com/s/7PZNIAT8jQHc8oWoDqu1eg。

海航集团等321家公司实质合并重整案是"存续式重整+服务信托"的典型案例。该案中，海航集团重整计划草案设置了破产重整服务信托的架构。海航集团新设立一个公司作为信托计划的委托人，该公司持有总持股平台公司100%的股权，总持股平台公司持有六大板块持股平台公司，各板块持股平台持有具体的业务板块公司。信托财产是委托人持有的总持股平台的100%股权以及对各业务板块享有的应收账款债权。债权人为受益人，并根据债权种类不同，进行优先受益权、普通受益权、劣后受益权的结构化设计[1]。该案信托结构见图5-3。

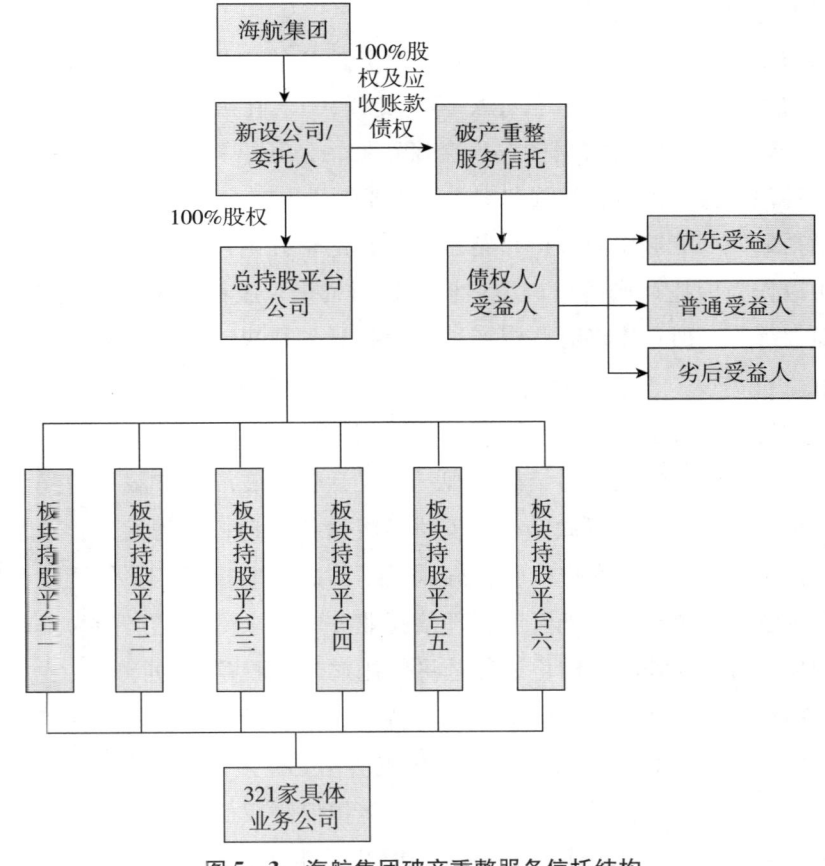

图5-3 海航集团破产重整服务信托结构

[1] 参见刘鑫莉、丁燕：《企业破产重整中信托机制的运用》，载《西南林业大学学报（社会科学）》2023年第3期。陈姗姗：《海航顾刚详解"信托计划"如何偿债》，载《第一财经日报》2021年10月18日，第A4版。

受益于大型企业集团破产重整广泛应用信托工具，破产服务信托成为我国信托业务新的增长点。2023年3月20日，中国银保监会出台《关于规范信托公司信托业务分类的通知》（银保监规〔2023〕1号），进一步为破产服务信托运用提供制度依据，并将其纳入监管范畴。根据该通知，信托业务分类上明确设立风险处置服务信托，并按照风险处置方式分为两个业务品种：企业市场化重组服务信托和企业破产服务信托。企业破产服务信托是指信托公司作为受托人，为依照《企业破产法》实施破产重整、和解或者清算的企业风险处置提供受托服务，设立以向企业债权人偿债为目的的信托。

（2）破产服务信托要素。

参与主体。通常情况下，破产重整服务信托的参与主体主要包括重整主体、债权人、重整投资人和信托公司（受托人）。在破产重整服务信托设立前，破产管理人一般会根据债权人会议意见，公开招募信托公司，参与信托计划设计并将其纳入重整计划草案作为重要组成内容。

信托财产。能够作为破产重整服务信托的信托财产的财产类型众多，常见的可以作为信托财产的财产类型包括货币资金、股权、应收账款、特定资产收益权等等。但具体将哪些资产纳入信托计划取决于重整主体的资产负债结构和重整需要。前述的北大方正集团实质合并重整案和海航集团等321家公司实质合并重整案不同的信托财产对象范围很好说明了这点。

信托受益权。信托交易结构体现一定灵活性，破产重整服务信托可以做平层的结构设计，也可以做结构化安排，将信托受益权分为优先、普通以及劣后信托份额。结构化安排能够很好满足不同破产债权优先顺位清偿和出资人权益调整的需求。有别于资产管理信托业务中以全部信托财产为基础所做的结构化安排，此处的结构化设计是将信托财产的收益分为特定收益（优先信托份额对应财产处置变现所得）和非特定收益（特定收益外的所有其他收入）。特定收益应优先、排他向对应的优先信托受益人分配。这一安排能使享有物权担保的债权人获得定向优先受偿，将担保物权优先性转换为信托受益权的优先性，从而满足企业破产法关于债权清偿顺位次序规定的要求。

信托计划管理机制。破产重整服务信托的治理机构一般包括受益人大会、管理委员会等。受益人大会由所有获得分配信托份额的债权人组成，是信托计划运行的最高权力及监督机构，有权决定信托的一切重大事宜，如延长信托期限、提前终止信托计划或变更受托人等。受益人人数众多时，可在受益人大会下设立受益人常务委员会/管理委员会，根据受益人大会决议和授权对信托事务进行经营决策，包括对信托财产处置、分配等事宜的决策。管理委员会的委员一般由重整程序中债权人会议提名，考虑到原经营管理团队对底层资产管理的作用，可视情况设置债务人委员。受托人负责执行受益人大会及受益人大会管理委员会的决策。

（3）信托底层资产的管理。

破产重整服务信托的受托人管理信托事务内容以程序性、执行类事务为主，信托架构主要是通过资产隔离为重整企业的经营、处置提供时空环境。对于信托底层资产的运营管理需要在重整计划中特别规定。但因出资人权益调整，企业原有的治理体系发生改变，如何规范管理底层信托财产是破产重整服务信托运行过程中需要关注的问题，主要涉及以下几个方面。

第一，经营、处置责任主体设置。根据服务信托结合的存续式重整和出售式重整的模式不同，重整计划应明确信托财产的经营、处置责任主体，规定相应主体的持续经营、处置变现的规则、权限、义务、监督等约束条件，保持信托财产的经营、处置责任主体相对稳定，维护信托底层资产安全。责任主体构成应当结合经营、处置责任主体的运营动力和处置能力等加以考量，可以考虑吸纳原经营层、债权人代表履行相关职责。若存在原经营层不适合担任，债权人代表意愿不足等情形，重整计划也可以考虑通过市场化方式引入职业经理人团队或专业资产处置机构，由其运营管理处置信托底层资产。

第二，抵质押财产处置安排。重整计划若将设定抵质押的财产置入服务信托项下，需要在重整计划中明确抵质押财产的经营、处置规则。在制定规则时，应当考虑抵质押财产在信托财产总体经营、处置安排中的地位和作用。对于抵质押物因持续经营无法安排处置的，应该考虑对优先债权人（持有优先份额的受益人）信托利益的补偿措施。对于需要在信托存续期间处置的抵质押物，应当明确抵质押物的处置条件和程序，明确优先债权人提议处置抵质押物的权利和制约条件，避免决策僵局。

第三，常规信托财产处置安排。除设定抵质押措施的信托底层资产需要明确经营、处置规则外，常规信托财产的处置安排也需要进行明确。重整计划应当明确处置资产的提议人、决策机构、决策权限、决策流程、决策通过标准、决策僵局的处理方式，同时，可以对执行处置工作的责任主体、责任内容、初始费用等进行规定，防止在常规资产处置环节出现争端，影响事务的执行。[1]

（二）各方主体的协作

1. 充分发挥金融债委会的作用

大型企业结构复杂、矛盾多样，在破产处置中更是各方利益交织的主战场，如果不能加强协商合作，则必然阻碍挽救处置工作的开展。不同于普通企业破产，大型企业集团破产中的债权人利益冲突更为明显。在债权人范畴内，大型企业集团一般金融债务规模大，金融债权人在其中占有重要地位，对此金融债权人委员会可以发挥积极有益的作用。

金融债委会是针对债务规模较大、存在困难的非金融债务企业（困境企业），由三家以上持有困境企业贷款、债券等融资工具债权的金融机构共同发起的自治性、临时性协调组织，用于对困境企业债务的处置，共同维护金融机构作为债权人的合法权益。2016年年初，原中国银行业监督管理委员会明确提出要全面推进"金融债权人委员会"制度的规划。此后，河南、山东、福建、江苏等地先后出台关于辖内银行业金融债委会组建工作的指导意见。此阶段的金融债委会参与主体一般都是债权银行机构债权人。2016年7月，中国银行业监督管理委员会发布《关于做好银行业金融机构债权人委员会有关工作的通知》（银监办便函〔2016〕1196号），确认并全面推进"银行业金融机构债权人委员会"工作机制，并把它运用到困境企业的债务处置程序中。2017年5月，中国银行业监督管理委员《关于进一步做好银行业金融机构债权人委员会有关工作的通知》（银监办便函〔2017〕802号），对金融债委会运行机制又作了补充完善。

为提高金融服务实体经济质效，完善市场主体退出制度，维护金融机构债权人合法权益，2020年12月28日，中国银行保险监督管理委员会会同国家发展和改革委员会、中国人民银行、中国证券监督管理委员会制定了《金

---

[1] 参见孟凡科：《信托工具在破产案件中的应用》，载微信公众号"破产法实务"2023年11月7日，https://mp.weixin.cq.com/s/76WSD2CCjkMr6ZTJMxA_rg。

融机构债权人委员会工作规程》（银保监发〔2020〕57号）。其规定针对债务规模较大、存在困难的非金融债务企业，可以发起成立金融债委会，作为协商性、自律性、临时性组织，可以按照"一企一策"的方针，集体研究增加融资、稳定融资、减少融资、重组等措施，确保债权金融机构形成合力，稳妥化解风险。该文件的出台，再次对债委会制度进行升级完善，并将银行业金融机构债委会制度推广到整个金融体系，由此形成现行的金融债委会工作机制，大大拓宽了金融债委会制度的适用范围。

金融债委会作为金融监管部门推动下衍生出的一种金融机构债权人自律协调机制，从2016年开始运作以来，经多年实践，经受了时间和市场的共同检验，既帮扶困难企业脱困、支持优质企业发展，又依法维护金融机构的债权。从效果看，金融债委会发挥了行业自律与失信惩戒等机制作用，一定程度上避免了债权金融机构各自为战、单方采取债权保护措施等情形的发生；同时运用市场原则，实现了企业债务重组，也最大限度地保障了金融机构作为债权人的合法权益，实现了各方共赢。概括而言，金融债委会工作机制在维护金融机构债权安全、支持实体经济发展、化解金融风险等方面具有积极意义：一方面，金融债委会为各金融机构债权人提供了一个集体协商、统一决策、一致行动的平台，有力维护了各金融机构债权人的整体利益；另一方面，为企业债务处置赢得了时间和空间，提振了金融机构的授信信心，有效破解了无序压贷、竞相抽贷等问题，促进银企关系和谐发展。

金融债委会应当与债务企业和其他非金融机构债权人充分沟通，全面、准确、及时地向全体成员机构披露有关债务企业、债权人委员会工作的重要信息，并平衡好与债务企业、股东、其他非金融机构债权人的利益关系。因此，在市场化原则下，充分发挥金融债委会自主协商作用，搭建各方主体利益磋商平台，在保障债权人利益的同时能够更大程度提高风险处置的合理性，推动企业挽救成功。如在南京建工产业集团有限公司等25家公司实质合并重整案中，正是企业与债权人先期进行债务重组，金融债委会成立并开展重组谈判，之后在金融债委会支持下，债务人申请启动预重整。

2. 完善重整投资人的招募和匹配

大型企业集团的困境挽救通常需要引入战略投资者进行资金支持，债务人获得在企业管理、业务协同、资源支持等方面具有明显优势的重整投资人，将为脱困重生和破产处置带来巨大支持。首先要强化重整投资人的招募遴选，提高与企业集团多元化需求的匹配性。重整投资人的招募和遴选是破产重整能否成功的重要前提，是人民法院审查和批准重整计划草案的重要考量因素。近年来的重整实践充分表明，能否引进合适的重整投资人对于重整企业能否实现清偿债务和业务转型的双重目标起着至关重要的作用。

一般而言，按照投资目的，投资人可以分为产业投资人和财务投资人。二者最主要的区分在于投资目的不同，产业投资人的主要目的是出于延伸整体产业链，而财务投资人是为了实现经济回报。相应地，二者的投资方式以及对企业产生的作用存在差异。产业投资人具备产业背景优势和资源丰富，能够为企业业务发展、管理等方面提供经验和资源，而财务投资人侧重于以投入资金的方式解决企业的资产需求。相较于财务投资，产业投资与企业的匹配性要求更高，且会产生深度的整合发展，为企业投入经营调整的实际资源，同时也会更加关注企业的长远发展，在企业集团整体危机化解和未来需要进行重大业务调整以实现脱困的情况下，优质的产业投资人能够提供重要作用。而财务投资人因其更关注投资收益的退出和确定性，与企业集团整体挽救的多元目标之间存在一定的协调空间，一般在企业集团主要面临流动性危机时，财务投资可以及时提供现金流，化解债务危机。在大型企业集团破产处置中，应当根据企业集团状况和挽救方案确定投资人的类型选择与投资方式。例如，在寻找企业集团重整投资人时，可以通过以核心产业的投资人为牵头投资人，组织其他产业投资人、财务投资人，也将边缘化的产业部分采用出售式重整方式，综合重整投资模式，提升挽救效果。如在隆鑫系十七家公司重整案中，大型综合性民营企业集团重整投资人招募的方式为，通过深入挖潜、全面真实披露信息，吸引投资人参与竞争，选择具有不同优势的东部沿海地区基金投资人与西部成渝地区产业投资人组成投资联合体，充分发挥基金投资人募集和管理资金的能力与产业投资人产业背景优势，各施其长、相互配合，解决了多元化产业需求的匹配难题。[1]

同时，要注重重整投资的实质性，重整方案应避免简单地对原有经营和

---

[1] 参见《2022年全国法院十大商事案件》，载微信公众号"最高人民法院"2023年1月19日，https：//mp.weixin.qq.com/s/bB-jL8HwnBULb45DkXrMrg。

业务的整合，而应当吸进新的资源投入，通过投入资金、资产帮助企业真正实现脱困。如在紫光集团破产重整案中，战略投资方投入重整投资款600亿元现金，在平稳化解债务的同时，维护紫光集团体系内298家企业持续运营，实现纾难解困和赋能重生的双重效能。[1] 破产重整亦是新一轮的招商引资，在大型企业集团挽救中，只有通过重整改善经营能力，才能实现最终的成功，有实力的投资人更应当通过自身经营实力、行业经验，提高重整后企业集团的生产经营能力，进而实现债权人的清偿退出和企业集团的东山再起。

此外，要完善重整投资约束机制。实践中，在重整计划执行过程中，因重整投资人违约不再投资或因自身资金问题无法继续完成投资义务等情形屡见不鲜。为降低重整投资人调整给重整挽救带来的不利影响，可以通过重整计划中载明，法院批准重整计划后，若出现重整投资人不执行重整计划的情况，可在经法院审查同意后，按照相应条件或调整规则决定新的重整投资人。如根据2019年11月29日广东省高级人民法院发布的《关于审理企业破产案件若干问题的指引》第100条第2款的规定，重整计划执行过程中，重整投资人不履行重整计划的，经债权人会议同意，管理人可以向人民法院申请由新的投资人承接原投资人的权利义务。需要注意的是，投资人违约责任制度体系目前是重整制度的一块短板，如不补齐，则投资人在作出承诺时易缺乏责任意识，浪费拯救企业宝贵的时间窗口，形成"次生伤害"。在北大方正集团实质合并重整案和中信国安集团等7家公司实质合并重整案中，均在重整计划中约定了投资人的违约责任，特定条件下管理人有权采取修改重整计划、重新引入战略投资人等措施。

3. 强化管理人的履职能力

管理人是破产程序的主要推动者和破产事务的具体执行者。管理人的能力和素质不仅影响破产审判工作的质量，还关系到破产企业的命运与未来发展。首先，应当完善大型企业集团破产案件的管理人选任方式。根据最高人民法院《关于审理企业破产案件指定管理人的规定》第20条的规定，人民法院审理企业破产案件应当指定管理人，一般采取按照管理人名册所列名单轮

---

[1] 参见：十大案件之紫光集团等七家公司实质合并重整案：以法之力 助企重生》，载微信公众号"最高人民法院"2023年2月7日，https：//mp.weixin.qq.com/s/3QC9iV7RWqROeYs7RG9b0g。

候、抽签、摇号等随机方式公开指定管理人。同时，该解释第18条规定，对于一些特殊的破产案件，还可以指定清算组为管理人。实践中，部分大型企业集团在危机初期，各方组成工作组开展风险化解工作，后转为清算组，并在进入破产程序中被指定为管理人。如2021年7月16日，北京市第一中级人民法院依法裁定受理紫光集团破产重整并指定紫光集团清算组担任紫光集团管理人。在《企业破产法》的制定中，取消了清算组制度，创设了管理人制度，这是我国企业破产法走向市场化、规范化、国际化的一项重大制度改革与创新，尽管受一些影响保留了清算组也可以担任管理人的内容，但其基本制度已经有了重大改变。[1] 市场化破产制度的特点之一，便是取消了旧破产法的清算组制度，创设了管理人制度，在大型企业集团市场化破产处置中亦应更加重视管理人的地位作用。

由于采取随机指定方式无法保证指定者是最有资格与能力、最适宜处理疑难复杂案件的管理人，而大型企业集团破产处置的要求高，因此实践中一般选择竞争、推荐的方式选择履职能力足够匹配的管理人开展工作。《破产审判纪要》第7条亦针对性地指出，上市公司破产案件、在本地有重大影响的破产案件或者债权债务关系复杂，涉及债权人、职工以及利害关系人人数较多的破产案件，在指定管理人时，一般应当通过竞争方式依法选定。如中国华信能源有限公司等70家关联企业实质合并清算案中，上海市第三中级人民法院即是以邀请竞争方式指定三家中介机构组成联合管理人。采取竞争方式的，为保证其公开、公平、公正，应制定相应的竞争制度，人民法院应组成专门的评审委员会。为形成真正的竞争，确保择优选择，参与竞争的中介机构不得少于3家。评审委员会应当结合案件的特点，综合考量社会中介机构的专业水准、经验、机构规模、初步报价等因素，择优指定管理人。对于推荐方式，主要是通过债务人、债权人的推荐来选定管理人。在大型企业集团风险处置中，一般债务人、金融债委会在前期处置工作中聘请中介机构提供专业服务。这种情况下中介机构较为熟悉企业风险，且已和各方开展沟通，更易获得各方认可和配合，因而推荐方式有一定的优势。但是，在适用推荐方式时需要注意规范推荐的流程，并且要建立监督机制防范廉政风险。例如，

---

[1] 参见王欣新：《破产法》（第4版），中国人民大学出版社2019年版，第79页。

南京市中级人民法院《关于完善破产管理人选任与综合考评办法》第 6 条规定，对于决定适用预重整的案件，可以由债务人、主要债权人（金融债委会）协商一致共同推荐预重整期间的管理人。协商不成的，可以由债务人、主要债权人（金融债委会）各自推荐一家中介机构，联合担任破产管理人。债务人、主要债权人（金融债委会）明确对他方推荐的管理人提出异议且在人民法院规定的时间内仍不能协商一致的，由人民法院采用竞争等其他方式指定管理人。

此外，应当强化大型企业集团破产管理人的履职能力。完善管理人队伍结构，应当吸收具有专业技术知识、企业经营能力的人员加入管理人队伍中，促进管理人队伍内在结构更加合理，充分发挥和提升管理人在企业病因诊断、资源整合等方面的重要作用。在大型企业集团破产案件中，加强管理人能力建设至关重要。大型企业集团破产处置不仅要全面处理债权债务，更是要使企业脱困重生，帮助企业恢复经营，维护地方稳定和金融安全，对管理人的职业素养、专业能力、沟通能力，以及处置经验均有较高要求。在大型企业集团破产处置的管理人履职中，尤其需要注意的是发挥管理人报酬制度的激励和约束作用。如果说重整计划从静态上为公司设计好重生之路线图，那么重整计划执行则是从动态上将纸面上的权利义务转化为现实，它是重整程序的最终落脚点，也是能否达到重整目的的实际检验。[1] 因此，完善管理人报酬制度，通过薪酬激励管理人不仅能促使管理人尽快通过重整方案，并且更加在意重整方案是否切实可行、是否符合企业的长远发展。尤其对于大型企业集团重整案件，重整计划执行期间一般较长，需要将管理人报酬、重整计划的执行进度和管理人履职情况协调起来，合理安排支付时间和方式。

4. 挽救模式的选择

大型企业集团破产具有程序成本高、参与主体多、利益多元化等特点，"与其说因为进入重整程序而对公司治理的权利分配产生了影响，倒不如说是在公司经营困境下，债权人失去了固定的合同约定保护，不得不在各方主体之间进行损失的分担，基于利益平衡的考量而赋予各方主体在公司治理

---

[1] 参见李永军：《破产法——理论与规范研究》，中国政法大学出版社 2013 年版，第 379 页。

中一定的权利,构建起各方权利的直接博弈"[1]。在大型企业集团破产处置中,应当根据债务企业类型和风险状况等因素,确定不同的挽救工作主导模式。

一般而言,破产工作由管理人发挥主导作用。管理人主导,看重的是管理人的专业性、中立性,破产处置中利益交织、矛盾多发,管理人作为独立中介机构依法履行职责,能够在赢得各方信任基础上,开展处置工作,严格按照破产程序推动处置。实践中,大型企业集团破产案件还存在特殊情形。具体而言,金融债委会主导,能够在加强协商、提供信贷支持等方面缓解企业债务风险压力,对于出现暂时性风险或问题的企业,能够帮助其争取时间,共同渡过难关,尤其是对经营基础良好的企业集团,有利于及时处置风险,使企业的经营层面得以持续。但这种模式侧重于协商性,一般运用于企业风险早期,实践中庭外重组阶段多由金融机构债权人和企业协商,开展风险处置工作。从一般意义上讲,对债务困境企业的重组挽救主要有两种方式,即庭外重组与企业重整。即使是对于大型企业,破产也经常被证明是一种成本高昂的选择,如果可以的话,各方当事人都希望可以避免选择破产[2]。庭外重组,是指债务人在发生经营与债务危机之后,与债权人等各方当事人通过在法庭外的自行协商,不借助于司法程序的强制力解决经营与债务危机,实现企业重组的活动。实践中,一般是在组成金融债委会之后,在金融债委会的支持下,企业集团开展庭外重组。但是这种模式存在钳制问题。当个人的理性自利行为不允许他们构建一个能增加全体参与者的共同福利的协议时,就会产生集体行动问题[3]。庭外重组完全依靠当事人的意思自治,以当事人全体同意为原则,只要有债权人不满意债务清偿方案或者寻求个别清偿,就很有可能出现以个人利益的实现威胁整个协议达成的情况,最终损害全体债权人的利益。因其缺乏强制性措施保障,所以重组协议难以达成一致,或者不能发挥约束效力。例如,2020年以来华夏幸福集团面临流动性阶段性风险,

---

[1] 杨鹿君、项红:《重整程序下的股东权利行使规则》,载《法律适用》2021年第8期。

[2] 参见[美]道格拉斯·G.贝尔德:《美国破产法精要》,徐阳光、武诗敏译,法律出版社2020年版,第31页。

[3] 参见[加]布莱恩·R.柴芬斯:《公司法:理论、结构和运作》,林华伟、魏旻译,法律出版社2001年版,第150~151页。

后经与相关金融机构积极协调,在省、市政府的指导支持下,进行债务重组,2021年12月,经金融债委会就《债务重组计划》进行了表决并获得审议通过。之后,根据《债务重组计划》,华夏幸福集团仍要与各债权人开展债务重组协议洽谈、签署等有关事项。[1]

此外,债务人主导,看中的是债务人的信息和经营管理优势。熟悉其业务的债务人更有能力从事营业,并且为了鼓励债务人通过法定程序尽早走出经营困境。由债务人来负责可以使重整成功的可能性更大。相较于管理人,债务人对自身经营管理、面临的困境更加了解,对业务和企业财产状况更为熟悉,在经营过程中积累的专门知识、业务以及与职工、供应商等利益相关者的关系是管理人无法提供的。由债务人继续经营企业,可以稳定员工队伍,保证业务谈判与事务经营的持续。在管理层不存在违反信义义务或者重大过失行为的情况下,将对企业财产和营业事务的控制权交给最了解企业情况的管理层,可以节省破产管理费用、提高企业拯救效率,并且可以激励管理层及时拯救困境企业并尽最大努力管理好重整中的企业。[2] 在重整程序中,债务企业也很有可能丧失对企业经营的把控,其"不仅要面对丧失顾客和供应商的商业风险,还要面对丧失资产甚至在《美国破产法》第11章商事重整程序进行期间将资产置于债权人控制之下的法律上的风险"[3]。但是,只有当企业具有持续经营价值,并且利益相关者对于债务人(管理层)仍然存在信任时,才可以由更加熟悉企业经营管理的债务人自行管理,并平衡不同主体的利益冲突。[4] 而由债务人自行管理也存在一定的道德风险,即导致债权人和其他利益相关者的利益面临更大损害。联合国国际贸易法委员会的《破产法立法指南》也指出,"债务人对企业经营保留控制权的做法,也可能存在弊端,其中包括将重组过程用于显然不可能获得成功结果的情形,拖延

---

[1] 参见华夏幸福集团发布的上市公司公告,详见巨潮资讯网,http://www.cninfo.com.cn/new/disclosure/stock? stockCode=600340&orgId=gssh0600340&sjstsBond=false#latestAnnouncement。
[2] 参见许德风:《破产法论——解释与功能比较的视角》,北京大学出版社2015年版,第498~499页。
[3] [美]大卫·G.爱泼斯坦、[美]史蒂夫·H.尼克勒斯、[美]詹姆斯·J.怀特:《美国破产法》,韩长印等译,中国政法大学出版社2003年版,第837页。
[4] 参见高丝敏:《破产法的指标化进路及其检讨——以世界银行"办理破产"指标为例》,载《法学研究》2021年第2期。

不可避免的结局,其结果是资产继续流失,而且债务人有可能在控制期间不负责任的行事,甚至采取欺骗手段,从而破坏重组和债权人的信心"。因此,对于债务人主导的模式,为了防止产生流弊,必须加强完善相应的监督机制。

在大型企业集团挽救模式的问题上,一个重点的内容是对原实际控制人的处理。"重整计划既是债务人、债权人及债务人的股东之间达成的合同;又是债权人与股东对重整债务人所进行的投资。"[1] 出于重整的需要,在重整计划中通常包括对出资人权益调整等涉及股东权益的事项。如何合理限制股东的控制权,解决重整中的权利冲突,是企业破产法实施中需要解决的重点问题之一。在大型企业集团破产处置中,企业的控股股东,尤其是实际控制人是重要角色。一方面,控股股东的过度支配与控制,实控人违规对外担保、占用资金等是许多企业集团陷入危机的主要因素,如海航集团等321家公司实质合并重整案中大股东及关联方占用资金高达数百亿,在重整中引入战略投资者投入资金,原股东权益全部清零。另一方面,企业集团的风险处置和破产挽救工作又离不开实控人的配合,对企业集团的资源整合等挽救方案也需要实控人的积极支持。例如,在厦门泰成集团重整案中,通过重整计划约定由实控人向债权人公开其全部财产,将其控制的其他未进入破产程序的企业财产及个人财产一并纳入重整计划,向债权人清偿债务,同时以重整计划成功执行为条件一揽子解决实控人的连带保证责任问题,在企业集团重整的同时,实控人重获新生。[2] 因而,在破产处置中,对实控人的权利如何调整影响着企业挽救的效率和效果,要依据具体的情况区别对待。

需要明确的是,小微企业的经营主要是靠企业主个人的劳动技艺、市场与业务关系、融资信用维持,尤其是以技艺专业维持经营的个人企业经营者,其经营特点决定了重整挽救更多的要靠债务人自身,原股东的出局可能会让企业失去运营和存在价值,所以小微企业的重整通常要考虑出资人权益保留、与企业主个人债务清理协调处理等问题,以保障企业持续经营。[3] 而不同于

---

[1] [美]查尔斯·J.泰步:《美国破产法新论》(第3版)(下册),韩长印、何欢、王之洲译,中国政法大学出版社2017年版,第1200~1201页。

[2] 参见王欣欣、孔晨:《跨地区财产混同企业的合并重整》,载《人民司法》2019年第26期。

[3] 参见王欣新:《小微企业破产立法的重要意义与作用》,载《人民法院报》2022年9月8日,第8版。

对小微企业的挽救,大型企业集团风险处置的核心在于防范化解重大风险,推动企业持续经营脱困重生,重点在于挽救企业及其营业,保护债权人、债务人的合法权益和社会公共利益。实控人并非破产挽救的目标,破产处置工作并非为了保障实控人的利益,应明确以挽救企业为目标,充分保障债权人的利益。大股东在企业进入破产处置前具有较强的控制力和原因力,理应在股权调整过程中承担更多的责任。如在重庆钢铁股份有限公司破产重整案中,重整计划通过控股股东让渡所持全部股份引入产业基金作为重组方。[1] 因而大型企业集团破产处置中的挽救方法,应主要考虑引入投资者与资金,优化资源配置,恢复企业持续经营能力和市场竞争力,原股东必要时可以退出并变更企业控制权,消除企业风险因素。

  挽救模式的不同,亦决定了挽救处置工作的推进、方案的制定以及后续执行和监督等事项的差异。重整挽救的方案核心是清偿方案和经营方案。清偿方案取决于重整投资人投入的资金和企业资产处置变现的资金用于按照计划安排清偿债权人,而经营方案的设置及其执行正是涉及挽救模式以及对于实控人以及公司治理结构的处理。在实控人保留的情况下,一方面引入投资人时,投资人会作为新的股东加入公司决策层,另一方面在存在债转股清偿手段时,债权人亦是作为新的投资人成为股东加入公司,在经营架构上需要考虑实控人、投资人、债权人各方势力的安排,以在改善原来导致企业集团出现债务危机的管理结构问题基础上,形成良性的公司治理结构,推动公司提升持续经营能力。这种情况下,债权人实际上是作为监督主体,在公司治理结构中发挥着监督的作用。相应地,在挽救方案制定中,在重整计划执行中均应当设置相应的监督机制。而在实控人出局的情况下,原有的决策层退出,企业集团原有的治理结构在重整后面临调整,在新的投资人、债权人入住组建企业集团的决策层后,挽救方案中更加关注的应当是新的公司治理结构的搭建和运营。但同时需要注意的是,一般而言债权人更为关注的是清偿情况,公司的未来发展和持续运营只是其获得清偿的手段,并非长远目标。这一点与企业集团挽救的多元目标存在一定的冲突和协调空间,在挽救方案

---

[1] 参见最高人民法院2018年3月发布的全国法院十大破产典型案例;吴亦伟:《破产重整原因的重构与制变配给》,人民法院出版社2023年版,第221页。

的协商制定和后期执行中均须特别关注。

(三) 表决规则的完善

1. 分组表决规则

在大型企业集团破产处置中,挽救方案需要赢得债权人的支持通过,方能推动企业集团风险化解,这需要依法经过债权人会议的表决。在表决规则上,除一般破产案件的表决规则外,《企业破产法》对于重整案件总体上规定了重整计划的分组表决规则,并规定了分组表决通过的标准,以及在部分表决组未通过的情况下二次表决的规则。"对在实体法上具有同一性质的债权人平等地对待,而不同性质的债权人根据其差异来区别对待的做法是符合公平理念的。而且,在依照公平理念认为合理的范围内,就实体法上具有同一性质的权利之间待遇也允许有差异。"[1] 在重整程序中对重整计划采取债权人分组表决,是因为不同组别利害关系人的法律地位、清偿顺位、权益调整方案是不同的,分组表决机制可以更全面、准确地反映不同利害关系人全体的利益诉求差异,避免不同债权人之间的利益冲突与牵累,提高重整的整体效率,更好维护债权人的正当权益。[2]

目前对重整程序中债权人的分组有两种模式,分别是强制性分组和任意性分组。根据《企业破产法》第 82 条的规定,参与重整计划草案讨论和表决的债权人应当划分为担保债权组、职工债权组、税收债权组以及普通债权组,法院在必要时可以决定在普通债权组中另外增设小额债权组。我国《企业破产法》虽然规定了分组表决,但并不能认定法律就明确限制了分组类型。对不同类型债权人进行细化分类单独分组,能够避免某一组别债权人受其他组别债权人多数决意见的不当"压制"。譬如,美国破产法规定可将无担保债权人分入不同的组别,依据可以是商业事由抑或《美国破产法》所规定之理由。但要注意的是,分组方式不能违背破产法上的债权人平等原则。[3]

在我国破产实务中,重整程序中的债权分组方案体现出多样和灵活的特

---

[1] [日] 伊藤真:《破产法》,刘荣军、鲍荣振译,中国社会科学出版社 1995 年版,第 8 页。
[2] 参见王欣新:《破产法》(第 4 版),中国人民大学出版社 2019 年版,第 311 页。
[3] 参见蔡嘉炜:《重整计划引入调整保证人责任条款之依据及其限度》,载《理论探索》2023 年第 6 期。

点，不少案件以担保债权的类型、债权人身份等因素为分组标准，在法定分组类型基础上额外设立了其他类型的债权表决组。债权分组在重整程序中的重要性不言而喻，对于表决权分组的合理性就显得十分重要。目前我国《企业破产法》所采取的主要分组标准为"债权受偿顺位"，即根据各债权人在破产程序中的受偿顺位差异进行分组。这种分组标准有利于按照债权平等原则保障债权公平受偿，进而有助于开展协商促进重整效率的提升，降低可能存在的钳制成本。[1] 但是，大型破产案件中的债权人之间的复杂利益格局是客观存在的，即便处于同一顺位的债权人也可能对债务人有不同的利益诉求，金融机构、供应商等不同身份的债权人，具有不同的经济利益需求，必然影响着其对重整计划的态度。因此，如果片面地遵循债权受偿顺位来进行分组安排，一定程度上缺乏与具体案件和企业挽救情况的匹配性，也会导致分组表决的规范目的落空。对此，应当在债权受偿顺位的基础上，更加精准地识别各类债权人之间的利益诉求，更加细化分组标准，这不仅更有助于企业挽救工作的推进，也有助于保障债权人的利益实现。

细化分组表决规则并未突破我国现行《企业破产法》的框架，在实践中亦有其操作性，考虑到目前《企业破产法》在法定分组制规定上对大型企业集团破产的债权人数量巨大、分布广泛以及类型差异大等特点，有所僵化，因此以体系化方式引入灵活分组规则，对满足案件处置需要以及提升重整计划协商谈判效率等现实需求有所裨益。灵活分组模式的特点在于可以根据大型企业集团的具体情况，设置其表决组类型，采用较为宽松的分组标准，以适应复杂多元的分组需求。《美国破产法》第1122（a）条所确定的分组标准是"划分至同一表决组的债权或利益应当实质性相似"。"实质性相似"的标准的要求在于，被划分到同一表决组的债权人必须实质性相似。[2] 这样的做法实际上也更加贴切从债权人利益出发来考虑，通过重整各方的协商来达成个案中的具体分组方案，以合意的方式进行灵活分组，既保障了债权人的知情权、参与权，也有助于相同利益诉求的债权人在同一组别中协商谈判，进

---

[1] 参见韩长印：《重整程序中灵活分组模式的法理检视与规则构建》，载《中国法律评论》2023年第5期。

[2] 参见韩长印：《重整程序中灵活分组模式的法理检视与规则构建》，载《中国法律评论》2023年第5期。

行表决。在大型企业集团破产处置中，这样的做法能够实现挽救效率的提升，防止个别钳制的发生。

2. 信息披露规则

"知情投票"是《企业破产法》上的一项重要规则。最高人民法院《关于适用〈中华人民共和国企业破产法〉若干问题的规定（三）》第 10 条第 1 款规定，单个债权人有权查阅债务人财产状况报告、债权人会议决议、债权人委员会决议、管理人监督报告等参与破产程序所必需的债务人财务和经营信息资料。在保障债权人的知情权上，信息披露规则是重要的方式。尤其是在重整程序中，其优势在于程序具有透明性以及信息供给，程序的透明性、司法权威性及监督机制将有助于各方信赖关系的重构或加强，促成信息供给。[1] 在重整中应进行必要的信息披露，以帮助债权人对重整方案作出评估并最终决定是否接受该方案。[2] 保障债权人的知情权，应通过单独分组及充分信息披露方式保障知情同意权的行使。

与分组表决的内在机理相一致，不同的表决权人的信息需求存在一定的差异。破产立法应允许根据不同表决组的信息需求差异进行差异化的信息披露。[3] 充分的信息披露对于确保重整计划表决结果的妥当性，尤其是债权人的妥善保护而言，无疑是极为重要的。差异化信息披露规则正是解决之道，在遵守一定的强制性信息披露义务的前提下，采取有区别的信息披露内容与披露形式，以体现信息披露主体与需求主体的差异化。[4] 过度的信息披露不仅造成债务人的负担，而且不加区分的信息反而加大了双方之间的信息隔阂，不利于债权人从繁杂的信息中进行准确的判断。美国破产法上确认不同的债权人对信息的需求程序是有差异的，因而允许向不同类别的权利人提供"数量、细节或信息的种类有所不同"[5] 的披露说明。结合不同类型债权人的分

---

[1] 参见何旺翔：《破产重整制度改革研究》，中国政法大学出版社 2021 年版，第 16 页。

[2] 参见［美］大卫·G. 爱泼斯坦、［美］史蒂夫·H. 尼克勒斯、［美］詹姆斯·J. 怀特：《美国破产法》，韩长印等译，中国政法大学出版社 2003 年版，第 818～819 页。

[3] 参见范水兰：《我国破产重整计划表决信息披露制度的检视与完善》，载《社会科学研究》2023 年第 5 期。

[4] 参见张文瑾：《注册制改革背景下上市公司差异化信息披露制度探究》，载《中国应用法学》2020 年第 1 期。

[5] 王欣新：《破产法》（第 4 版），中国人民大学出版社 2019 年版，第 311 页。

组，设置差异化的信息披露内容，可以提升信息披露的针对性和有效性，有利于推进大型企业集团破产的各方的协商与信任，提升挽救处置的效果。

二、重整计划执行

实践表明，绝大多数的大型企业集团破产处置适用的是重整程序，通过重整实现企业集团脱困重生。因而与大型企业集团重整的有关制度应当更加注重重整程序，以实现挽救效果。司法实践中，随着大型企业集团重整案件增多，重整中的法律关系日益复杂化。由此带来的是，重整计划执行的司法实践中，重整计划的执行内容愈加复杂、周期增长。大型企业集团重整计划中需各方协同和配合的内容增加，不仅增加了执行难度，也易造成矛盾问题，因重整投资人无法落实投资、债务人无法继续执行等导致重整计划执行失败转入破产清算的案例多发。[1] 我国现有企业破产法关于重整计划执行的法律规范较少，应当完善重整计划执行期间的程序规定，明确各方职责，加强重整计划的监督保障，以实现重整计划对大型企业集团的挽救效能。

（一）重整计划执行中存在的问题

随着适用重整制度的企业规模不断扩大，大型企业集团重整案件增多，债务数额动辄百亿、千亿，甚至万亿。企业集团重整中的法律关系日益复杂化，既涉及大量的破产程序和实体法律关系问题，还面临一些新型的公司治理结构、股权结构，资产证券化等新情况。[2] 由此带来的是，重整计划执行的司法实践中的问题越来越多。这些状况，影响了方案执行的效率效果，危及企业挽救。由此可见重整计划执行期间不仅需要债务人的妥善执行、管理人的依法监督，更加需要司法程序的监督指导和有效保障。然而审视其实践，重整计划执行目前存在一些明显的问题，重整制度的发展，尚不足以匹配大

---

[1] 如大连海业石化有限公司重整案，重整计划执行期间，首轮投资款一直未能按期支付完成，重整计划无法执行落实，法院裁定宣告大连海业石化有限公司破产。参见辽宁省大连市中级人民法院民事裁定书，（2018）辽 02 破 52 - 7 号。广州科密股份有限公司重整案，重整计划执行期间，因重整投资人违约导致重整计划无法继续执行，管理人请求法院终止重整计划的执行，法院裁定终止重整计划的执行并宣告广州科密股份有限公司破产。参见广东省广州市中级人民法院民事裁定书，（2020）粤 01 破 103 - 6 号。

[2] 参见郁琳：《破产重整制度的实施与保障》，载《人民司法》2021 年第 8 期。

型企业集团重整计划执行的实践需求。

重整期间是债务人、管理人与债权人等各方主体在法院提供的司法程序内协商谈判的过程，以重整计划的制定和通过为核心，各方主体均以此为目的参与程序，发挥作用。而法院裁定批准重整计划，进入重整计划执行期间后，重整程序终止，债务人恢复正常经营。伴随着角色的变化，各自的职能亦相应变化，必然影响重整计划执行机制的被动调整，加之对程序性质以及司法职能的认识不足，导致各方主体尚未形成各司其职、分工协作的有效局面，缺乏相应的职责定位。目前我国《企业破产法》关于重整计划执行的法律规范较少，其中关于司法权的规定仅在于管理人向法院提交监督报告、申请延长监督期限以及重整计划执行不能转破产的程序处理。在市场化的重整中，司法权按照程序要求来推动重整工作。而进入重整计划执行期间后，依赖于债务人的执行，司法权对于程序控制和债务人的行为监管并无过多的直接措施。但是重整计划执行期间仍然有诸多事项需要司法裁判，囿于法律规定的缺失，重整计划执行过程尚缺乏完善的程序规范，难以为执行程序的顺利进行提供司法保障。

（二）重整计划执行中的职责分工

1. 重整计划执行期间的司法机关的职能

破产程序中，不同于破产清算程序简单地将债务人财产公平分配，也不像和解那样只是消极地调整债务关系，重整具有债务清偿与企业重组结合、私权保护与社会利益协调的特点。[1] 重整程序将债务清偿和企业拯救结合起来，且包含多元化的主体协作和多样性的措施适用，对司法权的服务保障功能提出了更多的要求。破产重整中的司法权应当发挥主导重整程序进程的职能，为众多利益主体提供程序保障。

重整计划是重整制度的核心，重整计划是重整期间的终点，也是重整计划执行期间的起点，实质意义上的重整活动才刚刚开始。从企业破产法关于重整程序的体系性考察来看，重整计划执行期间属于重整程序的一个部分，仍处于程序效力范围内。但重整期间和重整计划执行期间分属不同的阶段，

---

[1] 参见王欣新：《破产法》（第4版），中国人民大学出版社2019年版，第286页。

二者的功能和目的不同。重整计划执行期间的执行活动相较于先前的重整期间，其独立性已暴露无遗。正是由于重整计划执行期间是相对独立的阶段，重整制度的活力与价值才能得到充分展现。[1] 当重整计划进入执行阶段，债务人受重整计划效力约束，重整计划的本质虽是一种合同，但是其经司法程序审查通过并被赋予了一定的强制性。经法院批准的重整计划对所有受到影响的当事人均具有法律约束力，这一效力发生作用的方向在于，一方面促进各方主体积极推动重整计划的执行成功，另一方面使各方主体必须配合推动重整计划的执行。该终局性效力必须获得全面的尊重和执行，这一点对于重整计划执行程序的有效运作至关重要。因此，基于重整计划的属性以及重整计划执行程序的独立性，相较于重整期间，司法权在其执行过程中更应展现足够的程序效力。

在重整计划执行期间，减少监管、降低成本有利于推动债务人执行的积极性和效率，但要注意避免形成对债务人的放任和过度倾斜。破产重整为市场主体提供一个有质量的市场，进而通过法律的强制力促进市场机制发挥优胜劣汰的作用。[2] 相较于正常状态下的公司治理，重整计划执行程序中需要相对深入和广泛的司法介入和保障。在此阶段，债务人企业的债权债务关系清理等事项告一段落，法院集中于对重整计划执行的监督与保障。一方面，法院是司法审判的主体、引导程序的主角；另一方面，法院是程序的监督者。破产重整的生命力在于重整参与人所享有的意思自治。[3] 司法权不会直接介入债务人的恢复经营和正常执行，不会代替债权人等主体对重整计划中的权利义务进行实体处分和判断，但通过司法监督，保障债权人以方案执行实现权益，债务人依靠执行恢复重生。

2. 债务人作为法定执行主体

我国《企业破产法》第 89 条第 1 款规定，重整计划由债务人执行。"重整计划执行期间系受到重整计划契约效力约束的常态企业的运行阶段，与常

---

[1] 参见戢宁：《重整计划执行期间的独立性及规则完善》，载《华侨大学学报（哲学社会科学版）》2021 年第 1 期。
[2] 参见陈甦：《商法机制中政府与市场的功能定位》，载《中国法学》2014 年第 5 期。
[3] 参见何旺翔：《破产重整制度改革研究》，中国政法大学出版社 2021 年版，第 15 页。

态企业不同的是其组织行为和经营行为受生效的重整计划契约约束。"[1] 当重整计划获得批准时，债务人就已经实际"脱离"重整程序。债务人在重整计划执行期间必须做好三重角色：一是执行主体，作为法定执行人，依法履行职责；二是经营主体，作为恢复正常经营企业，积极在市场化之下重回正轨；三是义务主体，债务人是处于重整计划约束之下的自行管理，必须受到监督。作为配套机制，为保证债务人依法执行重整计划，重整计划执行程序应明确债务人的信义义务和对债务人执行的监督机制。

3. 管理人作为法定监督主体

重整计划的执行是一个复杂的社会性工程，为防止债务人或者其他人不当执行，保证重整计划顺利执行，维护债权人利益及实现重整目的，《企业破产法》设置了监督人制度，由管理人负责监督债务人的执行。《企业破产法》对管理人的监督职责规定比较笼统，面对从重整期间到执行期间的角色转换，可能出现管理人仍按照重整期间的全面管理模式来履职的监督过当，也存在管理人"退居二线"观念下的监督不到位。为解决重整计划执行期间管理人监督的过度或消极问题，应当对其监督权限、监督义务以及监督方式等问题予以完善。明确管理人监督义务和监督权限，划定"应为"和"可为"的边界，再辅之以监督方式、救济规则条款，有助于促进管理人依法履职，助力重整计划顺利执行。[2] 此外，在执行期间，管理人除履行监督职责之外，根据重整计划的安排和执行需求，部分情形下还可能需要管理人实际负责一定的执行工作，以及在部分程序事项上管理人应尽的审查、报告和申请等职责。

4. 府院联动机制的协调保障

重整制度不仅要清理债务人的对外债务，而且重在恢复其生产和经营能力，防止职工失业，维护经济和社会秩序稳定，体现出多元化的价值目标。[3] 充分落实重整程序中的政府责任是助力企业"涅槃重生"的关键，建立健全司法重整的府院联动机制亦是优化营商环境的明确要求。重整的意义在于通

---

[1] 钱宁：《重整计划执行期间的独立性及规则完善》，载《华侨大学学报（哲学社会科学版）》2021 年第 1 期。

[2] 参见薛恒：《论重整计划监督期管理人监督职权设置》，载《上海法学研究》2021 年第 9 卷。

[3] 参见叶敏：《公司重整管理人的法律地位与权责研究——从公司控制权的角度展开》，载《河池学院学报》2012 年第 4 期。

过债务重组或资产出售达到"起死回生"的目的。例如，重整方案多数涉及资产的转让与交易，可能由此产生纳税的义务，一旦税赋负担较高，无疑不利于重整计划的顺利执行，故为保障重整计划的执行，政府应提供税收等层面的政策支持和优惠，减轻困境企业负担，避免影响甚至阻碍重整计划的实施。[1] 大型企业集团的风险化解工作历经千难万险，企业在重整程序后，其商誉、管理层的公信力、客户资源的稳定性等都受到一定程度的影响，还会面临投资方面等诸多问题，在市场竞争中处于劣势地位。因此，府院联动机制在重整计划执行期间需要发挥更加有效的作用，政府在大型企业集团重整计划的执行上，从服务、稳定、发展等维度发挥协调保障职能，充分落实政府应当提供的公共服务和社会管理职能，重整计划执行期间进行职责分工（见图5-4），保障企业真正实现脱困重生。

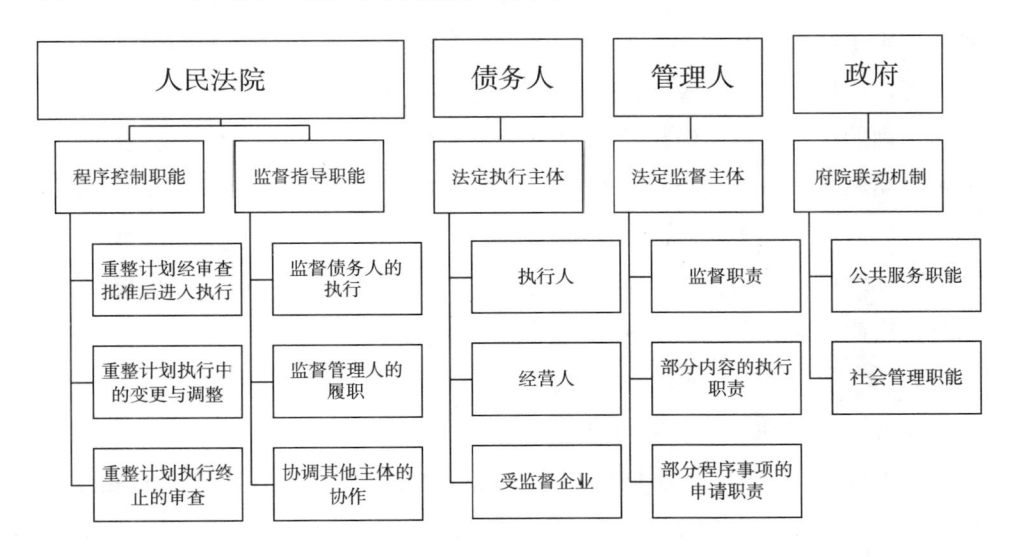

图 5-4 重整计划执行期间的职责分工

---

[1] 参见徐阳光、王静主编：《破产重整法律制度研究》，法律出版社2020年版，第161~162页。

(三) 重整计划执行的监督机制

1. 司法实践中重整计划监督的问题

重整计划执行作为重整计划的具体实施，是一个复杂的社会性工程，为防止执行不当，保证重整计划顺利实现，维护债权人利益及实现重整目的，企业破产法设置了监督人制度。但是，关于重整计划监督的现有法律规范较为简陋，未能根据重整制度的发展需求建立相匹配的重整计划执行监督体系，例如，立法仅规定由管理人监督重整计划的执行，若仅涉及债务人处分财产和清偿债务，由管理人监督尚可，但在重整计划内容复杂的情况下，单一主体履行监督职责在实践中则明显不足。还有，重整计划的执行不仅涉及债务清偿，还包括业务经营，监督事项复杂多样。实践中重整计划中对于监督内容一般未予明确，必然影响监督的效果。检索大部分重整计划，其监督部分仅根据法律规定的内容表述，未有针对性地明确监督内容以及方式等。此外，重整计划的执行应当明确执行完毕的条件和时间，但企业破产法规定的管理人监督期限，并未明确与执行期间、方案内容的衔接机制，容易出现重整计划执行与监督脱节的现象，导致监督职责的不到位。

因此，目前大型企业重整计划执行与监督机制的不协调，反映出重整计划监督法律制度供给不足。重整计划执行监督机制的完善成为亟须解决的问题。

2. 重整计划执行监督机制的综合考察

关于重整计划监督，不同的国家和地区立法不同。美国破产法规定债务人以及为执行重整计划而组建或代建的任何主体均应当遵守法院的所有命令，法律赋予法院一定的裁量权以确保重整计划的执行。[1] 德国法上，重整计划监督职责由管理人行使。按照《德国支付不能法》第 261 条的规定，实施监督是支付不能管理人的职责，监督期间，管理人每年应当向法院报告支付不能方案的执行情况及其进一步的前景，在选任有债权人委员会的情形下，还

---

[1] 参见[美]查尔斯·J. 泰步：《美国破产法新论》（第 3 版）（下册），韩长印、何欢、王之洲译，中国政法大学出版社 2017 年版，第 1317 页。

应向该委员会报告。[1] 还有的地区规定了专业重整监督人制度，法院选派法定必备监督机构，一般需为具有专业知识和经营管理经验的人员，以保证对重整计划监督的效率和质量。[2]

总结而言，监督机制的立法模式大致可分为三类：其一，以法院监督为主导；其二，管理人监督；其三，设立专业重整监督人。我国采取管理人监督的立法模式，不同模式各有其优势，法院监督有利于赢得各方主体的信任，推动执行。管理人监督的优势在于其对债务人情况的熟悉和对重整计划的了解，能够进行全面监督。而专业重整监督人模式中的重整监督人能够利用专业知识和经验对重整计划，尤其是对其中的业务经营方案给予有效的监督和帮助。因此，在大型企业集团重整案中，应当综合利用各监督模式的优势，完善多元监督体系，以充分发挥监督作用。

3. 重整计划执行监督机制的完善

第一，在监督主体层面，根据我国《企业破产法》的规定，由管理人监督重整计划的执行，债务人负有向管理人报告的义务。就重整计划的执行内容而言，对于清偿方案的执行，管理人监督效果明显，而对于经营方案来说，更依赖于重整企业的市场化经营，完全管理人则力有不逮。故，本书认为应该完善监督主体的构成，在巩固管理人作为法定监督主体的基础上，进一步丰富多元化的监督主体类型。进入重整计划执行期间，债权人仍是重要的主体。债权人在重整计划执行期间的类"投资人"属性，与原出资人、重整投资人一道行使投后权利，作为监督主体理所当然，关键在于为其提供必要的监督机制和路径。

此外，设立专业重整监督人的模式在大型企业集团重整中值得借鉴。实际上，美国破产法在以法院监督为主导的模式下，亦重视专业监督机构的设置及其作用。除小型企业重整外，所有商事重整案件均须指定设立无担保债权人委员会，其成员由联邦托管人指定，委员会成员对其所代表的债权人负有信义义务，在总体上监督重整案件的进程。此外，联邦托管人还可以指定

---

[1] 参见崔明亮：《破产重整计划执行法律问题研究》，载《中国政法大学学报》2018年第2期。
[2] 参见王欣新：《破产法》（第4版），中国人民大学出版社2019年版，第334页。

设立额外的特种债权人委员会或股东委员会，代表不同的群体利益。[1] 专业重整监督人缘于其本身的业务素养、时间优势以及独立性，在面对重整计划的专业性和复杂性上，有利于监督作用的有效发挥。尤其是对于大型企业集团破产处置中复杂的业务经营计划，因其专业性强，既具备足够的监管能力，也可以在经营方案执行中提供经验帮助和指导，提高执行的有效性。

第二，在监督内容层面，重整计划主要包括两部分内容，分别是对企业债权债务关系的解决和对企业经营的重整挽救措施。[2] 这决定了监督的主要内容包括以下方面。其一，清偿方面，"破产法作为程序法，是债权人寻求对债务人财产'公平'分配的团体清理程序的依据"[3]。对债权进行概括清偿是破产程序的主要功能和目的，监督的首要内容便是清偿方案执行情况，包括重整计划中各类债权的清偿时间、顺序等工作情况，以及各类偿债资源的信息。其二，经营方面，重整的理念在于"商事企业的生存要比死亡更有价值，即企业的营运价值要高于企业被强制清算的价值"[4]。债权人等主体能够支持重整计划的原因在于信任债务人经过重整存在比清算有更高预期收益的可能，而这大多取决于重整经营方案的成功性。重整经营方案的妥善执行便应作为重点监督内容，不仅包括业务调整，还包括进展情况和相应的财务状况等。其三，履责方面，债务人、管理人在执行中应依法履行相应职责和义务，具体的履行情况便成为监督对象。

第三，在监督方式层面，重整计划执行的监督期内，债务人应向管理人进行报告，管理人在监督期满后向法院提交监督报告。报告是法律明文规定的监督方式，债务人应当履行报告义务，以信息披露的方式主动报告执行情况以及重要事项，定期提交执行报告。管理人应当对债务人的报告履行监督职责，并形成相应的监督报告，向法院报告，并接受债权人等利害关系人的监督。而查阅权作为知情权的重要实现手段，应当作为重要的监督手段予以

---

[1] 参见［美］查尔斯·J. 泰步：《美国破产法新论》（第 3 版）（下册），韩长印、何欢、王之洲译，中国政法大学出版社 2017 年版，第 1162 页。

[2] 参见王欣新：《破产法》（第 4 版），中国人民大学出版社 2019 年版，第 310 页。

[3] 邹海林：《重整程序未申报债权的救济问题研究》，载《法律适用》2022 年第 8 期。

[4] ［美］查尔斯·J. 泰步：《美国破产法新论》（第 3 版）（下册），韩长印、何欢、王之洲译，中国政法大学出版社 2017 年版，第 1130 页。

保障。在重整计划执行期间，对于债务人执行报告、管理人监督报告、债务清偿情况、债务人与重整计划执行有关的财务和经营状况等重整计划执行所必需的材料，相关权利主体、监督主体有权查阅。

三、衍生问题管理

当大型企业集团发生债务风险，不仅影响企业集团内部生产经营，并容易引发产业链上下游的连锁反应，对社会生活影响较大，容易引发大量衍生问题，影响民生和社会稳定，在大型企业集团破产处置的过程中，尤其需要注意加强对衍生问题的管理，确保风险的一揽子化解和整体救治。破产法的核心功能在于其作为概括的债务清理机制，能够促进效率以及分配正义的实现。[1] 大型企业集团破产程序的进行，往往会出现一系列有关债务人的诉讼纠纷，对破产案件的审理带来重要影响。对相关衍生纠纷的处理，牵制着大型企业集团挽救工作的进展。例如，中科建设开发总公司业务分布全国26个省份，涉诉涉执案件达460余件。[2] 而破产法规定有关债务人的诉讼由破产受理法院集中管辖，给审理法院带来极大的审判压力，影响了破产程序的推进，有必要在厘清集中管辖规则的基础上，统筹推进大型企业集团的破产处置工作和衍生纠纷化解。

（一）集中管辖规则的厘清

1. 破产衍生诉讼的集中管辖

《企业破产法》第21条规定，人民法院受理破产申请后，有关债务人的民事诉讼，只能向受理破产申请的人民法院提起。之所以对有关债务人的民事诉讼的管辖问题作出不同于一般民事案件的规定，主要是为了提高破产程序的效率，便利破产案件的审理。在破产程序进行中有关债务人的民事诉讼，如果分别由不同的法院来审理，难以协调其与破产案件的审理进度，增加破产案件审理的难度，影响破产程序的顺利进行，故有必要将这些诉讼集中于

---

[1] 参见［美］查尔斯·J. 泰步：《美国破产法新论》（第3版）（上册），韩长印、何欢、王之洲译，中国政法大学出版社2017年版，第4页。
[2] 参见《获奖案例｜中科建设开发总公司预重整转重整案》，载微信公众号"上海破产法庭" 2023年5月16日，https：//mp.weixin.qq.com/s/k8TecOZAgOH6GJIUThM9IA。

审理破产案件的法院一并审理。这是《企业破产法》规定破产案件集中管辖的法理依据。

在案件类型上，没有区分性的限制，只要是有关债务人的民事诉讼只能向受理破产申请的人民法院提起。至于"有关债务人的"一般应当理解为债务人在该诉讼中具有独立的诉讼请求。有独立的诉讼请求属于诉讼法上的概念，即债务人对于诉讼标的有独立的诉讼请求。因此，案件是否系"有关债务人的"，既要从债务人的诉讼地位的形式上来看，也要从债务人与诉讼标的的权利义务关系的实质上来看。

2. 重整计划执行期间的集中管辖规则

根据《全国法院民商事审判工作会议纪要》第113条的规定，重整计划执行期间，因重整程序终止后新发生的事实或者事件引发的有关债务人的民事诉讼，不适用《企业破产法》第21条有关集中管辖的规定。除重整计划有明确约定外，上述纠纷引发的诉讼，不再由管理人代表债务人进行。

关于重整计划执行期间有关债务人诉讼的管辖问题。一种观点认为，重整期间只是破产案件整个审理期间的一部分，重整计划执行阶段仍属于破产案件审理期间。因此，重整计划执行期间有关债务人的民事诉讼，仍应适用集中管辖的规定。另一种观点认为，在重整计划执行期间，虽然法律没有明确破产程序终结，甚至还存在向清算程序转化的可能，但该期间的主要内容是债务人实施重整计划，确保重整目的的实现，法院除听取管理人的监督报告之外，基本无其他破产程序事项需要处理，在此意义上，继续由破产受理法院集中审理有关债务人的民事诉讼案件，尤其是新事实或者事件引发的诉讼已无太多必要。[1]

鉴于《全国法院民商事审判工作会议纪要》的规定中仅强调了因重整程序终止后新发生的事实引发的诉讼不适用集中管辖，故对于重整计划执行期间的集中管辖适用规则，仍应当结合破产法的规定进行。第一，从破产法关于集中管辖的时间上看，《企业破产法》第21条规定了集中管辖的开始时间是人民法院受理破产申请后，即进入破产程序后适用集中管辖，而集中管辖

---

[1] 参见最高人民法院民事审判第二庭编著：《〈全国法院民商事审判工作会议纪要〉理解与适用【条文·释义·原理·实务】》，人民法院出版社2019年版，第572~573页。

的结束时间亦应根据破产程序的结束时间而定。具体到重整程序，人民法院裁定终止重整程序后，重整程序已经结束。重整计划执行阶段与重整期间是不同的概念，重整计划执行阶段是为了执行重整计划，如前所述此时债务人已经逐步恢复正常经营，已不处于重整程序之中，即使存在执行不能转为破产清算的可能性，也并非恢复到重整程序。因此，重整程序中集中管辖适用于重整期间，重整程序终止之后，已不属于集中管辖适用期间。第二，从集中管辖的目的上看，前文明确了其法理依据，具体到重整计划执行期间，债务人企业的债权债务关系清理告一段落。在此期间除了执行重整计划之外基本已无重整事项需要处理，故一般不存在影响重整程序效率和重整程序顺利进行的问题，在此意义上，继续由破产受理法院集中管辖衍生诉讼已没有必要。例如，债务人对外追收债权引发的诉讼，如果事实发生在重整程序终止之后，自然属于债务人正常经营过程中发生的事项，与重整无关。即使事实发生在重整期间，债务人在重整计划执行期间对外追收债权，仅涉及债务人财产的变化，并不会引起重整计划执行上的变动，不影响对债权人的清偿，故对重整程序并无影响，亦无协调审理的必要，而且从便利当事人的角度来看，也有利于减少债务人的对方当事人的诉累。除非出现引发诉讼的事实发生于重整程序终止之前的诉讼，与已完成的重整程序密切相关，由审理重整案件的法院协调处理更为适宜，能够更好统筹协调处理有关重整案件的实体争议，避免对重整程序产生重要影响，可以例外考虑进行集中管辖，如此安排也符合破产法规定集中管辖的立法目的。除此之外，原则上应不再适用集中管辖。例如，最高人民法院在（2019）最高法民辖14号江苏国安建筑安装工程有限公司与大庆油田建设集团有限公司、中国石油四川石化有限责任公司建设工程施工合同纠纷一案中指出："本案中，国安建筑公司重整计划执行期间的主要工作系债务人执行重整计划，并由管理人进行监督和报告，并无证据表明大丰法院有关破产重整案件的审理工作仍在进行，本案作为在破产重整执行期间新发生的有关债务人的民事诉讼，并无与国安建筑公司破产重整案件审理相协调的必要，故本案国安建筑公司提起的建设工程施工合同纠纷不应适用《中华人民共和国企业破产法》第二十一条的规定。"[1]

---

[1] 最高人民法院民事裁定书，（2019）最高法民辖14号。

因此，人民法院裁定批准重整计划、终止重整程序以后，进入重整计划执行阶段，债务人过渡到正常经营状态，有关债务人的民事诉讼可以按照普通民事诉讼的规则确定管辖。另外，人民法院裁定批准重整计划后，已接管财产和营业事务的管理人应当向债务人移交财产和营业事务，故新事实引发的纠纷也不再需要由管理人代表债务人进行处理。

（二）衍生问题的影响

破产法可以通过引导当事人通过有效的协商和集体行动去达到具体个案中资源的优化配置。[1] 利益诉求的多样性是大型企业集团破产程序中的一大特点。破产衍生诉讼纠纷，不同于一般性的民事诉讼纠纷，不仅仅涉及诉讼双方的纠纷利益，因此应放在破产程序的概括清偿关系中考虑，不仅需要考虑个案中的利益，还要考虑在破产整体中的利益实现。这种考虑导致有些纠纷的产生并非解决具体问题的需要，而是要在破产程序中占得先机或有利地位。在大型企业集团破产处置中，如果产生大量的破产衍生纠纷，不仅影响着重整、和解的财产基础，而且相应地会影响着与债权人的有效协商及其支持态度。如果利害关系人之间的矛盾纠纷无法有效化解，便无法形成推动债权人和债务人朝着债务清偿和企业挽救有机统一的方向共同努力。

大型企业集团因企业规模、继续经营等问题，引发的衍生诉讼可能更多。实践中大型重整案件的衍生诉讼甚至多达成千上万件。破产衍生诉讼的类型多元，案由涉及面广，从实践中的普通诉讼案由来看，破产企业涉及的房地产类纠纷、劳动争议、金融借贷纠纷以及各种商事合同纠纷等案由较多，这些纠纷属于相应的专业审判领域，裁判规则和法律规范有其各自的特点且不断发展，无论是案件审理还是法律适用都较为专业。而破产程序是集中处理债权债务的概括清偿程序，破产案件受理法院并不能直接裁判处理实体上的争议，而是要通过破产程序之外的衍生诉讼程序审理。破产审判主要是通过程序监督指导，与上述纠纷的诉讼审判属于不同审判类型。且破产衍生诉讼相关的争议大多是债务人在进入破产程序前的管理或者经营造成的纠纷，实

---

[1] 参见高丝敏：《破产法的指标化进路及其检讨——以世界银行"办理破产"指标为例》，载《法学研究》2021年第2期。

际上破产程序中一般并不会直接产生这些争议。进入破产程序，这些纠纷事实及其审理并无变化，只是破产程序的效力将原本的给付义务调整为确认权利，而后通过破产程序统一分配。因此结合这样的特征，此类纠纷还是应当交由相应的审判领域和审判组织加以处理。否则将给破产审判带来巨大压力，不利于破产挽救工作的针对性开展。

破产衍生诉讼纠纷具有不同于一般性纠纷的复杂性和多样性，但正是此种特性中蕴含了多元化解的制度基础。破产衍生诉讼纠纷的争议主体的特殊性、客体的复杂性、利益诉求的多样性及其与破产程序的协调关系，决定了其对争议解决方式的多样性的内在需求。在解纷多元化和审判专业化交相发展上，此种纠纷的复杂难易程度的分化、争议实质形式的矛盾亦与繁简分流的逻辑基础不谋而合，类型化的有效区分也防止了多元化解适用的碎片化。实践表明，只有灵活多样的纠纷解决方式，才能满足破产程序中不同利益主体的争议诉求，有效化解不同类型诉讼纠纷。多元化解机制能避免产生大量纠纷，进入诉讼的亦可有效分流审理。在此基础上，引导债权人、债务人、管理人各方主体合作互动，一致朝着推进破产工作，公平处理债权债务的方向上努力，并不断降低纠纷解决成本，实现债权人利益的最大化。

（三）衍生诉讼的多元化治理

在破产领域，有必要根据破产审判的实际需要和程序特点，构建符合破产衍生诉讼纠纷特性与规律的纠纷多元化解机制。衍生诉讼的妥善化解能够较大程度实现各方利益的平衡，为大型企业集团的挽救挖掘出更多的价值和机遇。

1. 纠纷调解预防

多元化的纠纷解决是相对于诉讼而言，希望以诉讼外的纠纷解决方法来替代诉讼解决方式。[1] 最高人民法院《关于人民法院进一步深化多元化纠纷解决机制改革的意见》中首先强调了建设功能完备、形式多样、运行规范的诉调对接平台，畅通纠纷解决渠道，引导当事人选择适当的纠纷解决方式。相对于诉讼而言，调解平台引导当事人选择非诉讼方式解决适宜的破产衍生

---

[1] 参见张卫平：《"案多人少"问题的非讼应对》，载《江西社会科学》2022 年第 1 期。

诉讼纠纷，可以充分发挥社会力量的专业化、职业化以及中立性的优势和作用，以推动更多法治力量向引导和疏导端发力。

破产衍生诉讼纠纷多元化解平台的构建成为首要的问题，依托于现有的破产管理人协会组织，以行业协会发挥集体作用的方式，构建破产管理人行业调解平台，可以利用行业协会集聚的各中介机构的专业力量和行业经验，有针对性地开展调解工作，有效提高纠纷化解的专业性和质量。同时，加强破产管理人协会多元化解平台运行的业务监督和指导，也有利于创新破产管理人监管机制，规范行业履职。南京破产法庭于 2023 年 7 月率先推动成立江苏省首家市级企业破产公共服务中心。南京市企业破产公共服务中心作为线上、线下相融合的"一站式"破产公共服务的综合工作平台，其功能包括在线下实体化平台，结合公共法律服务体系建设，为困境企业及其利害关系人等市场主体，现场提供破产公共法律服务，完善社会治理体系，在实践中不断发挥作用，成为破产衍生纠纷多元化解的一个重要平台。

2. 示范诉讼化解

因为破产衍生诉讼纠纷数量在部分类型上相对集中，容易出现群体性纠纷、批量案件，所以应当对此有针对性地在疏导端发力。例如，江苏省高级人民法院 2017 年 9 月 5 日出台的《关于深入推进矛盾纠纷多元化解和案件繁简分流的实施意见（试行）》第 44 条中规定，对于涉及同类诉讼的批量案件，选取一个或数个具有示范意义的典型案件进行审判，形成判例或调解方案后，带动系列案件或群体性民事、行政案件批量高效解决。参照这种选取具有示范意义的典型案件进行审判的方式，有助于系列案件的高效化解。所谓示范诉讼，指某一诉讼之纷争事实与其他（多数）事件的事实大部分相同，该诉讼事件经由法院裁判后，其结果成为其他事件在诉讼上或诉讼外处理的依据，此判决可称为示范判决。[1] 如果批量纠纷以大量的单独诉讼出现，将导致案件整体体量庞大，且因为相同事实的重复审理、认定而导致诉讼资源浪费、当事人诉累增加。而示范案件给纠纷当事人带来可观的诉讼结果预期，引导其后续程序和处理，可以有效促进当事人诉讼外解决纠纷和预防群体性纠纷的发生。在破产衍生诉讼中，常见的群体性诉讼因纠纷一方当事人类型的相

---

[1] 参见杨严炎：《示范诉讼的分析与借鉴》，载《法学》2007 年第 3 期。

同性，纠纷事实争议也具有类似性。例如，涉房地产企业集团破产案件中，一个项目可能就存在数百户小业主类型当事人，焦点主要在于合同的解除以及逾期交房违约金等方面，因此有较大的示范诉讼适用空间。

3. 繁简分流审理

经过上述的引导和疏导化解方式，对于仍进入诉讼程序的各类型破产衍生诉讼，繁简分流机制可以发挥相应作用。繁简分流不仅仅停留在审判理念层面，更是要落实到具体程序展开上。破产衍生诉讼给审理法院带来的审判压力，必然要求繁简分流机制作用的有效发挥。针对破产衍生诉讼开展繁简分流契合破产衍生诉讼纠纷复杂难易程度两极分化的特点，亦能够满足对效率的特别诉求。根据程序相当性原理，审判程序的适用以及审判组织的配置均应当根据案件的需求进行合理的匹配。据此，繁简分流根据案件的难易程度加以程序配置，导入相应的审理程序，安排相应的审理组织，确保"简案快审，繁案精审"。而繁简分流亦是优化营商环境关于"办理破产"的重要内容，破产审判也要突出"简案快审"的要求，进一步提高简易审的适用比例。

4. 行业标准指引

由于行业协会的指导地位，其行为通常对行业内部具有示范和指引效用。一方面，行业成员可据此对类似行为的结果预见与判断，从而检视与规范自身行为，避免不利后果的出现；另一方面，行业协会也可将纠纷解决中各方产生的共识、经验上升为行为准则，以完善行业制度。[1] 破产领域的纠纷多元化解机制，一方面将破产管理人行业的专业力量吸收进来，广泛吸纳资源，使其作为行业主体更加有效地参与到纠纷化解中；另一方面通过发挥破产管理人协会的指引作用，规范指导管理人的工作，提高履职规范性和统一性，减少矛盾纠纷，保障程序推进。

破产管理人协会可以发挥行业指导作用，通过制定完善的行业规范、工作指引，将破产工作中需要明确的规则以及实践积累的经验上升为行业标准，对管理人的工作予以指引，不仅能够指导管理人依法妥善开展破产工作，严格依法规范履职，避免因履职不规范而产生的破产争议纠纷，也能够帮助一般当事人认识理解破产，从源头上减少一些不必要的纠纷。以债权确认工作

---

[1] 参见熊跃敏、周杨:《我国行业调解的困境及其突破》，载《政法论丛》2016年第3期。

为例，破产管理人协会可以出台债权审核指引，将管理人依法审核债权的工作标准化，明确统一工作方法和审查规则，在保障合法性的同时避免因各管理人水平差异而产生相关纠纷，也可以赢得债权人更多的理解和认可。例如，南京破产法庭依托于南京破产审判"一庭三会"[1]的专业化发展格局，与南京市破产管理人协会在破产业务交流、履职规范指导等方面积极合作，推动协会出台破产管理人相关工作指引等行业标准，通过破产管理人行业的规范化，提高南京地区破产管理人履职水平，在减少矛盾纠纷的同时促进破产工作，有力推动南京破产审判不断发展。[2]

---

[1] 南京破产审判开创性地打造了以南京破产法庭为龙头，连同南京市法学会破产法学研究会、南京市破产管理人协会、金陵破产管理人援助基金会的"一庭三会"专业化发展格局，成为全方位推动南京破产审判发展的特色平台。

[2] 参见姚志坚、王静、陆亚东：《破产衍生诉讼纠纷多元化解机制的构建与运行》，载《人民司法》2023年第7期。

第六章
大型企业集团破产处置视角下的府院联动机制

牢牢把握高质量发展这个首要任务，离不开一流营商环境的支撑，离不开破产制度基础性功能的发挥。"办理破产"是营商环境评价体系中的重要指标，也是一项具备系统性和集成性工作。破产案件涉及多方面社会权利、社会资源的配置和调动，特别是大型企业集团破产案件多具有利益主体多元化、矛盾纠纷复杂化、社会影响较大等特征，不仅牵涉债务企业与债权人之间的复杂债权债务关系，还涉及债务企业与金融、税务、工商、不动产等政府部门之间的错综复杂关系，要实现大型企业集团的顺利重生，需要政府在组织协调、维稳处置、招商引资、政策扶持等方面发挥作用。破产程序效益能否满足市场预期，让人民群众满意，需要司法机关、行政机关等各方协同发力，一体推进。应当看到，各地虽然相继建立了府院协调机制，但在一定程度上还存在相应制度规则不完善，常态化、稳定性不足，有的甚至流于形式，存在"联而不动、动而不畅"等问题。在此背景下，增强破产公共服务的供给，构建现代化破产公共服务体系，能够为大型企业集团破产提供更加全面的外部支持，同样也能有效提升办理企业集团破产处置的质效，进一步优化营商环境。

一、府院联动机制概述

根据政府管制经济学理论，在社会资源配置中，市场机制发挥着基础作用，但外部性造成市场失灵，需要政府管制。从某种意义上讲，政府管制可以视为政府向社会提供的一种特定公共产品。[1] 大型企业集团破产程序中会产生大量的衍生问题，如企业信用修复、破产税费优惠、上市公司监管联动等，作为具备公共服务职能主体的政府，应当积极履行政府职能，为企业再生提供服务。

（一）府院联动机制的制度价值

我国破产法是在计划经济体制向市场经济体制成功转轨的过程中诞生的。其间，破产制度也从《企业破产法（试行）》时期的"政策性破产"向《企业破产法》时期"市场化破产"转变。诚如学者所言，"破产法是一部社会外部性极强的实践性法律"[2]。在企业破产中，不仅涉及清理债权债务、破产财产分配、困境企业挽救等破产法的内生问题，还会产生许多诸如职工安置、企业信用修复、破产涉税减免等需要政府履行公共职责进行协调解决的社会衍生问题，其间需要中国人民银行、市场监督管理、税务、社保、公安、规划等行政部门的参与。特别是在当下推进供给侧结构性改革、化解产能过剩以及推动高质量发展、建设现代化经济体系、防范化解重大风险、发展新质生产力等更高要求下，需要政府从中调配各项社会资源，处理公共行政事务，增进社会整体利益。破产审判工作尤其是大型企业集团的破产处置离不开政府的支持，府院联动机制是否真正建立、是否有序开展、是否良性运行关系着整个破产程序是否合法、高效、有序，对优化营商环境、提高破产审判效率乃至维护社会公平正义而言具有现实的紧迫性，具体来说包括以下三点。

第一，建立破产府院联动机制是优化法治化营商环境的内在需要。"办理破产"是世界银行营商环境评估指标体系中十个一级指标之一，是提升资源配置效率，持续优化市场化、法治化、国际化营商环境的重要途径和内容。法治是最好的营商环境。党的十八大以来，以习近平同志为核心的党中央高度重视法治化营商环境建设，各地政府也将营造稳定公平透明、可预期的法

---

[1] 参见丁燕：《上市公司重整中行政权运行的偏离与矫正——以45家破产重组之上市公司为研究样本》，载《法学论坛》2015年第2期。
[2] 王欣新：《府院联动机制与破产案件审理》，载《人民法院报》2018年2月7日，第7版。

治化营商环境作为推进政府职能转变，构建公平高效、开放统一市场环境的重要抓手。破产本质上是市场经济优胜劣汰的结果，对维护社会市场经济秩序有重要作用。建立常态化破产府院联动机制，将有效推动办理破产的优化提升，着力营造稳定、公平、透明、可预期的法治化环境，加快形成市场化、法治化、国际化一流营商环境，更好保护企业和人民群众合法权益，让各类市场主体放心投资、安心经营、专心创业、舒心生活。

第二，建立破产府院联动机制能够有效提高破产审判效率。破产审判工作中不仅仅要解决各种法律问题，还涉及大量的需要政府部门处理的行政事务。和其他案件审理可以由法院从立案、审理、判决到执行形成完整的闭环不同，破产案件审判过程中需要解决很多行政性事务。如税务、市场监督管理和行政审批等大多数本来就属于政府职责范围内应予以解决的问题或提供的公共服务。从各地实践可以看出，充分发挥府院联动机制的作用能够有效破除制约市场化处置破产企业债务的障碍，集合各方力量，协同提升、规范畅通，健全行政服务体系和公共法律服务体系，有效解决破产实践中存在的行政司法执行"搁架"、矛盾协调不畅等问题，对于推进大型企业集团破产处置特别是助推重整进程有着更为重要的作用。

第三，建立破产府院联动机制是维护社会利益的必然要求。破产案件的审理是法院的职权领域，而企业破产案件处理中涉及或衍生的社会问题的解决，则是政府的职责领域。破产法的功能在于"一揽子"解决企业债权债务问题。企业进入破产程序后，会涉及金融机构债权人、经营性债权人、担保债权人、普通债权人以及企业职工、出资人等各方当事人的利益，这些问题本身具有相当的公共性，一旦处理不当，极易引发群体性、突发性事件，在此过程中，政府维护社会稳定的职能是必不可少的。这决定了破产审判工作尤其是大型企业集团的破产处置离不开外部支持。充分发挥地方政府在风险预警机制、联动机制、资金保障机制、维稳处置等方面的作用，特别是对于存在职工维稳需要的案件中，依靠党委政府的支持，积极疏导并化解矛盾纠纷。有条件的地方，可通过政府设立的维稳基金或鼓励第三方垫款等方式，优先解决破产企业职工的安置问题，更好地保护公共利益。

（二）府院联动机制的实践探索

"府院联动"的内涵，最早出现在温州市政府 2014 年 7 月发布的温政办〔2014〕90 号文。该文提出"建立企业破产处置工作联席会议制度，将市企业破产处置工作领导小组下设办公室与市处置办进行整合，实行'三办合一'集中处置"。同时，该文件对与破产相关的税务、信用调整、财产处置、工商注销等作了规定。2016 年 6 月 24 日，浙江省促进企业兼并重组工作部门联席办公室联合浙江省高级人民法院等厅局发文出台《关于处置"僵尸企业"的指导意见》，系首次在省级层面提出建立府院联动机制文件。该意见提出"各市、县（市、区）政府要主动与法院建立府院联动机制（或协调机制），积极对接最高人民法院和省高院有关市场化、法治化、常态化破产审判工作的部署"。

南京市将破产审判作为党委、政府、法院和社会各界积极参与的一项系统性、综合性工程，通过高位协调、上下联动、重点突破等方式。南京市中级人民法院南京破产法庭（以下简称南京破产法庭）先后与 11 个相关政府职能部门会签文件，构建"市区两级全覆盖、重点领域全覆盖"的"1+N"府院联动机制。南京市中级人民法院与国家税务总局南京市税务局优化破产涉税办理，率先制定《破产清算程序中税收债权申报与税收征收管理实施办法》，建立与税务部门的联席会议机制，明确税收债权申报、非正常户解除、房产定向询价等具体实施流程，在破产涉税领域取得"破冰"性进展。破解破产涉不动产难题，着重解决破产涉不动产处置中管理人履职难、解封难、过户难、容缺登记等问题。明确管理人具有调查、管理和依据破产财产变价方案处分破产财产的法定职责。支持困境企业再生，注重为破产重整或和解的企业实现信用修复，在税务、市场监管、金融等领域助力重生企业发展。南京破产法庭与市税务局、市场监督管理局、中国人民银行南京分行营业管理部等相关部门建立多项机制，帮助重生企业的纳税信用、工商信用、金融信用修复。南京破产法庭畅通企业融资途径，推动金融机构就重整、和解后企业的合理融资需求提供融资支持。南京破产法庭发布《关于强化上市公司重整指导协作 合力提升挽救效能的实施意见》，率先构建上市公司重整全流程协调联动"六项机制"。南京破产法庭建立健全打击逃废债的常态化工作机制，与金融机构、公安机关等强化信息共享，支持管理人追查财产线索，联动金融机构建立逃废债黑名单制裁机制和风险监测机制。同时，市财政拨款200万元成立南京市金陵破产管理人援助基金会，作为设立金陵破产管理人援助基金会的启动资金，多渠道筹措破产经费，持续发挥援助基金保障作用，激发破产管理人工作积极性。

可以看出，府院联动机制通过实践证明了其价值，地方试行的府院联动机制被认为是值得推广的做法，并被逐步上升为政策乃至行政法规。在党中央关于供给侧结构性改革、僵尸企业处置和营商环境优化建设的战略安排和政策要求下，府院联动机制在顶层设计上取得了重大突破。

2018年11月，国家发展和改革委员会、工业和信息化部、财政部、人力资源和社会保障部、自然资源部、中国人民银行、国务院国有资产监督管理委员会、国家税务总局、国家市场监督管理总局、中国银行保险监督管理委员会、中国证券监督管理委员会联合发布了《关于进一步做好"僵尸企业"及去产能企业债务处置工作的通知》，第六部分第1条明确提出"鼓励各地方建立政府法院协调机制"。同时第一部分第2条指出："发挥好政府引导作用。完善与债务处置相关的各项制度与政策，加快建立激励与约束机制，为债务处置创造良好的政策与制度环境；同时加强组织、引导和协调工作，对国有企业中的'僵尸企业'和去产能企业要制订债务处置计划并限期完成，推动金融机构和企业积极开展债务处置。"

2019年6月22日，国家发展和改革委员会、最高人民法院、工业和信息化部、民政部、司法部、财政部、人力资源和社会保障部、中国人民银行、国务院国有资产监督管理委员会、国家税务总局、国家市场监督管理总局、中国银行保险监督管理委员会、中国证券监督管理委员会联合发布《加快完善市场主体退出制度改革方案》，第四部分第3条明确提出"加强司法与行政协调配合"，一是完善司法与行政协调机制。地方各级人民政府应积极支持陷入财务困境、符合破产条件的企业进行重整或破产清算。鼓励地方各级人民政府建立常态化的司法与行政协调机制，依法发挥政府在企业破产程序中的作用，协调解决破产过程中维护社会稳定、经费保障、信用修复、企业注销等问题，同时避免对破产司法事务的不当干预。二是明确政府部门破产行政管理职能。在总结完善司法与行政协调机制实践经验的基础上，进一步明确政府部门承担破产管理人监督管理、政府各相关部门协调、债权人利益保护、特殊破产案件清算以及防范恶意逃废债等破产行政管理职责。

特别是在 2019 年 10 月 22 日，国务院发布的《优化营商环境条例》中，首次在国家层面以行政法规的形式明确地方人民政府应在破产工作中有所作为，规定"县级以上地方人民政府应当根据需要建立企业破产工作协调机制，协调解决企业破产过程中涉及的有关问题。"这一条款的规定系国家在顶层制度设计的角度对府院联动机制的肯定，为府院联动机制的进一步开展提供了法律依据，对府院联动机制的进一步完善具有重要意义。

从个案协调到建章立制，从市场监督、税务等到公安、国土等部门，府院联动机制中的行政职能从公共服务延伸到了维稳、社会管理，发生机制从政府推动演变为回应市场（管理人）需求。伴随着破产市场化走入深水区，现有府院联动机制的问题也逐渐显现。

（三）现有破产府院联动机制存在的问题

目前我国有关破产法市场化实施特别是有效推进大型企业集团破产处置的各种配套法律与制度远未建立完善。现行大多数制度都是按照企业持续正常经营而设计的，对破产企业的规定较少，相关立法与制度的供给存在明显不足，在实施过程中存在地方事权不足、覆盖面较窄等问题，未能充分发挥破产制度的功能价值。具体来看主要包括以下问题。

第一，现有破产府院联动机制文件的内容多为宣示性，缺乏具体操作规范，导致运行效率低。在我国早期企业破产中，政府扮演了主要角色，通过推进政策性破产对部分国有企业进行处置，以行政手段完成资源的重新配置及对企业职工的安置。在《企业破产法》（试行）中，企业整顿由企业上级主管部门负责，破产清算组成员也由政府相关部门人员组成，企业破产全过程具有浓厚的行政主导色彩。破产的时间和成本直接影响企业价值能否最大化。随着经济社会发展，政府主导企业破产的效率降低且政府对于公平清偿程序介入过多，现行《企业破产法》及相关法律并未从制度上对司法和行政的协调做出安排，直接影响到破产效率及成本。为解决破产实践中的问题，有效划分政府和法院职能，提高企业破产处置效率，破产府院联动机制诞生。但应当看到，现有的府院联动机制多为宣示性的，违反责任规定的缺失严重影响机制存在的价值，一些与破产相关的法律和制度往往仅着眼于对正常经营的常态企业的调整，而缺乏对处于困境企业进行常态化调整的理念和措施，直接减损了企业出清和重生的效率。以信用修复为例，已经有相当多的政策性文件均提出要解决信用修复问题，但在实际操作层面却缺少细化的操作指引。加之破产所涉行政事务多为发生频率较低的边缘性事务，不适用普通操作流程，大多数具体执行行政事务的工作人员对情况不熟悉，致使出现相关部门拒绝或者消极配合管理人开展信用修复工作的情况，严重影响企业重生。目前，行政机关大多通过内部操作系统处理行政事务，系统主要由省级主管部门进行维护。相关部门缺乏更新系统的动力，部分破产事务需要个案化、纸质化处理，部门内逐层流转，效率大打折扣。

第二，现有破产府院联动机制文件与立法环节的衔接不到位。"府院联动"是在当下破产法相关体制机制不完善情形下，为推进破产程序，特别是破产重整程序顺利进行的一种"权宜之计"。[1] 各地破产案件的处理多数仍需采用"一事一议"的处理方式。从某种意义上讲，目前实践中的府院联动在许多方面还是更接近于非制度化的个案解决方式，能否协调解决问题则取决于人的态度而非制度，具有较大的不确定性。而且府院联动的运行效果因破产主体、破产阶段、所涉领域、地域范围不同存在差异。这种以具体行政机构领导为主导的协调机制受个人风格影响较大，很可能由于职务调换而导致原有的方案难以继续，成功经验难以积累和推广。另外，对于需要立法才能解决的问题，府院联动机制往往无能为力。例如，债务企业重整成功后，涉及复杂的企业所得税征收问题，地方职能部门囿于没有法律或行政法规的授权，裹足不前，需通过立法才能解决。同时府院联动机制因缺乏法律或行政法规刚性的约束，无法对相关职能部门履职不当或怠于履职的作出处理。

第三，现有破产府院联动机制文件未彰显现代破产法的事前预警功能。府院联动机制一旦形成一个成熟稳定的制度，它所起的作用不仅仅是对破产企业的最终处置，更应发挥事前预警的功能。企业经营过程中充满着商业风险，现有府院联动机制多是在企业破产后才开始介入，缺少事前预防机制的构建，免救企业的成本较大。实际上，在企业经营出现异常时，如企业税收

---

[1] 参见徐阳光、王静主编：《破产重整法律制度研究》，法律出版社2020年版，第296页。

减少、贷款偿还困难等，政府可以充分利用信息化手段，对企业债务风险进行动态监测、精准识别。具体来说，市场监督管理部门可以对企业经营信息、相关数据是否正常提供数据；地方金融监管部门等可以对企业涉及的金融风险及早发现；国有资产监督管理部门可对国有企业的债务风险及时发现；证券监督管理部门则可对上市公司的困境尽早处置；其余部门也可能发现企业经营异常的信号，如劳动争议机构、社保部门及医保部门，可以及时发现企业存在欠薪、欠缴社保医保等问题，住建部门会及时发现房地产企业面临的经营困难。良性的府院联动机制能够为企业建立预警机制，及时提醒企业运用破产重整等挽救手段，避免企业突然爆发危机导致挽救成本过大。在良性的府院联动机制运行基础上，政府职能部门及时介入，了解企业的实际困难，在不违背市场机制的前提下，对企业提供帮助，为企业竖起一道防火墙，可以让其能够继续健康存续。

（四）破产府院联动机制的发展趋势

法治是最好的营商环境。"办理破产"作为世界银行营商环境评估（Doing Business，以下简称 DB 项目）中的重要指标，为破产法律框架和运行质效提供了重要参照标准。2023 年，世界银行正式发布新项目《方法论手册》取代 DB 项目，新项目名称为营商环境成熟度（Business Ready，以下简称 BR 项目）。也有学者认为将新项目翻译为"营商环境供给"更能体现项目内在的法治指向。[1] BR 项目评价指标共设包括办理破产在内的 10 个分类指标，并对每个指标从规范框架、公共服务、整体效率三个维度作出综合评价。

世界银行 BR 项目指标倡导提供更高质量的破产公共服务，这也是破产府院联动机制未来完善和发展的趋势。一方面应当客观看待世界银行营商环境评价，将指标导向内化成适应我国实际情况的改革趋势；另一方面，不应忽视破产公共服务对象，即市场主体的满意度，实现政治效果、社会效果、法律效果相统一。在实践中，各地正在探索现代化的破产公共服务供给，也为我国府院联动机制的发展提供实践经验。例如，2022 年温州市成立破产事务

---

[1] 参见李曙光：《世界银行营商环境新指标的法治内涵及制度价值》，载《中国政法大学学报》2023 年第 6 期。

管理处，这是继 2021 年成立的北京市企业破产和市场主体退出工作联席会议办公室、深圳市破产事务管理署之后的第三家专司破产事务管理的机构；厦门市在全国率先挂牌成立实质化运行的破产事务府院联动议事协调机构——破产事务工作专班，系以破产事务为核心、多部门协同为抓手的府院联动实质化运行平台；南京市在市级企业破产处置协调联动机制领导下，由南京市中级人民法院联合有关单位成立企业破产公共服务中心，旨在建立"一站式"服务平台以提升"办理破产"的集约度和便利度等[1]。以破产公共服务现代化为目标，应形成破产法与社会高质量发展、优化营商环境密切相关的理念，设立破产公共服务的主责机构，打造破产企业全链条的服务体系，提高效率及破产从业人员的专业化程度，[2] 为大型企业集团破产处置提供更多内外部保障。

二、市场化信用修复机制的构建

市场经济就是信用经济，社会信用体系是市场经济体制和社会治理体制的重要组成部分，世界各个国家和地区均非常重视对企业的信用、诚信度的监管与维护，无一不把信用体系建设当作经济发展的重要内容，我国也不例外。2022 年 3 月，中共中央办公厅、国务院办公厅印发《关于推进社会信用体系建设高质量发展促进形成新发展格局的意见》，提出推进社会信用体系建设高质量发展。企业信用不仅影响企业的融资能力和市场竞争力，还直接关系到企业的品牌形象、长期发展的可持续性和核心竞争力。近年来，我国社会信用体系建设虽然取得一定进展，但与经济发展水平和社会发展阶段不匹配、不协调、不适应的矛盾仍然突出，特别是能否对信用存在缺陷的破产企业进行信用修复，已经成为关系破产企业顺利重整的重要因素。大型企业往往在产业链的核心位置，研发、生产、销售等体量规模巨大，其信用建设关系到产业链价值体系的完善。近年来，大型企业集团风险频出，让很多金融机构对大型企业望而生畏，甚至不少中小金融机构会将大型企业尤其是民营企业排除在准入名单之外，使得企业投资发展举步维艰。积极回应大型企业

---

[1] 参见徐阳光：《中国破产法年度观察（2022－2023）》，载《法律适用》2024 年第 4 期。
[2] 参见李曙光：《破产公共服务现代化问题》，新发展理念视野下企业破产公共服务体系构建专题研讨会主旨发言，2023 年 7 月 28 日。

集团的信用修复需求，是助力大型企业集团参与市场竞争的重要保障。

(一) 破产信用修复的困境

信用修复是引导失信主体向善守信，为减少或退出惩戒所实施的一种救济手段，以保障主体信用记录准确、完整，减少或消除信用报告、档案中经济和社会等领域的不良信用记录为目的，是信用体系建设的一个重要机制。[1] 对于失信主体予以信用惩戒措施，是对市场主体信用权的合法限制，通过惩戒机制促使企业合法经营，迫使其不实施失信行为。但"在设计失信惩罚机制时，还要考虑给失信企业以生存空间和改过的机会，要合理'量刑'。失信惩戒机制的'量刑'是基于对企业进行威慑和教育的效果而设计的，使其尝到因失信而受到惩罚的严重后果，足以达到教育失信企业的目的"[2]。对于困境企业而言，在进入重整程序前，往往会因为资金周转困难、未按期偿还贷款等面临不同程度的信用问题，如被税务部门、市场监督管理部门列入经营异常名录，在中国人民银行征信系统中存在不良信用记录等。在重整计划执行过程中，虽然企业经营业务得到了修复，但多沿用重整前的统一社会信用代码。由于前述信用瑕疵的存在，重整企业往往会在融资贷款、招标采购、行政审批等方面受到不同程度的限制，导致重整后的企业经营举步维艰。以浙江中城集团破产重整案为例，浙江中城集团曾是拥有特级建筑资质的全国500强企业，但在2011—2012年温州的民间借贷风波中，陷入了债务困境，因债务偿付能力的丧失而选择了破产重整程序进行自救。浙江中城集团的特级建筑资质吸引了战略投资人。管理人/法院根据企业的实际情况采取了反向出售式重整方式。然而，其重整之后又面临着再次破产的危机，因为重整企业的统一社会信用代码不会变更，旧有企业的信贷不良记录、税务记录、违法违规记录等都将被重整后的企业承接。因此，新中城集团无法获取银行贷款，只能靠股东出资维持资金需求，极大影响了新中城集团的业务拓展能力。[3] 如果不能将重整企业的失信信息修复，会极大影响重整计划

---

[1] 参见何永川、熊心伟等：《信用修复国际比较研究》，载《征信》2021年第2期。
[2] 李新庚：《社会信用体系运行机制研究》，中国社会出版社2017年版，第64页。
[3] 参见任晓：《温州探路僵尸企业破产重整》，载《中国证券报》2016年6月6日，第A02版。

的顺利执行，导致企业"二次破产"。某种程度上，"信用修复的优与劣，事关企业破产重整的成功与否，事关企业破产重整前后的存亡和发展"[1]。

1. 重整企业信用修复顶层设计有待健全

目前，我国立法中没有关于破产重整企业信用修复的立法规定，《企业破产法》《征信业管理条例》等相关法律法规中均未明确涉及破产重整企业的信用修复问题，仅有指导性政策文件为支撑。2016年国务院发布《关于建立完善守信联合激励和失信联合惩戒制度加快推进社会诚信建设的指导意见》（国发〔2016〕33号），提出"建立健全信用修复机制。联合惩戒措施的发起部门和实施部门应按照法律法规和政策规定明确各类失信行为的联合惩戒期限。在规定期限内纠正失信行为、消除不良影响的，不再作为联合惩戒对象。建立有利于自我纠错、主动自新的社会鼓励与关爱机制，支持有失信行为的个人通过社会公益服务等方式修复个人信用。" 2018年，我国发布的《关于进一步做好"僵尸企业"及去产能企业债务处置工作的通知》（发改财金〔2018〕1756号）规定了重整企业可在信息平台中更新其信息。这也是我国第一次正式提到有关完善重整企业信用修复机制的内容。2023年1月，国家发展和改革委员会公布《失信行为纠正后的信用信息修复管理办法（试行）》，以部门规章形式规范信用信息修复工作。2024年1月，国家发展和改革委员会办公厅、国家市场监督管理总局办公厅发布《关于进一步做好信用修复协同联动工作的通知》，要求各省级社会信用体系建设牵头部门和市场监管部门应当每日共享各自系统产生的信用修复结果信息（含较低数额罚款的处罚到期撤销公示的信息），并向"信用中国"网站和国家企业信用信息公示系统报送相关信息，做到两个系统同步修复。但总体上，破产重整企业的信用修复涉及多类主体、多个部门，面临种种难题，同时，没有明确的法律规定，极大增加了重整企业信用修复的难度。

2. 重整企业信用修复地方规范操作性不强

重整企业信用修复的问题在实务中已有不少探索，各地就信用修复问题陆续出台地方性政策。如针对破产重整企业成立专门工作组指导企业信用修复工作，或为重整企业开辟特殊通道等。但地方性政策终究缺乏普适性和强

---

[1] 宋玉霞：《实施破产重整企业信用修复制度》，载《人民法治》2016年第9期。

制性，政策内容整体多为宣示性，缺少细化的操作指引，实践中多为个案化处理，仅能解决重整企业一时之困。加之破产所涉行政事务多为发生频率较低的边缘性事务，不适用普通操作流程，大多数具体执行行政事务的工作人员对情况不熟悉，致使出现相关部门拒绝或者消极配合管理人开展信用修复工作的情况，严重影响企业重生。

（二）重整企业信用修复的意义

现代破产重整制度的核心价值理念是社会整体利益之平衡与保护，即破产重整程序注重对重整企业、各个债权人、当地政府和社区乃至社会利益的综合考量，对资产重组后的预期利益进行统筹安排和再分配。[1] 与正常企业可以不受限地进行贷款投资、参加招投标等正常经营不同，重整企业多因债务危机在进入重整程序前已被采取信用惩戒措施。对重整企业进行信用修复，是倡导重生后的企业合法经营，保障企业信用记录准确、完整，减少或消除信用报告中不良信用记录的重要机制。

1. 信用修复能够真正实现重整制度的价值

重整是对可能或已经存在破产原因但又有挽救希望与挽救价值的法人型企业，通过对各方利害关系人的利益协调，强制性进行营业重组与债务清理，以使企业避免破产、获得更生的法律制度。[2] 亦即，有关主体通过重整程序对具有挽救价值的企业进行拯救，使其在市场上继续存续，避免企业走向清算。目前，司法实践中的破产重整大多数系存续型重整，原企业的不良信用记录会延续到重整后的企业，使企业虽然在法律层面获得重生，但在市场层面却没有得到应有的再生认可，导致企业后续经营举步维艰。对债权人而言，其本因企业的债务危机受到利益损失，在放弃部分权益的基础上共同推动企业走出困境，如重整企业因信用瑕疵出现"二次破产"，将是对债权人利益的再次损害。这些与重整制度作为再生制度保障企业重生、维护债权人利益的价值目标背道而驰。

---

[1] 参见乔博娟：《企业破产重整税收优惠政策研析》，载《税务研究》2014年第3期。
[2] 参见王欣新：《破产法》（第4版），中国人民大学出版社2011年版，第284页。

2. 信用修复是优化营商环境的重要举措

市场经济是信用经济，社会信用体系是市场经济体制和社会治理体制的重要组成部分，信用体系建设是保障营商环境持续优化的重要支撑，其中信用修复是信用体系建设的重要一环。国务院《关于开展营商环境创新试点工作的意见》（国发〔2021〕24号）指出：我国要加快构建与国际通行规则相衔接的营商环境制度体系，持续优化市场化法治化国际化营商环境，其中建立健全企业破产重整信用修复机制是重要内容。信用修复事关企业重整的成败以及重整制度社会效益的实现。信用修复的程度决定着该主体能否在市场中获得更多的投资。信用修复制度有利于提升重整企业的竞争力，也是优化我国营商环境，提高我国企业国际竞争力的有效手段。[1]可以说，能否真正实现破产企业信用修复，事关营商环境能否精准优化。

3. 信用修复对于节约司法资源具有重要意义

长期以来，重整程序存在耗时长、成本高、程序繁杂、成功率低的特点，从重整程序启动到裁定批准重整计划再到协调、指导、监督重整各方执行重整计划，人民法院都投入大量的司法资源。在此情况下，尽快恢复企业信用，切实保障重整目的实现，可避免浪费前期法院为企业重整计划制定、表决、批准、执行所耗费的大量司法资源。[2]

（三）重整企业信用修复的构建

1. 就重整企业信用修复进行立法

破产重整企业的信用修复涉及债务人、债权人、投资者、职工等多方利益主体，也涉及银行、税务、市场监管等多个部门。当前针对破产重整企业信用修复的法律规定尚存在空白。尽管我国已初步构建起信用体系框架，但在具体法律条款上，对于此类企业的信用修复仍缺乏明确的指导。这导致企业在申请信用修复时常常因法律依据不足而遭遇困境，而各部门在处理相关业务时也因缺乏统一的标准和程序而感到无所适从。因此，明确法律规定成

---

[1] 参见方亚蝶：《破产重整企业信用修复困境及出路》，载《太原城市职业技术学院学报》2023年第3期。

[2] 参见崔明亮：《破产重整计划执行法律问题研究》，载《中国政法大学学报》2018年第2期。

为破解破产重整企业信用修复难题的当务之急。具体而言，应在涉及银行、税务、市场监管等部门法律法规中，详细规定信用修复的申请条件、操作流程、评估标准、监督机制和救济途径等，为企业和各部门提供清晰的法律指引。这不仅能提升破产重整企业信用修复的效率和质量，还能增强市场各方对信用修复制度的信任与认可，也有助于加强跨部门合作，形成协同推进企业信用修复的强大合力。

2. 优化重整信用修复的内在约束机制

在《企业破产法》中，应就重整企业信用修复的内容进行规定。由于重整企业的信用修复是影响重整企业能否顺利重生的重要内容，信用修复的质量同债务人重整有着不可分割的关系，我国《企业破产法》第81条规定了重整计划草案应当包括的内容，但并没有明确信用修复的内容。在大型企业集团破产案件中，多会有税款债权、金融机构债权，管理人或债务企业在与税务部门、金融机构进行沟通时，不能仅限于债权减免、清偿安排等方面，在重整企业重整计划的制定过程中，特别是同税务部门、银行等金融机构协商编制清偿方案时，应就重整程序中以及重整计划执行期间的信用修复问题进行探讨，增加债务清偿完毕后相应不良信用信息修复的步骤和措施，可以在重整计划草案中明确约定税务债权人、银行债权人等配合债务企业维持重整期间运营所需要进行的信用修复，以及法院批准的在重整计划中约定信用修复方面的配合义务，将相关机构修复债务企业信用的职权行为转化为债务企业与债权人间的约定义务。例如，税款债权人要积极配合将债务企业从税务系统的欠税"黑名单"中除名；银行债权人积极协调中国人民银行征信系统恢复债务企业的金融征信信用等，这可以对相关债权人的行为进行约束。

3. 金融信用修复制度的构建

金融信用集中于银行的信用管理系统之中，其信息主要包括中国人民银行和各类商业银行针对企业的信贷业务、财产担保、金融资信等级以及其他奖惩记录等。[1] 企业的金融失信行为会直接影响其获得贷款融资的可能性和额度，一旦企业出现失信行为，金融机构的风控系统会将信息采集并记录在企业的信用报告中，降低企业获得贷款融资的可能性和贷款融资的额度，如

---

[1] 参见宋玉霞：《实施破产重整企业信用修复制度》，载《人民法治》2016年第9期。

不对重生后的企业进行信用修复，影响其获取融资贷款，无疑为其后续经营带来新的困难。国家发展和改革委员会、最高人民法院等机关于 2021 年 2 月出台的《优化营商环境意见》第 9 条明确"支持重整企业金融信用修复"，提出"人民法院裁定批准重整计划或重整计划执行完毕后，重整企业或管理人可以凭人民法院出具的相应裁定书，申请在金融信用信息基础数据库中添加相关信息，及时反映企业重整情况。鼓励金融机构对重整后企业的合理融资需求参照正常企业依法依规予以审批，进一步做好重整企业的信用修复"。

但实践中，金融机构对企业在重整计划执行期间的信用修复持消极态度，对重整企业的重整价值未完全认同，配合修复工作的主观意愿不强。按照财政部印发的《金融企业呆账核销管理办法（2017 年版）》的相关规定，金融机构仅在重整协议执行完毕后核销相关债权并终结债权债务关系，对于在重整计划执行期间内尚未执行完毕的债权仍需进行追偿。故通常情况下金融机构仅允许在重整计划执行完毕后对企业的金融信用进行修复。另外，按照《优化营商环境意见》，金融信用修复以"添加相关信息"等增添式修复为主，重整前的不良信用仍影响金融机构对重整企业的判断。这导致重整企业在重整计划获批后仍难以获得金融机构的融资、银行开具的保函等，影响到企业的正常经营，使重整程序对债务的豁免效力失去意义。

对于重整计划执行完毕后继续存续经营的企业，金融机构应当在固定时限内，对持有法院相关文书提出信用修复申请的企业进行信用修复，重建信用记录。如按照佛山市中级人民法院《关于佛山市破产管理人处理税务及信用修复问题的工作指引（试行）》第 13 条规定，在人民法院裁定确认重整计划执行完毕之日起 10 日内，经法院确认重整计划执行完毕的裁定及相关函件，即可在征信系统中对重整企业的偿还债务信息进行变更，以修复原企业的失信记录。[1]

---

[1] 佛山市中级人民法院《关于佛山市破产管理人处理税务及信用修复问题的工作指引（试行）》第 13 条："人民法院裁定确认重整计划执行完毕之日起十日内，人民法院将向中国人民银行佛山中心支行送达确认重整计划执行完毕的裁定及相关函件，中国人民银行佛山市中心支行将及时转发各债权人银行，要求各债权人银行依据征信管理有关法律法规在征信系统中对重整企业的偿还债务信息进行变更，以修复原企业的失信记录。若人民法院裁定确认重整计划执行完毕之日起六十日后，债权人银行仍未在征信系统中对重整企业的偿还债务信息进行变更的，管理人可向中国人民银行佛山市中心支行书面申请跟进信息变更。"

4. 纳税信用修复制度的构建

纳税信用是纳税人依法履行纳税义务，并被社会普遍认可的一种信用。我国税务机关对包括信用历史信息、税务内部信息和外部信息等纳税人的纳税信用信息开展采集、评价、确定、发布和应用，进行纳税信用管理。我国纳税信用级别设为 A、B、M、C、D 五级，其中 D 级纳税信用为最低级别。根据《纳税信用管理办法（试行）》第 20 条的规定，对于在规定期限内未按税务机关处理结论缴纳或者足额缴纳税款、滞纳金和罚款以及有非正常户记录等情形的，将定为 D 级。一般而言，重整企业多会存在前述情形而会被定为 D 级。根据规定，对于纳税信用评价为 D 级的企业，税务机关"将纳税信用评价结果通报相关部门，建议在经营、投融资、取得政府供应土地、进出口、出入境、注册新公司、工程招投标、政府采购、获得荣誉、安全许可、生产许可、从业任职资格、资质审核等方面予以限制或禁止"，将致使重整企业丧失了持续运营的可能性。同时，在重整涉税实践中，引进外部战略投资人作为常见的重整措施，往往涉及变更相关证件上的法定代表人，当重整债务人被列为非正常纳税人，原法定代表人会被列入税务黑名单，税务部门将因此拒绝当事人变更法定代表人的请求，加大了债务企业寻找投资人的难度，对已进入重整企业的投资人的权益也将造成损害。[1]

为有效解决纳税信用修复的问题，《优化营商环境意见》第 14 条提出"支持企业纳税信用修复。重整或和解程序中，税务机关依法受偿后，管理人或破产企业可以向税务机关提出纳税信用修复申请，税务机关根据人民法院出具的批准重整计划或认可和解协议的裁定书评价其纳税信用级别。已被公布重大税收违法失信案件信息的上述破产企业，经税务机关确认后，停止公布并从公告栏中撤出，并将相关情况及时通知实施联合惩戒和管理的部门。有关部门应当依据各自法定职责，按照法律法规和有关规定解除惩戒，保障企业正常经营和后续发展"。特别是在 2021 年 11 月 15 日，国家税务总局发布《关于纳税信用评价与修复有关事项的公告》，其第 1 条明确"破产企业或其管理人在重整或和解程序中，已依法缴纳税款、滞纳金、罚款，并纠正相关纳税信用失信行为的"，可向主管税务机关申请纳税信用修复。同时其第 3

---

[1] 参见宋玉霞：《实施破产重整企业信用修复制度》，载《人民法治》2016 年第 9 期。

条第 2 款指出"申请破产重整企业纳税信用修复的，应同步提供人民法院批准的重整计划或认可的和解协议，其破产重整前发生的相关失信行为，可按照《纳税信用修复范围及标准》中破产重整企业适用的修复标准开展修复"。其中，对于未按规定期限办理纳税申报、资料备案等事项，符合条件的破产重整企业申请纳税信用修复时，统一按照"30 日内纠正"对应的修复标准进行加分；对于部分纳税信用直接判为 D 级的严重失信行为，符合条件的破产重整企业申请纳税信用修复时，不受申请前连续 12 个月没有新增纳税信用失信行为记录的条件限制。相关指标已在《纳税信用修复范围及标准》中用※进行标注。

但现有纳税信用修复制度还是存在不足。第一，纳税信用修复需以缴纳税款、滞纳金、罚款为前提，未足额清偿税款、滞纳金、罚款的仍显示为欠税，基层税务机关无权核销，而要求全额清偿对重整企业而言是难以实现的，实践中也很少有企业通过重整实现债权的全额清偿。根据《企业破产法》的相关规定，破产企业所欠税款会优先于普通债权获得全额清偿，破产企业在破产案件受理前因欠缴税款产生的滞纳金属于普通破产债权，破产申请受理后，债务人欠缴款项产生的滞纳金，包括债务人未履行生效法律文书应当加倍支付的迟延利息和劳动保险金的滞纳金，债权人作为破产债权申报的，人民法院不予确认。对此，根据《破产审判纪要》第 28 条"破产财产依照企业破产法第一百一十三条规定的顺序清偿后仍有剩余的，可依次用于清偿破产受理前产生的民事惩罚性赔偿金、行政罚款、刑事罚金等惩罚性债权"的规定，应当属于惩罚性债权，均应劣后于普通债权进行清偿。此时如果确认滞纳金、罚款等惩罚性债权为普通债权甚至优先于普通债权进行清偿，实际是将本应由破产企业承担的惩罚性债权，转嫁给其他债权人，会损害其他债权人的合法权益。

第二，破产重整中对于债权的清偿方式一般包括现金清偿、债转股、以物抵债、留债展期、信托受益权等，特别是在大型企业集团重整中，会采用多种清偿方式并行模式。虽然《税收征收管理法》等相关税收法律法规并没有明确规定税款债权仅能进行现金清偿，但实践中，税务部门多只接受现金清偿方式，主要考虑是接受非货币财产方式清偿的话，将涉及非货币资产如何确定价值、作价金额与实际变现价值存在差异、权属变更等一系列问题。但是税务部门的单一现金清偿要求对陷入债务危机的企业而言有些强人所难，如果企业不进行现金清偿，很有可能导致税务部门在重整计划草案表决时提出反对意见,在进行纳税信用修复时不予配合。

第三,按照相关政策文件的规定,对于重整计划执行完毕后的重整企业,税务部门可参照"新设立企业"对其纳税信用等级进行重整评定。虽然将重整后的企业视为新设立企业,一定程度上尊重了破产重整程序的效力,但根据 2018 年国家税务总局《关于纳税信用评价有关事项的公告》的规定,"新设立企业"应被定为 M 级。但 M 级纳税人不能申请留抵退税,留抵退税要求的条件之一是纳税信用等级为 A 级或者 B 级,纳税信用等级为 M 级的纳税人不符合财政部、国家税务总局、海关总署《关于深化增值税改革有关政策的公告》规定的申请退还增量留抵税额的条件。

税务信用修复困境的根源在于税务机关不认可破产重整对未获清偿债务免责的效力,且其认为,重整债务人往往维持了原企业的工商登记与营业事务,重整前后的企业资格未发生变更,重整前债务人的不良信用记录自然无更新的可能。[1] 我们认为,税务部门应当转变观念,落实国家关于"优化营商环境"的相关精神,正确认识重整程序的法律效力,特别是应当重视和保护重整企业的正当权益,将重整前的企业和重整成功的企业视为两个不同的信用主体,重新考量重整后企业的信用情况,建立针对重整企业的信用修复制度,在税款债权清偿优惠、方式等方面给予充分考量,进一步规范纳税信用修复程序,使其更加符合重整企业实际情况,以积极的态度帮助重整企业恢复纳税信用。

5. 市场监管信用修复

我国对企业市场信息的管理采用的"一网归集、三方使用"方式,即依托企业信用信息一体化网络平台,实现政府部门涉企信息、企业年报和即时公示信息的统一归集、公示,以服务于企业主动接受社会监督、积累自身信用、收获更多信用红利,服务于各级政府部门共享涉企信息、实现工作联动、提升治理水平,服务于社会公众查询判断企业信息和信用状况、降低制度性交易成本、避免交易风险。目前国家市场监督管理总局已设立了"国家企业信用信息公示系统",作为企业报送并公示年报和即时信息的法定平台,方便

---

[1] 参见张世君、高雅丽:《论我国破产重整企业纳税信用修复制度之构建》,载《税务研究》2020 年第 9 期。

社会公众查询使用企业信用信息，以及各级政府部门实施协同监管、联合惩戒、开展事中事后监管等。2021年9月1日施行的《市场监督管理严重违法失信名单管理办法》，明确了列入严重违法失信名单的行为。并规定市场监督管理部门应当按照规定将严重违法失信名单信息与其他有关部门共享，依照法律、行政法规和党中央、国务院政策文件实施联合惩戒，并通过企业信用信息公示系统向社会公示。

失信企业名单亦被称为"黑名单"，根据该办法第二条规定，当事人违反法律、行政法规，性质恶劣、情节严重、社会危害较大，受到市场监督管理部门较重行政处罚的，由市场监督管理部门列入严重违法失信名单。其中较重行政处罚包括：（一）依照行政处罚裁量基准，按照从重处罚原则处以罚款；（二）降低资质等级，吊销许可证件、营业执照；（三）限制开展生产经营活动、责令停产停业、责令关闭、限制从业；（四）法律、行政法规和部门规章规定的其他较重行政处罚。该办法还规定，对于食品安全领域、药品、医疗器械、化妆品领域、质量安全领域、侵害消费者、破产公平竞争秩序和扰乱市场秩序等方面实施违法行为，且属于该办法第二条规定情形的将列入严重违法失信名单。

对于企业而言，一旦被列入严重违法失信企业名单，在土地出让、政府采购等环节都会受到限制，特别是对于房地产、建筑业企业而言，其从业资质受到限制，在招投标活动、商品房开发、施工许可、商品房预售许可、房屋买卖合同备案、房屋交易资金监管等方面受到极为严格的限制，经营活动举步维艰。

目前信用信息修复的方式包括移出严重违法失信名单、终止公示行政处罚信息和修复其他失信信息。国家市场监督管理总局制定出台《市场监督管理信用修复管理办法》《严重违法失信名单和行政处罚公示信息信用修复管理程序规定（试行）》，构建分级分类管理、梯次退出的信用修复格局。各地针对市场监管中存在的信用修复问题不断探索。山东省高级人民法院、山东省市场监督管理局出台的《关于推进破产企业退出市场工作的实施意见》（鲁高法〔2021〕25号）第8条规定："人民法院裁定批准重整计划后，管理人或重整人持申请书、人民法院批准重整计划裁定书向市场监管部门申请信用企业信用修复，市场监管部门应将符合条件的企业从国家企业信用信息公示系统异常经营名录和严重违法失信企业名单中移出。"此规定无疑为重整企业信用修复提供了巨大的便利，但同时需注意该条中仍有"符合条件的企业"的限定。此处的"条件"系山东省市场监督管理局《关于建立严重违法失信企业信用修复制度的实施意见》（鲁市监信监规字〔2018〕2号）第一部分载明的相关条件："被列入严重违法失信企业名单的企业，有下列四种情形之一，没有其他黑名单记录且不在经营异常名录里的，可申请移出严重违法失信企业名单：（一）企业因未在规定期限内公示年度报告，被列入经营异常名录，在被列入之日起3年内已补报并公示了企业年报信息，未申请移出经营异常名录的；（二）企业因未在责令的期限内公示有关企业信息，被列入经营异常名录，在被列入之日起3年内已公示了相关企业信息，未申请移出经营异常名录的；（三）企业因公示信息隐瞒真实情况、弄虚作假，被列入经营异常名录，在被列入之日起3年内已公示了更正后的相关企业信息，未申请移出经营异常名录的；（四）企业因通过登记的住所（经营场所）无法联系，被列入经营异常名录，在被列入之日起3年内已办理了登记住所（经营场所）变更登记，或者通过现登记的住所（经营场所）重新取得联系，未申请移出经营异常名录的。"具体的申请流程包括：企业申请、拟办初审、审批决定、信息公示、立卷归档。

就重整企业而言，依据前述信用修复逻辑，市场监管部门应当根据重整企业的申请，在重整计划执行完毕后，及时移除或终止公示失信信息，并及时进行公示。更进一步的是，赋予债务人新的统一社会信用代码，或者探索开设临时性的营业执照，给予重整企业一定的观察期，也使市场监管部门可以充分审核企业的生产经营情况。如此，市场监管部门为债务人办理新的营业执照，税务部门重新记录税务信息，中国人民银行征信系统中刷新金融信用信息，从而实行重整企业市场信用的联合修复。需要注意的是，对于安全生产、环保、食品药品等涉及公众领域企业的信用恢复，特别是涉及特许资质的企业，因涉及不特定公众的生命、财产安全，要根据市场监管部门的要求，提供相应问题达标的证明材料。

三、破产涉税问题的解决

各国在破产法和税法的关系协调中，都强调在破产程序中对国家征税权力进行必要限缩，包括实体法层面和程序法层面的双重限制，以体现"课税特区"的要求。[1] 目前我国现行支持破产重整的税收政策，涉及增值税、企业所得税、土地增值税、契税等。企业所得税方面，《企业所得税法》第18条规定"企业纳税年度发生的亏损，准予向以后年度结转，用以后年度的所得弥补，但结转年限最长不得超过五年"，即对符合条件的债务重组，给予债务重组所得5年递延纳税的优惠，对通过债转股方式化解债务的，规定债务清偿和股权投资两项业务均不确认所得。在土地增值税方面，在改制重组时以房地产作价入股进行投资，以及符合条件的企业合并、分离，对原企业将房地产转移、变更到合并后、分立后企业的，暂不征收土地增值税。契税方面，符合条件的公司合并、分立，对合并后、分立后公司承受原公司土地、房屋权属，免征契税。企业破产的，债权人承受破产企业抵偿债务的土地、房屋权属，免征契税，非债权人承受破产企业土地房屋权属，与原企业全部职工签订服务年限不少于3年的劳动用工合同的，对其承受所购企业土地、房屋权属，免征契税，与原企业超过30%职工签订服务年限不少于3年的劳动用工合同的，减半征收契税。

我国部分地区也在积极探索可能的方式寻求对企业破产重整中税收政策的支持。例如，温州市中级人民法院很早就已旗帜鲜明地提出应尽量减免破产企业的税收债务的主张。经温州市人民政府同意后出台的《企业破产处置工作联席会议纪要（一）》第二部分第2条也明确指出"对企业破产前欠缴的相关税款，凭法院裁定书按规定程序上报核销；对企业破产过程中产生的相关税费，市国税、地税部门要制定缓减免相关政策，加大支持力度"。四川省高级人民法院与国家税务总局四川省税务局发布《关于进一步规范企业破产程序涉税事项处理的意见》，其第10条明确规定："依法进入破产程序的企业纳税确有困难的，管理人可以在人民法院裁定受理破产申请后，按现行规定申请房产税和城镇土地使用税困难减免。企业在破产过程中，实施资产重组，通过合并、分立、出售、置换等方式，将全部或者部分实物资产以及与其相关联的债权、负债和劳动力一并转让给其他单位和个人，其中涉及的货物、不动产、土地使用权转让符合规定条件的，不征收增值税。企业在破产过程

---

[1] 参见徐阳光：《破产程序中的税法问题研究》，载《中国法学》2018年第2期。

中，发生重组业务，符合规定条件的，可适用企业所得税特殊性税务处理。企业在破产过程中，符合规定条件的，可享受改制重组有关契税、土地增值税、印花税优惠政策。管理人认为企业符合国家相关税收优惠政策的，可以向主管税务机关提出咨询或者申请，由主管税务机关按规定做好政策辅导及服务。"

但应看到，现行税法主要对正常经营状态下的企业加以规制，并未关注对破产企业应当如何调整，致使企业在破产程序中或多或少都会遇到各类税务问题。除前述纳税信用修复外，税收优惠政策、重整豁免债务的处理、非正常户的解除、实质合并情形下的税收处理等问题在破产程序特别是大型企业集团破产程序中具有普遍性。主要原因在于破产法对破产涉税问题规定匮乏，破产涉税方面的规范存在空白和缺失，加之税法与破产法立法理念存在较大差异，具体规则不能兼容，相关问题的解决受到实践中税务系统操作等制约。当前破产涉税问题的解决虽然已经取得了相当大的突破，但税收相关政策属于中央事权范围，地方的尝试仍是在现有税收政策框架内作适当的变通，并不能突破中央现有税收政策规定，具有相当大的局限性。[1]

（一）重整税收优惠制度

税收政策是影响破产重整能否顺利推进的重要因素，"作为公权力代表的税收债权人，给予重整债务人在重整期间最大空间的支持，在某种程度上，税务机关的此做法也是尊重法院，培育税源的利人利己的明智之举；而从另一个角度，税务机关对重整后的企业做出了上述明确的限制，这无疑是为其税收利益上了一份万全的保险。重整债务人和税务机关之间达到了充分的协调和共赢"[2]。世界上越来越多的国家意识到，破产重整对社会的调整作用以及税收优惠政策对企业破产重整的价值，同时向陷入财务困境企业给予税收优惠已经成为大多数国家税收立法的通行惯例。如《美国破产法》将税收债权分为不同优先级别，在公司破产重组程序中，破产申请之后发生的税收，

---

[1] 参见浙江省温州市中级人民法院联合课题组、潘光林：《论破产涉税若干问题的解决路径——基于温州法院的实践展开》，载《法律适用》2018年第15期。
[2] 郑志斌、张婷：《公司重整：角色与规则》，北京大学出版社2013年版，第526页。

大多享有第八类优先权。对于第八类优先权，无论税务机关是否同意重整方案，税收都可以延期偿还。偿还一般按月进行，从税收核定之日起不得超过6年。在美国的公司债务重组程序实践中，除优先权税收外，其他的税收实际上都可免除。即便重组计划不能达到目的，也只会针对财产采取措施，或者申请转入破产清算，已免除的债权也无须返还。《德国税收通则》规定，在个案状况下，税收债权的行使不适当时，税收征管机关得为全部或部分之税额免除。[1]在国内，2014年6月3日最高人民法院发布的《关于人民法院为企业兼并重组提供司法保障的指导意见》第18条提出，"要积极协调解决破产程序中企业税款债权问题，要在与税务机关积极沟通的基础上结合实际依法减免相应税款"。《破产审判纪要》第16条指出，"人民法院要通过加强与政府的沟通协调，帮助重整企业修复信用记录，依法获取税收优惠，以利于重整企业恢复正常生产经营"。

1. 现行重整税收优惠政策存在的主要问题

税收是国家财政收入最主要的来源，国家在税收的征收和使用上必须考虑社会整体利益。破产立法的宗旨和立法本位经历了从债权人本位到债务人与债权人的利益平衡本位再到债权人利益、债务人利益与社会利益并重的发展过程。从价值理念上看，破产重整和税收都注重社会利益，给予破产重整一定的税收优惠政策，符合税收"取之于民、用之于民"的理念，能够帮助破产重整制度更好地发挥保护社会利益的作用。但目前我国对破产重整给予的税收优惠政策存在诸多不足之处。

第一，政策文件规范级别低。目前我国立法层面针对破产重整程序并没有统一的税收优惠政策规范，重整税收优惠政策多为通知、公告、个案批复形式，效力级别低，且税收优惠审批的机关层级较高，导致重整企业在适用政策时出现混乱，也与我国税收法定的基本原则不相符。实践中，多是针对个别破产重整案件通过协调方式给予税收优惠，有的企业因在破产重整中采用重大资产重组并行的方式，会参照企业重组税收优惠政策进行处理。目前关于企业破产重整税收优惠的规定，主要涉及企业所得税、增值税和契税。

---

[1] 参见蒋辉宇：《税收债权组对破产重整计划草案表决通过制度的优化设计——以破产重整程序中的税收优惠实施为视角》，载《税务研究》2018年第12期。

以与破产重整密切相关的企业所得税为例，2009年4月财政局、国家税务总局发布了《关于企业重组业务企业所得税处理若干问题的通知》（财税〔2009〕59号），对企业重组的税务处理区分不同条件，分别适用一般性税务处理规定和特殊性税务处理规定。2009年3月，国务院颁布的《关于进一步优化企业兼并重组市场环境的意见》（国发〔2014〕14号）要求落实财税政策，修订完善兼并重组企业所得税特殊性税务处理的政策，降低收购股权（资产）占被收购企业全部股权（资产）的比例限制，扩大特殊性税务处理政策的适用范围。抓紧研究完善非货币性资产投资交易的企业所得税、企业改制重组涉及的土地增值税等相关政策。2014年12月财政部和国家税务总局发布《关于促进企业重组有关企业所得税处理问题的通知》（财税〔2014〕109号），要求进一步贯彻落实国务院《关于进一步优化企业兼并重组市场环境的意见》（国发〔2014〕14号），并对《关于企业重组业务企业所得税处理若干问题的通知》（财税〔2009〕59号）中的部分规定进行了调整。除此之外，还有针对特殊企业的非普遍适用的税收优惠政策。如为防范和化解金融风险，针对依法处置不良资产的金融机构，财政部和国家税务总局发布《关于中国信达等4家金融资产管理公司税收政策问题的通知》（财税〔2001〕10号），对中国信达等4家金融资产管理公司，免征资产公司收购、承接、处置不良资产中所产生的增值税、契税、印花税、房产税等。

第二，优惠力度整体偏低。对破产重整而言，税收优惠政策最直接、最明显的作用，是促使企业成功重整。但现有税收政策优惠主要是针对企业重组改制，专门适用于所有破产重整程序的政策文件较少，且税收优惠政策力度较小。我国《企业破产法》第113条第1款规定："破产财产在优先清偿破产费用和共益债务后，依照下列顺序清偿：（一）破产人所欠职工的工资和医疗、伤残补助、抚恤费用，所欠的应当划入职工个人账户的基本养老保险、基本医疗保险费用，以及法律、行政法规规定应当支付给职工的补偿金；（二）破产人欠缴的除前项规定以外的社会保险费用和破产人所欠税款；（三）普通破产债权。"该条明确了职工债权、税收债权、普通债权的债务清偿顺序。实践中，大部分普通债权人为了企业重整成功，会减免一部分债权，帮助企业共渡难关。特别是清偿顺序位于税收债权之前的职工债权尚能为了整体利益作出一定让步，国家作为税收债权的主体应积极推行税收优惠政策，提高税收优惠力度，减轻企业的税款负担，让企业更快走出困境。

第三，重整税收优惠制度的缺失影响重整计划草案的表决。当前我国尚未建立针对破产重整程序的专门性税收优惠制度，在重整过程中，税务机关只能依照《税收征收管理法》等制度规则所规定的申报、核准程序办理税收减免及延期纳税等事项。一方面，从其他债权人角度看，为保证重整的顺利进行，特定财产的抵押权人在重整中会暂时放弃抵押权的行使，职工会对工资经济补偿金等作出让步，普通债权人也会放弃其部分权利。债务企业因为无法偿还债务而申请重整，确有必要对其实施税收优惠以助其恢复经营能力从而走出困境。另一方面，根据《税收征收管理法》的规定，税款必须按期缴纳，《税收征收管理法》没有明确规定对于破产重整企业可以实施税收优惠，税务机关在作出针对破产重整企业的税收减免及延期纳税的决定时常常显得极为谨慎，基本不会同意分期偿付所欠税款的重整计划，影响税收债权组针对重整计划草案的表决。

2. 税收优惠政策的完善建议

现代破产重整制度的核心价值理念是社会整体利益之平衡与保护，即破产重整程序注重对重整企业、各个债权人、当地政府和社区乃至社会利益的综合考量，对资产重组后的预期利益进行统筹安排和再分配。[1] 从保障纳税人的基本权益出发，课税特区理论认为，以税收立法和税收执法为主要表现形式的国家课税权不得违背税收的本质发展规律，侵入涉及纳税人生存和发展等基本权利核心内容的区域。[2] 因此，破产法作为集中解决全部债权债务关系纠纷的法律制度，对其他法律确立的实体权利和程序规则往往会作出必要的限缩和扩张。在破产涉税问题的处理上，税法应当重视和保护破产企业的正当权益，对于陷入困境且进入破产程序的企业应当注意征税的"妥当性"，征税权的行使规则应当针对破产程序作出特别调整。[3] 企业通过重整得以摆脱困境、维持财产、继续经营，而各债权人能够获得超过破产清算程序的债权清偿，破产重整的成功所产生的社会经济效益对各方利害关系人均

---

[1] 参见乔博娟:《企业破产重整税收优惠政策研析》，载《税务研究》2014年第3期。
[2] 参见王婷婷:《课税禁区法律问题研究》，法律出版社2017年版，第38页。
[3] 参见徐阳光:《破产程序中的税法问题研究》，载《中国法学》2018年第2期。

是有利的。基于税收正义这一税收最高价值理念，维护税收体制公正合理性的基础在于如何真正体现平等课税、公平税负与效能化税收，对因陷入财务危机和经营困境的企业进行全额征税缺乏正当性基础。[1] 相反，依法对破产重整企业给予税收优惠政策符合量能课税原则，对破产重整企业的征税权的限缩满足了社会正义的要求。

（1）建立针对破产重整企业的税收优惠制度。根据《企业破产法》第81条的规定，重整计划草案包括债权调整方案、债权受偿方案等。实践中，债权全部清偿的情况极少，故多会对债权清偿进行调整。一般而言，债权调整方案可以对相关债权进行调减，债权受偿方案可以对债权的偿付设定一定的期限，这其中也应包括税收债权。故可以对破产重整企业享受税收优惠的条件、税收优惠的申请与审核等实体与程序性内容进行细致规定，明确税收债权组对破产重整计划草案进行表决时有关税收债权调整及受偿的预期利益，促成保障国家税收债权与有效减轻债务人重整负担双重目标的实现。具体形式可以由国务院以行政法规的形式出台具体的制度性规范或者由国家税务总局在部门规章中进行具体规定。

（2）明确豁免重整债务情形下的所得税减免。在重整程序中，为了使债务企业重整和继续生存下去，多通过债权人让步、出资人权益调整、业务重组等措施，使企业摆脱债务困境。根据《企业破产法》第94条的规定，"按照重整计划减免的债务，自重整计划执行完毕时起，债务人不再承担清偿责任"，即破产重整产生豁免债务人无力清偿剩余债务的结果。按照目前的税收征管以及企业所得税的相关规定，该部分豁免债务属于公司的应税所得，重整后债务人需要对重整计划执行完毕后确认的债务豁免缴纳企业所得税。之所以如此规定，有多方面的考虑：第一，债务豁免是债权人免除了债务人应承担的偿债义务，债务人实质上取得了相关经济利益，按照税法原理和规定，需要将豁免的债务计入收入征收企业所得税。第二，与债务人的债务重组所得相对应，债权人的债务重组损失允许在税前扣除，如果不对债务人的债务重组所得征税，将会带来税务处理不平衡，造成税款流失和税收漏洞。第三，债务重组多是在企业资不抵债、经营困难、亏损较多的情形下发生，债务人

---

[1] 参见乔博娟：《企业破产重整税收优惠政策研析》，载《税务研究》2014年第3期。

的债务重组所得可依法先弥补亏损，剩余部分再缴纳企业所得税，不会产生过重的税收负担。[1] 但需要看到，如果债务豁免金额较大或者债权清偿率较低，可能导致债务人面临巨大的税收负担，甚至导致重整后的企业因为税收再次面临破产困境。

目前的实践操作中，有的企业会采取降低应纳税所得额方法。根据《企业资产损失所得税税前扣除管理办法》（国家税务总局公告 2011 年第 25 号）的规定，企业对于生产经营过程中产生的损失，可以按规定进行申报扣除，破产重整企业可以先确认经营过程中产生的损失，降低应纳税所得额。《企业所得税法》第 18 条规定："企业纳税年度发生的亏损，准予向以后年度结转，用以后年度的所得弥补，但结转年限最长不得超过五年。"大部分企业进入破产重整程序存在大量未弥补亏损，对于豁免部分债务利得可以先扣除企业损失再弥补以往年度的亏损，从而降低应纳税所得额，减轻重整企业所得税负担。有的争取债务重组特殊性税务处理。根据财政部、国家税务总局《关于企业重组业务企业所得税处理若干问题的通知》（财税〔2009〕59 号）及 2018 年 7 月 16 日国家税务总局《对十三届全国人大一次会议第 2368 号建议的答复》的规定，符合条件的债务重组可以适用特殊性税务处理，递延纳税义务，企业债务重组确认的应纳税所得额占该企业当年应纳税所得额 50% 以上，可以在 5 个纳税年度的期间内，均匀计入各年度的应纳税所得额；企业发生债权转股权业务，对债务清偿和股权投资两项业务暂不确认有关债务清偿所得或损失，股权投资的计税基础以原债权的计税基础确定。虽然特殊税务处理只是延长了企业的纳税期限，并未减轻企业总的纳税负担，但破产重整企业通过分期纳税或延期纳税则获得更多的喘息时间，从而获得更多的重生机会。

《美国国内收入法》第 108 条（a）规定："纳税人的总所得不得包括由于纳税人的债务被免除（全部或部分）而获得的数额，前提是下列条件之一得以满足：（A）该债务的免除发生在《美国破产法》第 11 编（破产法）中

---

[1] 参见国家税务总局杭州市税务局：《关于市人大十三届五次会议滨 8 号建议的答复》，载国家税务总局杭州市税务局网 2020 年 7 月 9 日，https://zhejiang.chinatax.gov.cn/art/2020/7/9/art_13128_470988.html。

所指的案例中；（B）该债务的免除发生在纳税人破产之时……"之所以有这一规定，是因为美国国会更倾向于让陷入困境的公司继续经营而非清算，税收不能对困境公司"雪上加霜"。当然，纳税人因此获得的税收优待是要在日后的经营中弥补过来的，美国国会立法要求对处于财务困境的公司减少一些本来用于冲销未来收入的税种，具体扣减抵税税种的规则在《美国国内收入法》第 108 条（b）中有详尽的规定。[1]

（3）明确重整企业所欠税款可以分期偿付。破产重整对维护社会稳定起到很大作用，重整企业生产经营，不但可以使税务机关收回所欠税款，还能产生新的税款。企业不重整，税务机关可能连企业所欠的税款也收不到。《税收征收管理法》及税务政策，都是为了促进企业的发展，而不是阻碍企业发展。税务机关在企业欠税时要了解其是主观上恶意拖欠还是因企业实际困难无力缴纳；对于主观上恶意拖欠税款的当然不能对其怜悯，对于企业因困难实无力缴纳税款的，应允许其分期缴纳。否则，企业本身就因困难无资金支付工资，更无力支付税款。如果税务机关允许其分期缴纳，则对促进企业的发展有利。《企业破产法》中虽然没有直接规定重整企业对所欠税款可以分期偿付，但在不调减税收债权的前提下，仅是对所欠税款作出分期偿付的受偿方案，并不违反《企业破产法》。

（二）非正常户的解除

根据《税务登记管理办法》第 38 条的规定，已办理税务登记的纳税人未按照规定的期限申报纳税，在税务机关责令其限期改正后，逾期不改正的，查无下落并且无法强制其履行纳税义务的纳税人，将认定为税务非正常户。很多困境企业在进入破产程序之前已经不正常经营，多会被认定为税务非正常户。在非正常户状态下，企业会被税务部门暂停税务登记证件、发票领购簿和发票的使用，也难以办理企业法定代表人的变更。纳税人如恢复经营，必须将非正常户逾期申报的违法违章行为处理完毕、缴纳罚款后才可转为正常户状态。对于大型企业集团重整而言，非正常户状态会严重影响整体挽救效能。

---

[1] 参见徐阳光：《破产程序中的税法问题研究》，载《中国法学》2018 年第 2 期。

目前，已有省、市级文件对这一问题进行规定。广东省市场监督管理局等部门印发的《广东省深化市场主体退出制度改革实施方案》中规定"对已经认定为非正常户的民营企业破产重整的，在获取法院裁定后解除非正常户认定"。南京市中级人民法院联合国家税务总局南京市税务局印发的《破产清算程序中税收债权申报与税收征收管理实施办法》明确，管理人无法取得纳税人印章和账簿、文书的，可持破产案件受理裁定书、指定管理人决定书，向主管税务机关申请解除纳税人非正常户状态。解除非正常户状态的纳税人因人民法院裁定受理破产日之前发生税收违法行为应当给予行政处罚的，主管税务机关依法作出税务行政处罚决定。破产程序终结后，对确实无法清偿的罚款，主管税务机关依据人民法院终结破产程序的裁定，终结行政处罚决定的执行。这些都为立法层面解决破产企业的非正常户解除提供了有益探索。

仍需考虑的是，解除纳税人非正常户状态是否仅限于未接管到纳税人印章和账簿、文书的情形下。特别是在大型企业集团重整期间，为保障企业的正常经营，维护企业重整价值，多采取继续履行合同或者及时处置财产等措施，会涉及发票的领取、使用。但根据《税务登记管理办法》第 38 条的规定，必须要补缴税款、滞纳金、罚款等，否则不能解除其非正常户状态，也就无法使用发票。如企业在进入重整前已有欠缴税款、滞纳金、罚款的情况，此时要求企业在重整期间补缴相关款项将涉及是否偏颇性清偿的问题，另外，按照相关规定，仅有税款可以作为优先债权得到全额清偿，破产案件受理之前的滞纳金作为普通破产债权进行清偿，罚款属于劣后债权，要求企业补缴税款、滞纳金、罚款将违反法定的债权清偿顺序。

（三）实质合并情形下的税收处理

在大型企业集团重整过程中，采用实质合并程序是大多数的选择。如前文所述，关联企业被裁定为"实质合并破产"，会产生两个法律效果：各关联企业成员之间的债权债务归于消灭；各成员的财产作为合并后的破产财产用于各成员的债权人在同一程序中按照法定顺序公平受偿。根据《税收征收管理法》第 4 条第 1 款的规定，负有纳税义务的单位和个人为纳税人，目前税法上并没有将进入合并破产程序的企业作为一个纳税主体的规定。在破产程序中，如果债务人继续营业或者处置资产，仍然按照各债务人名义领用、开具发票，申报税费，各企业之间的进项税不能互相抵扣，收入、成本单独核算，每家债务人在税收上依然是独立的纳税主体，并没有因为合并破产而合并纳税主体。

实践中，合并破产企业主体可以参考会计关于企业合并的核算方式，对于纳入合并范围的企业，母公司与子公司、子公司相互之间的债权与债务应当相互抵销。此处抵销是因为将合并范围内的企业视同为一个整体，相互之间的债权债务从合并口径视同为无，所以需要在会计处理上进行合并抵销。但是在税法层面，合并报表并不影响每家单体企业的报表，关联企业之间的债权债务仍然体现在每家单体企业的报表上，税务部门仍要求按照各关联企业系相互独立的纳税主体来确定其纳税义务。如按照税法进行处理，将在财产区分等方面付出巨大成本，损害效率与公平，与合并破产"简化和高效"的初衷相违背。

实质合并破产的核心特征为"合一性"，即合并原因为法人人格高度混同、区分各成员的财产成本过高等，合并后果是内部债权债务消灭、资产和负债合并清偿，关联企业实质在破产程序中已合并为一个整体，法人人格不再独立。而税务机关却将各关联企业作为单独税务主体进行税款的计算和征收，两者产生了实践上的矛盾。以企业所得税计算为例，若要将 A 集团和 B 酒店作为单独税务主体进行计算，则前提是能区分所得来源，所得来源的区分前提则是资产的权属和使用情况清晰，这在资产混同的情况下显然无法实现。事实上 A 集团和 B 酒店因混同导致的不当后果只能在重整结束后方能纠正，因此合并破产期间单独税务主体是难以区分的，若要强行区分，则将在财产区分等方面付出巨大成本，这种成本最终将转嫁到其他债权人身上，尤其是普通债权人，损害的是整体上的实质公平。

为此，本书建议引入税务主体合并概念。税务主体合并是指将采用实质合并破产的企业集团，作为一个税务主体以合并计算所得税、免除内部增值税等为目的进行税款计算和征收。此时，税务主体合并不是单独再设立一个税务主体，也不意味着单独税务主体的注销，而是以合并计算所得税、免除内部增值税等为目的的一种模拟合并。在具体操作过程中，因为税务主体合并属于涉税问题，可归为债权调整事项，建议由管理人进行申请，再经税务机关审核和法院同意，合并计算税款。

四、上市公司监管协同联动

近年来,我国上市公司呈现"大型化、集团化"发展趋势,甚至有多家上市公司归属于同一实际控制人的现象。如中国医药集团有限公司旗下有1600多家子公司和7家上市公司。对于大型企业集团而言,旗下的上市公司在提升其整体融资能力、品牌影响力、人才吸引力、多元化发展能力和资本运作能力等方面都扮演了越来越重要的角色。特别是在大型企业集团发生危机时,其持有的上市公司股份也会作为重要资产被债权人关注。目前,部分上市公司存在治理结构混乱、涉嫌违规担保、大股东非法占用上市公司资金、交易对手方未履行并购重组业绩承诺等现象,严重削弱了上市公司的资产质量,影响上市公司的偿债能力、盈利能力和营运能力,甚至使得上市公司出现破产事由,严重损害上市公司及投资者合法权益。如湖南千山制药机械股份有限公司实际控制人及其关联方利用多家关联法人企业的银行账户,非法占用上市公司高达10.12亿元的资金。根据中国证券监督管理委员会通报的数据,2022年办理涉及上市公司的资金占用、违规担保案件64件,向公安机关移送涉嫌背信损害上市公司利益案件15件。[1] 如果上市公司最终退市,对企业集团的影响将是全方位的,第一,融资能力的下降,上市公司在股票市场的融资能力大幅下降或完全丧失,直接影响到企业集团的现金流和未来的资金计划。而由于市场信誉受损,企业集团可能难以通过其他渠道(如银行贷款、债券发行等)获得融资。第二,品牌形象受损。上市公司破产往往伴随着负面新闻和舆论,会严重损害企业集团的品牌形象,消费者、合作伙伴和投资者可能对企业集团产生不信任感,导致企业集团业务合作和市场份额的减少。第三,会对企业集团的其他成员产生连锁反应,致使其他成员面临资金压力、信誉受损和业务合作中断等风险等。可以看到,对于企业集团而言,保障上市公司的正常运营,特别是在上市公司面临破产时,尽快使上市公司获得重生具有重要的现实意义。

---

[1] 参见《证监会通报2022年案件办理情况》,载微信公众号"证监会发布"2023年2月10日,https://mp.weixin.qq.com/s/23KYps3ZxWcW1Yn70oh5iA。

（一）法院和证券监管部门监管联动的规则

上市公司进入破产重整程序后，因涉及债权人、上市公司、出资人、企业职工等相关当事人的利益，各方矛盾比较集中和突出，如果处理不当，极易引发群体性、突发性事件，影响社会稳定。因而上市公司的日常经营活动被置于严格的法律法规监管之下，案件的审理涉及《企业破产法》《证券法》《公司法》等多部门法律的适用，除破产法院审理案件外，证券监管机构作为上市公司的监管机构，也会对重整案件的受理、重整计划的通过、信息披露等多方面进行监督和管理，这涉及司法程序与行政程序的衔接问题。可以说，上市公司重整案件的审理离不开法院与证券监管机构的协同联动。而现行的《企业破产法》并没有直接关于上市公司重整的规定，也没有关注法院和证券监管部门的监管联动问题。

1. 法院和证监部门的会商机制

2012年3月，最高人民法院会同中国证券监督管理委员会印发《关于审理上市公司破产重整案件工作座谈会纪要》（法〔2012〕261号）（以下简称261号《纪要》），规定上市公司重整计划草案的会商机制，明确人民法院审理上市公司破产重整案件，要充分发挥地方政府的风险预警、部门联动、资金保障等协调机制的作用，积极配合政府做好上市公司重整中的维稳工作，并根据上市公司的特点，加强与证券监管机构的沟通协调。该纪要进一步明确了上市公司破产重整案件的审理原则，细化了有关程序和实体规定，更好地规范了相关主体的权利义务，以充分保护债权人、广大投资者和上市公司的合法权益，优化配置社会资源，促进资本市场健康发展。

随着破产重整案件日益增多、市场环境和监管政策变化，针对上市公司破产重整案件出现的新问题，最高人民法院会同中国证券监督管理委员会，于2024年12月31日印发《关于切实审理好上市公司破产重整案件工作座谈会纪要》（法〔2024〕309号）（以下简称309号《纪要》），对相关规则进行完善和统一，特别是细化了监管部门与人民法院在上市公司重整中的职责分工及程序衔接问题。同日，中国证监会就《上市公司监管指引第11号——上市公司破产重整相关事项（征求意见稿）》（以下简称《上市公司监管指引》）公开征求意见。

在重整申请阶段，309 号《纪要》第 8 条规定人民法院在就重整申请进行听证时，"涉及证券监管事项的，应当听取属地中国证监会派出机构意见。"第 9 条明确建立法院与证监会的协同联动机制，要求"申请人向人民法院提出重整申请的，上市公司住所地省级人民政府应当同步向中国证监会通报情况。"中国证监会将对上市公司重整价值提出意见，反馈给省级人民政府并同步通报最高人民法院。对于通报内容，明确省级人民政府同步通报其所出具的维稳预案及当前各方关于债权调整、重整投资等已达成一致的协议，《上市公司监管指引》进一步补充，"可以包括公司陷入困境的原因，目前的资产负债情况、偿债能力分析、是否存在退市风险，明确重整必要性、重整实现目标等内容。"在重整计划草案的制定与表决阶段，309 号《纪要》明确人民法院在审批重整计划草案时，应重点审查重整计划内容以及重整投资人资格是否符合法律、行政法规、国家产业政策以及上市公司收购等相关规定，必要时可以征求属地中国证监会派出机构的意见。

同时，309 号《纪要》明确要求中国证监会应对上市公司是否具有重整价值等事项向省级人民政府出具意见，并同步通报最高人民法院，提供了上市公司重整价值的反向甄别标准，具体如下："（1）上市公司因涉及国家安全、公共安全、生态安全、生产安全、公众健康安全等可能被证券交易所终止其股票上市交易的重大违法行为正在被有权机关立案调查或者立案侦查，且尚未结案；（2）根据相关行政处罚事先告知书、行政处罚决定，人民法院生效裁判认定的事实等情况，上市公司可能被证券交易所终止其股票上市交易；（3）上市公司因信息披露、规范运作等存在重大缺陷，可能被证券交易所终止其股票上市交易；（4）其他违反证券监管法律法规，导致上市公司丧失重整价值的情形。"采取了例举并兜底的方式，除对重大违法及因合规问题等可能导致上市公司退市的情形，还兜底了其他违反证券监管导致上市公司丧失重整价值的情形，就此，需要在实践中予以判断和关注。此外，对于资金占用、违规担保事项，309 号《纪要》明确提出原则上应在进入重整程序前完成整改，该规定将加大存在资金占用、违规担保情形上市公司重整的难度。鉴于资本市场透明度高、规范性强、牵涉利益广，防范相关方通过重整程序损害债权人及投资者利益，309 号《纪要》设置了重大事项通报机制，有效加强监管机构与司法机关的信息共享和会商协调。根据该纪要第 25 条的规定，证券监管部门发现上市公司及相关方存在重大违法行为，或者涉嫌实施前述行为，可能严重损害债权人、中小投资者合法权益的，可以致函人民法院，人民法院应当充分关注，必要时启动会商机制。人民法院发现管理人、重整投资人、财务顾问等相关方存在涉及证券市场违法违规行为，或者发现相关方提交的材料与上市公司信息披露不一致的，应当立即将相关情况逐级层报，由最高人民法院通报中国证监会，中国证监会依法对相关当事人采取行政监管措施或者予以行政处罚。

2. 预重整程序的适用

应当看到，上市公司重整涉及多方，法院和证券监管部门在会商时需要协调各方利益。然而，由于各方立场和利益不同，协调难度较大，会商过程复杂烦琐，效率低下，极易导致程序"难产"。因此，上市公司、债权人和意向投资人在面对这种情况时往往会产生畏难情绪，缺乏积极性去寻求破产保护和资产整合的途径。2024年4月12日，中国证券监督管理委员会发布《关于严格执行退市制度的意见》。后沪深北交易所相继修订完善相关退市规则并发布《上海证券交易所股票上市规则（2024年4月修订）》《上海证券交易所科创板股票上市规则（2024年4月修订）》《深圳证券交易所股票上市规则（2024年修订）》《深圳证券交易所创业板股票上市规则（2024年修订）》《北京证券交易所股票上市规则（试行）》等，进一步严格了退市标准，将加快不具有重整价值的上市公司出清。在这一背景下，有必要明确前置审批程序与时限要求，从而尽快通过重整程序保障上市公司价值，避免大型企业集团重整失败。

目前上市公司重整程序中大多采用预重整方式，主要原因在于：第一，预重整制度能够帮助上市公司避免直接陷入破产的尴尬境地。破产对于任何一家公司而言都是极为不利的，它不仅会影响公司的正常运营，还会严重损害公司的公众形象，甚至可能导致股价大幅下跌，投资者信心丧失。而预重整则为公司提供了一个相对温和的解决方案，让公司在面临困境时仍能保持一定的稳定性和信誉。第二，预重整制度显著提高了重整的效率。在传统的破产重整程序中，公司需要花费大量时间和精力去应对法律程序和各种烦琐的手续。而在预重整阶段，公司可以充分利用这段时间对自身的资产和负债进行全面梳理，评估各种风险，并与债权人等利益相关方进行深入沟通，从而制定出更为合理和可行的重整方案。这样一来，一旦进入正式的重整程序，公司就能更加迅速和高效地推进各项工作。第三，预重整制度也能更好地保护债权人的利益。在传统的破产重整中，债权人往往处于相对被动的地位，其利益容易受到损害。而在预重整过程中，债权人可以积极参与到方案的制定和谈判中，充分表达自己的诉求和关切，从而确保自身的利益得到最大限度的保障。

为有效发挥预重整制度的优势，保证上市公司重整的成功率，在预重整阶段推进会商机制，能够缩短重整程序的时间，即进入预重整阶段之初，管理人召集债务人、债权人和意向投资人，共同讨论并敲定重整预案及重大资产重组预案。债务人随后召开董事会，对重大资产重组预案进行投票表决，并委托专业中介机构对预案进行审核与信息披露文件的准备。通过省政府相关部门，债务人将包括重整和资产重组预案在内的报批资料提交给证券监管机构审查。在接到反馈后，债务人将酌情调整预案，并可能再次召开董事会进行表决。待证券监管机构批复后，法院将基于该批复受理上市公司的重整请求。接下来，法院组织债权人会议和出资人组会议，对重整计划草案进行表决。此环节无须再召开股东大会。一旦表决通过，法院将批准重整计划，并启动执行阶段，包括有序地分配偿债资源和进行资产交割，以助上市公司走出困境，实现再生。

3. 退市公司的规制

退市公司具有公众公司的一般特性，此前对于退市公司重整，主要根据《企业破产法》以及全国中小企业股份转让系统的相关业务规则等进行，未明确遵循上市公司重整相关规则，与上市公司重整存在较大差异。

309号《纪要》考虑到退市公司重整的实际需要，对退市公司重整予以关注，明确退市公司破产重整案件办理可以参照上市公司重整相关规定，强调要加强信息披露和内幕交易防控，依法严格审查债务清偿方案、出资人权益调整方案、经营方案等重整计划相关内容，一定程度上避免退市公司重整质效"弱化"于上市公司，切实保障退市公司重整质量。同时由于退市公司所具有的公众公司特性，强调退市公司重整案件办理中法院内部汇报要求，明确提出受理法院需及时向高级人民法院上报案件办理相关情况，强调高级人民法院应当与退市公司住所地人民政府、中国证监会派出机构和全国中小企业股份转让系统有限责任公司等加强协作，必要时可以专门会商，有助于妥善化解涉众风险以及案件的依法有序审理。

(二) 破产重整与重大资产重组的协同

在现有资产和业务丧失了造血能力的情况下，企业重整通常同时采取债务重整和资产重组的综合方式，二者相辅相成，相互支撑。但有别于一般企业的重组行为，上市公司在进行重大资产重组[1]时，会受到行政监管的刚性约束，而重整则是在法院的主导和监督下实施，并由司法强制力保障的法律程序，解决的是非正常状态下的企业问题。因此，在上市公司领域，重整与重大资产重组两种不同性质的程序并行势必带来如何衔接的问题。2023年2月17日中国证券监督管理委员会修订的《上市公司重大资产重组管理办法》规定，上市公司及其控股或者控制的公司在日常经营活动之外购买、出售资产或者通过其他方式进行资产交易达到规定的标准，导致上市公司的主营业务、资产、收入发生重大变化的资产交易行为受中国证券监督管理委员会监

---

[1] 关于上市公司重大资产重组的认定标准，《上市公司重大资产重组管理办法》第12条规定："上市公司及其控股或者控制的公司购买、出售资产，达到下列标准之一的，构成重大资产重组：（一）购买、出售的资产总额占上市公司最近一个会计年度经审计的合并财务会计报告期末资产总额的比例达到百分之五十以上；（二）购买、出售的资产在最近一个会计年度所产生的营业收入占上市公司同期经审计的合并财务会计报告营业收入的比例达到百分之五十以上，且超过五千万元人民币；（三）购买、出售的资产净额占上市公司最近一个会计年度经审计的合并财务会计报告期末净资产额的比例达到百分之五十以上，且超过五千万元人民币。购买、出售资产未达到前款规定标准，但中国证监会发现涉嫌违反国家产业政策、违反法律和行政法规、违反中国证监会的规定、可能损害上市公司或者投资者合法权益等重大问题的，可以根据审慎监管原则，责令上市公司暂停交易、按照本办法的规定补充披露相关信息、聘请符合《证券法》规定的独立财务顾问或者其他证券服务机构补充核查并披露专业意见。"第13条第1款规定："上市公司自控制权发生变更之日起三十六个月内，向收购人及其关联人购买资产，导致上市公司发生以下根本变化情形之一的，构成重大资产重组，应当按照本办法的规定履行相关义务和程序：（一）购买的资产总额占上市公司控制权发生变更的前一个会计年度经审计的合并财务会计报告期末资产总额的比例达到百分之一百以上；（二）购买的资产在最近一个会计年度所产生的营业收入占上市公司控制权发生变更的前一个会计年度经审计的合并财务会计报告营业收入的比例达到百分之一百以上；（三）购买的资产净额占上市公司控制权发生变更的前一个会计年度经审计的合并财务会计报告期末净资产额的比例达到百分之一百以上；（四）为购买资产发行的股份占上市公司首次向收购人及其关联人购买资产的董事会决议前一个交易日的股份的比例达到百分之一百以上；（五）上市公司向收购人及其关联人购买资产虽未达到第（一）至第（四）项标准，但可能导致上市公司主营业务发生根本变化；（六）中国证监会认定的可能导致上市公司发生根本变化的其他情形。"

管。目前上市企业破产重组有两种途径：先重整后重组方式，以及重整与重组同时推进的方式。[1] 实践中，绝大多数上市公司均采取重整与重大资产重组先后进行模式，即待上市公司重整程序终止，恢复为正常状态后，再进行重大资产重组。这样的操作模式能够避免司法和行政程序的交叉冲突。

在南京市中级人民法院审理的江苏舜天船舶股份有限公司破产重整案中，实现了司法裁判权与行政监管权的有效衔接。江苏舜天船舶股份有限公司系上市公司，根据规定，因其重整计划草案涉及证券监管机构行政许可事项，南京市中级人民法院逐级报请最高人民法院首次启动与中国证券监督管理委员会的会商机制。因会商机制规定较为原则，对于会商机制启动时点、会商材料准备、专家咨询意见形式、专家咨询意见出具与重整计划草案表决孰前孰后等没有明确规定，给实践操作带来较大困惑。如专家咨询意见出具在前，有利于重整计划草案在制定和表决前及时修改调整，但存在方案不确定的问题；专家咨询意见出具在后，重整计划草案即使表决通过，仍存在被否定的可能，且时限要求高，难以在法定期限内完成后续程序。为准确适用程序，依法高效推进重整工作，南京市中级人民法院在上级法院指导帮助下，就重整计划草案会商机制启动和衔接，与证券监管机构进行了充分沟通。鉴于重整程序时限的刚性要求，同时兼顾会商各环节所需的必要时间，南京市中级人民法院在重整计划草案确定后，即时启动了会商机制，并按照中国证券监督管理委员会要求完备报送材料。在听取专家就重组方案提出的合法、公允、可行的初步意见的情况下，依法调整重整计划草案内容，并指导管理人就草案修订与主要债权人及时沟通，确保草案修订能够获得主要债权人的理解和支持。在各方推动下，债权人会议按期召开，对重整计划草案进行了表决。表决通过后，南京市中级人民法院积极通过最高人民法院与中国证券监督管理委员会协调，商请出具明确的专家咨询意见。最终，南京市中级人民法院在法定期限内，参考会商意见裁定批准了重整计划。通过破产重整，江苏舜天船舶股份有限公司近86亿元债务均得到100%清偿，3.1万户股东利益得到保护；通过重组注入优质资产、改善经营管理，江苏舜天船舶股份有限公

---

[1] 参见章恒筑、王一诺：《股票发行全面注册制改革实施背景下破产审判的展望》，载《法律适用》2024年第3期。

司重新焕发生机，104名职工得到妥善安置。[1]

在个案探索的基础上，南京市中级人民法院与中国证券监督管理委员会江苏监管局联合发文，在全国率先建立上市公司重整全流程协同机制，明确法院在司法审查上市公司重整、预重整申请过程中，提前征求监管部门对重整价值及可行性的意见。当重整程序启动运转后，如上市公司存在未能严格依照计划或者擅自变更重整计划等情形，可能严重影响重整计划执行效果甚至导致执行终止、宣告破产，双方将及时共同介入；如上市公司存在占用资金、违规担保、重大信息披露违法等严重损害中小股东合法权益的情形，双方则提前评估上市公司可能受到的处罚及证券虚假陈述民事赔偿数额等，确定企业的上述行为造成的影响，并可据此调整重整程序。这对于上市公司协同机制的构建是有益尝试。

261号《纪要》发布至今，上市公司破产重整与重大资产重组程序并行的实践操作也仅此一例，一方面原因是注册制改革试行和全面实施前，上市公司"壳资源"的稀缺，相关规则整体较为宽松，加之"保壳"时间紧迫，企业可以先进行重整，形成"净壳公司"，吸引投资人借壳上市；另一方面更为重要的原因是上市公司破产重整中存在行政审批与司法程序冲突的问题，重大资产重组的行政审批具有巨大的不确定性且耗时较长，而立法并没有对上市公司重整程序涉及的定向增发购买重大资产等相关行政审批事项予以豁免，人民法院对于破产重整的主导和行政监管对于重大资产重组的刚性约束使上市公司需要先进行破产重整，再推进重大资产重组，否则即使法院批准重整计划，相关行政审批事项还须经证券监管机构予以批准同意。如果并购重组专家咨询委员会意见出具在后，重整计划草案即使表决通过后，仍存在被否定的可能。根据《企业破产法》的规定，重整计划草案自各表决组通过之日起10日内，或未通过重整计划草案的表决组拒绝再次表决或者再次表决仍未通过重整计划草案的，债务人或者管理人可以申请人民法院批准重整计划草案。法院裁定批准重整计划后，债务人应当按照重整计划规定的内容全面履行。当上市公司采取的重整措施涉及股权让与、定向增发、资产交易、减资等事项时，重整计划不但涉及法院的正常批准或强制批准，还涉及证券

---

[1] 参见江苏舜天船舶股份有限公司破产重整案，载《最高人民法院公报》2017年第12期。

监管机构的行政审批问题。如果在履行过程中，涉及股权调整或重大资产交易等事项不能得到批准时，就会使重整计划草案得不到实际执行。按照《企业破产法》的相关规定，债务人不执行或不能执行重整计划的，经债务人或管理人申请，人民法院应当裁定终止重整计划的执行，这样就实际造成了行政权否定司法权的尴尬局面。即使会商意见未否定重大资产重组方案仅是认为需进行修改的情况下，法院也无法律依据重新召开债权人会议和出资人会议对已经表决通过的重整计划草案进行修改和再次表决。由此，未经修改和调整的重大资产重组方案难以得到证监会的审批同意，重整计划草案因无法执行，上市公司将被宣告破产。退言之，即使专家咨询意见为否定或认为需要修改，管理人可以向法院撤回提请批准的申请并对重整计划草案的相关事项依法调整后再行提请会商。[1] 但经会商通过后，重新召开债权人会议和出资人会议进行表决，时间上恐难以保证能够满足重整期限要求。相反，如果上市公司先行获得证券监管机构的行政许可，而法院并未通过相关的重整计划草案，则又会使该行政许可事项没有执行的可能。如何解决上市公司破产重整中涉及的司法程序与行政程序的衔接问题，是法院批准重整计划草案在先还是证券监管机构做出行政许可在先就成为实践中亟待解决的问题。故绝大部分上市公司为了避免重整失败的退市风险，采取先破产重整程序，该程序终结后再启动重大资产重组的模式。

但从实践效果看，司法重整与重大资产重组并行的模式对于上市公司而言可能更为有效，也具有可行性。首先，对于陷入困境的上市公司来说，其往往面临着控股股东非经营性资金占用、违规担保等历史违规问题，该等问题的解决也是上市公司获得重整机会的重要前置性行政审批条件。[2] 而重大资产重组可以处理涉及控股股东的非经营性资金占用、违规担保等历史违规问题，为公司重整满足前置性行政审批条件。同时，在重整程序中通过重大资产重组方式注入资产，能够为债务清偿提供资金支持，有效充实上市公司

---

[1] 参见宋晓明、张勇健等：《〈关于审理上市公司破产重整案件工作座谈会纪要〉的理解与适用》，载《人民司法》2013年第1期。
[2] 参见国务院《关于进一步提高上市公司质量的意见》第10条指出"上市公司实施破产重整的，应当提出解决资金占用、违规担保问题的切实可行方案"，载中央人民政府网2020年10月9日，https://www.gov.cn/zhengce/content/2020-10/09/content_5549924.htm。

资产，为债权人、广大中小投资者的权益提供有力保障，增加重整计划草案通过的可能性，实现破产重整与资产重组的协同效应。

其次，从上市公司重整实践看，破产重整和重大资产重组相辅相成。按照《上市公司重大资产重组管理办法》，上市公司进行重大资产重组要满足相应的标准和原则，涉及发行股份的还要符合相应的条件，[1]例如，上市公司最近一年及一期财务会计报告被会计师事务所出具无保留意见审计报告；被出具保留意见、否定意见或者无法表示意见的审计报告的，须经会计师事务所专项核查确认，该保留意见、否定意见或者无法表示意见所涉及事项的重大影响已经消除或者将通过本次交易予以消除。这完全可以在重整程序中消除原有违规事项产生的不利影响。

最后，上市公司的重整价值应当是现有资产和业务的持续经营能力，但实践中上市公司的重整价值一定程度上异化为"壳"价值，对现有资产和业务前景的审查退而求其次。从长远来看，上市公司重整的目标追求应当从"保壳"回归到"价值提升"，在"保壳"过程中通过可行的经营方案及注入新的资产和业务使企业价值不断提升。从这个角度看，重整与重大资产重组并行模式可以避免上市公司出现"净壳"状态的真空期，遏制个别投资人"炒壳"的恶意套利行为和错误的投资导向价值观，实现债务纾困与营运价值发挥的有机统一。[2]

在全面注册制背景下，重大资产重组的审核流程更透明、审核时限的要求更明确，为适用司法重整与重大资产重组的程序并行模式提供了更好的

---

[1] 《上市公司重大资产重组管理办法》第43条第1款规定："上市公司发行股份购买资产，应当符合下列规定：（一）充分说明并披露本次交易有利于提高上市公司资产质量、改善财务状况和增强持续经营能力，有利于上市公司减少关联交易、避免同业竞争、增强独立性。（二）上市公司最近一年及一期财务会计报告被会计师事务所出具无保留意见审计报告；被出具保留意见、否定意见或者无法表示意见的审计报告的，须经会计师事务所专项核查确认，该保留意见、否定意见或者无法表示意见所涉及事项的重大影响已经消除或者将通过本次交易予以消除。（三）上市公司及其任董事、高级管理人员不存在因涉嫌犯罪正被司法机关立案侦查或涉嫌违法违规正被中国证监会立案调查的情形。但是，涉嫌犯罪或违法违规的行为已经终止满三年，交易方案有助于消除该行为可能造成的不良后果，且不影响对相关行为人追究责任的除外。（四）充分说明并披露上市公司发行股份所购买的资产为权属清晰的经营性资产，并能在约定期限内办理完毕权属转移手续。（五）中国证监会规定的其他条件。"
[2] 参见夏煦、何明珠：《论全面注册制改革背景下上市公司重整与重大资产重组两大程序并行的衔接与协调》，载浙江省法学会破产法学研究会第三届主题征文论文集。

路径。

首先，《上市公司重大资产重组管理办法》细化了证券监管机构、证券交易所的职责分工和审核注册流程。其中，涉及发行股份的重组，明确由证券交易所设立的并购重组委员会进行审议并提出审议意见。而在此之前，依照261号《纪要》，是由中国证券监督管理委员会安排并购重组专家咨询委员会对案件进行研究，并购重组专家咨询委员会应当按照与并购重组审核委员会相同的审核标准进行研究并出具专家咨询意见。从中国证券监督管理委员会到证券交易所，为会商机制的适用提供了更具操作的路径。

其次，进一步建立健全咨询机制。《上海证券交易所上市公司重大资产重组审核规则（2024年4月修订）》第6条第1款规定："上市公司、独立财务顾问和证券服务机构在发行股份购买资产方案披露后至申报前，首轮审核问询发出后，可以就重组审核相关业务问题或者事项向本所重组审核机构进行咨询沟通。"这使上市公司及中介机构获取更明确的指导意见，便于更有针对性地优化报批材料，有利于监管机构加强对高风险上市公司的监督管理，也有利于最终方案的审核通过。

最后，关于重大资产重组的审核时间进行了明确。《上市公司重大资产重组管理办法》第27条第2款规定："证券交易所应当在规定的时限内基于并购重组委的审议意见，形成本次交易是否符合重组条件和信息披露要求的审核意见。"第28条第1款规定："中国证监会收到证券交易所报送的审核意见等相关文件后，依照法定条件和程序，在十五个工作日内对上市公司的注册申请作出予以注册或者不予注册的决定，按规定应当扣除的时间不计算在本款规定的时限内。"更进一步，根据《上海证券交易所上市公司重大资产重组审核规则（2024年4月修订）》第41条第1款的规定，"上市公司申请发行股份购买资产不构成重组上市的，本所自受理申请文件之日起两个月内出具本次交易符合重组条件和信息披露要求的审核意见，或者作出终止审核的决定，本所审核和中国证监会注册的时间总计不超过三个月；申请发行股份购买资产构成重组上市的，本所自受理申请文件之日起，在规定时间内出具本次交易符合重组条件和信息披露要求的审核意见，或者作出终止审核的决定，本所审核和中国证监会注册的时间总计不超过三个月。"这也为解决重大资产重组的行政审批具有巨大的不确定性且耗时较长的问题带来转机。

（三）信息披露的监管联动

上市公司信息披露制度是上市公司在证券的发行、上市和交易等一系列环节中，依照法律、证券监管部门或证券交易所的规定，以一定的方式向社会公众公开与证券有关的信息而形成的一整套行为惯例和活动准则。对于上市公司而言，信息披露是投资者了解上市公司经营状况、财务状况、风险状况的主要途径，全面、准确、及时的信息披露有助于投资者作出明智的投资决策，避免受到欺诈或误导。监管机构和市场参与者也可以及时发现上市公司可能存在的问题和风险，如财务造假、内部人控制等，从而采取相应的措施进行防范和化解，降低市场风险。

1. 企业破产法对信息披露的要求

我国对重整信息披露采取了较原则的立法方式，《企业破产法》并没有专门针对上市公司重整的信息进行规定，对重整信息披露的规定散见于《企业破产法》的各章节之中。

首先，关于信息披露的主体。在重整申请阶段，信息披露的义务主体为债务人。在重整进行阶段，信息披露的义务主体为债务人的有关人员（企业的法定代表人，经人民法院决定，可以包括企业的财务管理人员和其他经营管理人员）、管理人以及债务人。在重整的执行阶段，信息披露的义务主体也是债务人。309号《纪要》进一步明确信息披露责任主体，管理人负责管理财产和营业事务的，由管理人履行信息披露义务，并承担法律法规、交易场所业务规则和公司章程规定的原上市公司董事会、董事和高级管理人员职责和义务。上市公司自行管理财产和营业事务的，上市公司为信息披露义务人。

其次，关于信息披露的内容，主要规定于《企业破产法》第8条、第11条、第14条、第68条、第69条、第79条和第84条。根据《企业破产法》的规定，需要披露的信息可以分为法定披露信息和按需披露信息。[1] 法定披露信息是根据《企业破产法》的明确规定，需要主动进行披露的信息。《企业破产法》第8条、第11条规定，债务人应当向人民法院提交财产状况说明、

---

[1] 参见纪红勇：《浅谈破产重整程序中债权人的知情权》，载《法律适用》2012年第11期。

债务清册、债权清册、有关财务会计报告以及职工工资的支付和社会保险费用的缴纳情况。同时，债务人有关人员根据人民法院、管理人的要求进行工作，并如实回答询问；列席债权人会议并如实回答债权人的询问。就上市公司而言，申请人申请上市公司破产重整的，还应当提交关于上市公司具有重整可行性的报告、上市公司住所地省级人民政府出具的维稳预案等。上市公司自行申请破产重整的，应当提交经股东会表决同意的证明材料，以及切实可行的职工安置方案。债权人申请上市公司破产重整的，应当提供其已经通知上市公司的有关证据。同时，最高人民法院通过司法解释、政策文件等进一步明确信息披露的内容、方式等。2016 年 7 月，最高人民法院发布《关于企业破产案件信息公开的规定（试行）》，明确规定破产案件信息公开以公开为原则，以不公开为例外。该规定第 1 条指出最高人民法院设立全国企业破产重整案件信息网，破产案件审判流程信息以及公告、法律文书、债务人信息等与破产程序有关的信息统一在全国企业破产重整案件信息网进行公布。该规定同时具体规定了法院与破产管理人各自公布破产案件的信息与债务人信息的义务内容。

最后，关于信息披露要求。309 号《纪要》强调信息披露义务人应当按照法律法规和交易场所业务规则的要求披露涉及上市公司破产重整的信息，有效保障债权人、投资者等利害关系人的知情权、程序参与权。与上市公司破产重整相关的重要财务资料、评估报告，以及可能对公司股票交易价格产生重大影响的信息，应当予以披露。管理人在接受指定后应当及时披露其成员、职责分工及联系方式、公司财产和营业事务的管理模式、信息披露事务责任主体名称及成员等信息。当事人向人民法院、中国证监会提供的材料与已披露的信息应当保持一致。如果有不一致的，应当作出专项说明并披露。

2. 证券监管部门的信息披露监管要求

信息披露是证券法律制度的基础性规则之一，也是《证券法》规制的重要对象。《证券法》第 80 条明确规定"申请破产的决定"和"依法进入破产程序"为可能对上市公司股票价格产生较大影响的重大事件，公司应当履行临时报告披露义务。破产重整属于《证券法》规定的可能对上市公司股票交易价格产生较大影响的重大事件，针对上市公司的信息披露规则包括《上市公司信息披露管理办法》《上市公司治理准则》等。2022 年 3 月 31 日，上海证券交易所和深圳证券交易所分别发布《上海证券交易所上市公司自律监管指引第 13 号——破产重整等事项》《深圳证券交易所上市公司自律监管指引第 14 号——破产重整等事项》（以下统称《监管指引》）。首先，《监管指引》全面覆盖了上市公司重整、和解及破产清算事项，考虑到上市公司预重整实践不断落地的实际情况，明确实施预重整的上市公司应当参照《监管指引》履行信息披露义务。其次，《监管指引》明确破产事项信息披露主体、需披露事项及披露内容，从制度上提高破产事项信息披露的及时性、完整性、可读性。具体而言：一是践行分阶段信息披露。破产事项可能涉及破产申请、法院裁定受理、召开债权人会议、召开出资人组会议、实施重整计划等多个重要环节，程序链条长、时间跨度大。为引导上市公司做好持续性信息披露，充分保护市场主体知情权，《监管指引》明确履行信息披露义务的主体，分流程、分阶段提出信息披露要求。除明确破产事项推进期间的信息披露要求外，《监管指引》还切实督促信息披露义务人在重整计划、和解协议执行完毕后，及时披露进展情况和实施效果，充分保障投资者知情权。二是完善关键事项披露要求。破产事项往往涉及不良资产处置、优质资产注入、权益调整、引入重整投资人等关键事项，对上市公司的主营业务、资产负债结构、持续经营能力等存在重大影响，由于上市公司的涉众性，如不充分披露可能不利于债权人、投资者等有关各方进行决策。为此，《监管指引》以市场主体需求为导向，对破产事项中涉及的财产变价方案、经营方案、引入重整投资人等重大、特有事项作出有针对性的披露要求。三是明确不披露即解释原则。《监管指引》结合破产事项涉及司法程序等客观情况，明确规定如信息披露义务人确有合理原因无法按照《监管指引》履行信息披露义务，可以不按照《监管指引》要求进行披露，但应当说明原因。最后，《监管指引》细化停复牌安排，明确在破产程序推进过程中，公司股票及其衍生品种原则上不停牌，如确需停牌，公司应当提出申请。在停牌期间，上市公司应当披露相关事项涉及的主要工作、事项进展、对公司的影响以及后续安排等，并充分提示相关事项存在的风险和不确定性，有效衔接了停复牌规则要求和破产事项停复牌实务。

3. 信息披露监管联动

法院与证券监督管理部门在信息披露监管中的协调配合是确保上市公司

信息披露质量、保护投资者利益和维护市场稳定的关键环节。为确保上市公司信息披露的准确性和合规性，在现有规则基础上，还需要法院和证券监督管理部门进一步紧密合作。

首先，为确保上市公司信息披露的准确性和合规性，法院、证券监督管理部门以及上市公司三方需要紧密合作。首要任务是建立信息共享机制，在这一机制下，上市公司应及时、准确地提供其财务状况、经营情况和重整进展等关键信息。证券监督管理部门和法院则通过这一机制实时获取上市公司的财务状况、经营情况和重整进展等关键信息，保持对上市公司最新动态的全面了解，从而为更有效的监管和裁决提供数据支持。

其次，证券监督管理部门和法院应协同审核上市公司需要披露的信息。在这个过程中，证券监督管理部门将侧重于评估信息披露是否全面、真实和准确，旨在保护投资者利益和维护市场稳定。而法院则将从法律角度审查信息披露的合规性，确保其符合相关法律法规，并与重整程序和法律裁定保持一致。

再次，上市公司的积极配合也是加强沟通与协作的重要环节。除了与证券监督管理部门和法院保持定期沟通外，上市公司还应主动反馈在信息披露过程中遇到的问题和困难，寻求专业指导和帮助，共同提升信息披露的质量和效率。一旦发现上市公司在信息披露方面存在违规行为，如虚假记载、误导性陈述或重大遗漏，证券监督管理部门和法院需联合行动。证券监督管理部门将依据证券法律法规对违规行为实施行政处罚，同时，法院将在重整程序中采取相应的法律措施，维护市场秩序和信息披露的合规性。

最后，为加强信息披露监管的有效性，双方还需深化沟通与协作。这包括定期召开协调会议，共同讨论和协商信息披露监管中的重大问题，以及联合开展培训和宣传活动，提升上市公司对信息披露重要性的认知，促使其自觉遵守信息披露规则，从而营造一个更加透明、公正的市场环境。

结 语

　　风险时代的破产纾困和改革工作应当协同推进，以便推动破产制度的实施顺应新形势下的重大风险处置任务。破产制度为挽救处于困境的大型企业集团，落实党中央"六稳""六保"任务、营造良好的营商环境、维护经济社会稳定提供有力的司法服务和保障发挥了主要作用。相对于单体企业的破产处置而言，大型企业集团的破产程序有其独特性和复杂性，因此需要构建契合大型企业集团特点的破产制度模式。目前各级人民法院在大型企业集团的破产实践中已经积累了较为丰富的司法经验，并进行了多种有益的制度创新。当下的破产法制已经滞后于司法实践的发展，破产立法应当在及时总结经验的基础上，充分吸收实践的智慧，在综合考量国情的基础上，为大型企业集团的破产处置提供有力的保障。

附　录

附录1：
我国大型企业集团破产处置典型案例[*]

案例一　江苏省纺织工业（集团）进出口有限公司及其5家子公司实质合并破产重整案[1]

（最高人民法院指导案例163号）

1. 基本案情

江苏省纺织工业（集团）进出口有限公司（以下简称省纺织进出口公司）及其下属的5家控股子公司江苏省纺织工业（集团）轻纺进出口有限公司、江苏省纺织工业（集团）服装进出口有限公司、江苏省纺织工业（集团）机电进出口有限公司、江苏省纺织工业（集团）针织进出口有限公司、无锡新苏纺国际贸易有限公司，是江苏省纺织及外贸行业内有较高影响力的企业，经营范围主要为自营和代理各种进出口业务及国内贸易。在国际油价

---

[*] 本典型案例部分内容收录时有调整。——笔者注
[1] 参见江苏省纺织工业（集团）进出口有限公司及其5家子公司实质合并破产重整案，最高人民法院指导案例163号（2021年），案例编号：2021-18-2-422-001。最高人民法院：《全国法院审理破产典型案例》，载最高人民法院官网2018年3月6日，https://www.court.gov.cn/zixun/xiangqing/83792.html。

大幅下跌的背景下，因代理进口化工业务的委托方涉嫌违法及自身经营管理等，省纺织进出口公司及其5家子公司出现巨额负债，其中80%以上为金融债务，而经审计上述6家公司总资产仅为6000余万元，资产已不足以清偿全部债务。

2. 审理情况

根据债权人的申请，南京市中级人民法院（以下简称南京中院）分别于2017年1月24日、2017年6月14日裁定受理省纺织进出口公司及其5家子公司重整案，并指定同一管理人接管6家公司。管理人对6家公司清理后认为，6家公司存在人员、财务、业务、资产等方面法人人格高度混同的情形，据此申请对6家公司进行合并重整。南京中院在全面听证、审查后于2017年9月29日裁定省纺织进出口公司与其5家子公司合并重整。基于6家公司在纺织及外贸行业的影响力及经营前景，管理人通过谈判，分别引入江苏省纺织集团有限公司及其母公司等作为战略投资人，投入股权等优质资产增资近12亿元，对债务人进行重整和资产重组，同时整合省纺织进出口公司与子公司的业务资源，采用"现金清偿+以股抵债"的方式清偿债权。2017年11月22日，合并重整债权人会议及出资人组会议分组表决，各组均高票或全票通过管理人提交的合并重整计划草案。经管理人申请，南京中院审查后于2017年12月8日裁定批准省纺织进出口公司及其5家子公司的合并重整计划；终止省纺织进出口公司及其5家子公司的合并重整程序。

3. 典型意义

该案是探索关联企业实质合并重整、实现企业集团整体脱困重生的典型案例。法院对分别进入重整程序的母子公司，首先在程序上进行合并审理，在确认关联企业法人人格高度混同、资产和负债无法区分或区分成本过高以致严重损害债权人利益，并全面听取各方意见后，将关联企业进行实质合并重整。合并重整中，通过合并清理债权债务、整合关联企业优质资源，同时综合运用"现金清偿+以股抵债"、重整的同时进行资产重组等方式对危困企业进行"综合诊治"，不仅使案件审理效率大为提升，还使债权人的整体清偿利益得到有效维护，化解了企业集团债务危机，有效防范了金融风险，实现了6家企业整体脱困重生，凸显了破产审判的制度功能与社会价值，为国有企业深化改革提供了有益经验。

案例二 江苏苏醇酒业有限公司及关联公司实质合并破产重整案[1]

(最高人民法院指导案例164号)

1. 基本案情

江苏苏醇酒业有限公司（以下简称苏醇公司）是江苏省睢宁县唯一一家拥有酒精生产许可证的企业，对于地方经济发展具有重要影响。2013年以来，企业盲目扩张、经营管理混乱，造成资金链断裂，并引发多起诉讼。徐州得隆生物科技有限公司、徐州瑞康食品科技有限公司系苏醇公司关联企业，三家公司均是从事农产品深加工的生物科技公司。截至破产重整受理前，三家公司资产负债率达365.57%。2017年12月29日，三家公司以引进投资人、重振企业为由，分别向江苏省睢宁县人民法院（以下简称睢宁法院）申请破产重整。睢宁法院经审查认为，三家公司基础和发展前景较好，酒精生产资质属于稀缺资源，具有重整价值，遂于2018年1月12日分别裁定受理三家公司的破产重整申请。因三家公司在经营、财务、人员、管理等方面出现高度混同，且区分各关联企业成员财产的成本过高，遂依照《全国法院破产审判工作会议纪要》第32条的规定，依据管理人的申请，于2018年6月25日裁定三家公司实质合并破产重整。

2. 审理情况

睢宁法院于2018年6月25日裁定该企业及其两家关联公司适用实质合并破产重整。重整期间，投资人徐州常青生物科技有限公司在对苏醇公司的现状进场调查后提出：苏醇公司已经停产停业多年，其核心资产酒精生产许可证已经脱审，面临灭失风险，还存在职工流失、机器设备闲置贬损以及消防、环保等安全隐患等影响重整的情况。同时，企业原管理层早已陷于瘫痪状态，无能力继续进行相关工作，公司账面无可用资金供管理人化解危机。在此情

---

[1] 参见江苏苏醇酒业有限公司及关联公司实质合并破产重整案，最高人民法院指导案例164号（2021年），案例编号：2021-18-2-422-002。

况下，管理人提出由重整投资人先行投入部分资金恢复企业部分产能的方案。法院认为，管理人的申请有利于恢复破产企业持续经营能力，有利于保障各方当事人的利益，该试生产申请符合破产保护理念的，人民法院经审查，准许在人民法院、管理人及债权人的监督下进行试生产，以公平保护各方的合法权益。2019年12月2日，法院裁定批准该企业重整计划，并预留监督期两个月。

3. 典型意义

在破产重整过程中，破产企业面临生产许可证等核心优质资产灭失、机器设备闲置贬损等风险，投资人亦希望通过试生产全面了解企业经营实力的，管理人可以向人民法院申请由投资人先行投入部分资金进行试生产。破产企业核心资产的存续直接影响到破产重整目的实现，试生产有利于恢复破产企业持续经营能力，有利于保障各方当事人的利益，符合破产保护理念的，人民法院经审查，可以准许。同时，投资人试生产在获得准许后，应接受人民法院、管理人及债权人的监督，以公平保护各方的合法权益。

案例三　重庆金江印染有限公司、重庆川江针纺有限公司破产管理人申请实质合并破产清算案[1]

（最高人民法院指导案例165号）

1. 基本案情

2015年7月16日，重庆市江津区人民法院（以下简称江津法院）裁定受理重庆金江印染有限公司（以下简称金江公司）破产清算申请，并于2015年9月14日依法指定金江公司管理人。2016年6月1日，江津法院裁定受理重庆川江针纺有限公司（以下简称川江公司）破产清算申请，于2016年6月12日依法指定同一机构担任川江公司管理人。

2. 审理情况

2016年4月21日、11月14日江津法院分别宣告金江公司、川江公司破

---

[1] 参见重庆金江印染有限公司、重庆川江针纺有限公司破产管理人申请实质合并破产清算案，最高人民法院指导案例165号（2021年），案例编号：2021-18-2-421-001。

产。两案审理过程中,金江公司、川江公司管理人以两公司法人人格高度混同,且严重损害债权人利益为由,书面申请对两公司进行实质合并破产清算。2016 年 11 月 9 日,江津法院召开听证会,对管理人的申请进行听证。金江公司和川江公司共同委托的代理人、金江公司债权人会议主席、债权人委员会成员、川江公司债权人会议主席等参加了听证会。2016 年 8 月 5 日川江公司第一次债权人会议、2016 年 11 月 18 日金江公司第二次债权人会议均表决通过了管理人提交的金江公司、川江公司进行实质合并破产清算的报告。2016 年 11 月 18 日,江津法院裁定对金江公司、川江公司进行实质合并破产清算。2017 年 1 月 10 日,法院裁定终结两公司破产程序。

3. 典型意义

本案是关联企业实质合并破产清算的典型案例。法院审理关联企业破产清算案件,应当尊重关联企业法人人格的独立性,对各企业法人是否具备破产原因进行单独审查并以适用单个破产程序为原则。当关联企业之间存在法人人格高度混同、区分各关联企业财产的成本过高、严重损害债权人公平清偿利益时,破产管理人可以申请对已进入破产程序的关联企业进行实质合并破产清算。人民法院收到实质合并破产清算申请后,应当及时组织申请人、被申请人、债权人代表等利害关系人进行听证,并综合考虑关联企业之间资产的混同程度及其持续时间、各企业之间的利益关系、债权人整体清偿利益、企业重整的可能性等因素,依法作出裁定。

案例四　青海省某投资有限公司等 17 家公司破产重整案[1]

（人民法院案例库入选案例）

1. 基本案情

青海省某投资有限公司（以下简称青海某投资公司）是 1993 年经青海省

---

[1] 参见青海省某投资有限公司等十七家企业申请破产重整案,案例编号:2023 - 08 - 2 - 422 - 005。

政府批准设立的国有独资公司，注册资本为 63.89 亿元。经多年发展，其通过不断调整投资结构和产业布局，初步形成了以"煤—电—铝—铝加工、水电资源开发—铝基合金—铝加工、矿产资源开发及风险勘探产业链"为核心产业体系的生产型集团企业。近年来，受经济下行压力不断加大、融资政策不断趋紧、产品市场行情波动、原材料成本过高、生产要素供应不足等多重不利因素影响，青海某投资公司及下属 16 家子公司（以下简称青投集团）债务风险不断累积，生产经营遭受严重冲击，资金链完全断裂，境内外债券及融资借款相继违约，直接危及债权人、职工等各相关方利益，亟须实施全面的破产重整。

2. 审理情况

2020 年 6 月 15 日，青海某工程公司等债权人以青投集团不能清偿到期债务，且明显丧失清偿能力或资产不足以清偿到期债务为由，向青海省西宁市中级人民法院（以下简称西宁中院）申请破产重整。根据青投集团相关财务资料，青海某投资公司及下属 16 家子公司均有明显丧失清偿能力的可能，且各公司普遍涉及大量诉讼案件，涉诉标的巨大，具备重整原因，符合破产案件的受理条件。西宁中院于 2020 年 6 月 19 日依法分别裁定受理对青海某投资公司及下属 16 家子公司进行破产重整的申请，并分别指定 17 家企业清算组为管理人，各公司管理人成员相同，具体负责开展重整期间各项工作。经申请，西宁中院于 2020 年 12 月 10 日依法裁定对青投集团中 17 家企业实质合并重整。2020 年 12 月 10 日，西宁中院裁定批准青海某投资公司等 17 家企业重整计划，终止重整程序。2022 年 7 月 13 日，重整计划执行完毕，重整程序终结。

3. 典型意义

本案系全国首家省级投资公司破产重整案，也是截至目前青海省债务规模最大的破产重整案，涉及债务规模庞大，债权人数量及类型众多，地域分布广泛，企业历史遗留问题多，审理工作非常复杂。本案中法院在对关联企业进行实质合并破产时，严格审查关联企业之间资产的混同程度及其持续时间、各企业之间的利益关系，并从债权人整体清偿利益、企业重整的可能性等角度，审慎适用实质合并破产，高效推动了破产重整程序，有效化解了地方国有企业债务风险，最大限度保障了投资人、债权人和企业上万名职工的合法权益，取得了良好的政治效果、法律效果和社会效果，也为审理实质合并破产重整案件积累了实践经验。重整计划中不仅设置了现金和留债两种传统的清偿方式，同时搭建了转股平台和信托平台，将青投集团主要的资产和业务整合为引入战略投资者资产，装入转股平台，战略投资者通过支付现金的方式取得转股平台 42.24% 的股权，剩余股权则由各债权人按照相应债权比例持有；同时将青投集团未纳入转股平台的全部剩余资产整合为信托资产，装入信托平台，并设立信托计划，债权人还能通过获得信托受益权份额的方式实现债权清偿，为企业"量身定做"了符合债权人利益、符合企业长远发展、符合战略投资人预期的综合偿债方式。重整期间，根据管理人申请，法院依法准许青海某投资公司及其子公司继续经营，1万余名公司职工岗位平稳过渡，未受破产重整影响，青投集团获取的营收 26 亿元，在西宁中院的监督下全部用于清偿债务，债务清偿比例达到 38.03%。

案例五 紫光集团等 7 家公司实质合并重整案[1]

（新时代推动法治进程 2022 年度十大案件）

1. 基本案情

紫光集团是我国"芯云"科技产业的龙头企业。2021 年 7 月，债权人以紫光集团资不抵债，但仍有重整价值，向北京市第一中级人民法院（以下简称北京一中院）申请进入破产重整。

2. 审理情况

受理此案后，经管理人申请，北京一中院广泛听取各相关利害关系方的意见，审查后认为，紫光集团与北京紫光通信科技集团有限公司、北京紫光资本管理有限公司（西藏紫光大器投资有限公司、西藏紫光卓远股权投资有

---

[1] 参见《十大案件之紫光集团等七家公司实质合并重整案：以法之力 助企重生》，载微信公众号"最高人民法院"2023 年 2 月 7 日，https：//mp.weixin.qq.com/s/3QC9iV7RWqROeYs7RG9b0g。《北京一中院发布十大破产典型案例》，载微信公众号"北京破产法庭"2023 年 6 月 20 日，https：//mp.weixin.qq.com/s/bbYKWv34f8x6bdCzOetYxg。

限公司、西藏紫光通信投资有限公司、西藏紫光春华投资有限公司）等企业之间法人人格高度混同，区分各关联企业成员财产的成本过高，对其实质合并重整有利于保护全体债权人的公平清偿利益，增加重整可能性，提高重整效率，故于 2021 年 8 月 27 日，裁定对紫光集团等 7 家公司进行实质合并重整。2021 年 12 月 29 日，在第二次债权人会议上各表决组高票表决通过重整计划草案。该草案规定，有财产担保债权、税款债权及普通债权 120 万元以下的部分均获得全额现金清偿；普通债权 120 万元以上的部分可在"现金 + 股票抵债 + 3 年期留债""现金 + 股票抵债 + 5 年期留债""现金 + 8 年期留债"三种清偿方式中任选一种获得清偿，重整债权清偿率预期可达 95%—100%。2022 年 7 月 13 日，北京一中院裁定确认，紫光集团等 7 家公司实质合并重整案重整计划执行完毕，并终结紫光集团等 7 家公司重整程序，标志着紫光集团债务危机化解圆满收官。此次司法重整，为紫光集团引入 600 亿元的投资，依法平稳化解 1500 多亿元债务，维护了该集团体系内 298 家企业持续运营，稳住了 5 万多个职工岗位，实现纾难解困与赋能重生的双重效能。

3. 典型意义

该案帮助我国有较大行业影响力的千亿级高科技企业集团实现重生，是有效化解企业重大风险、助力优化营商环境的典型案例。该案能给人以下启示，第一，做好庭外风险识别与庭内司法重整衔接，在公司法框架内加快诊断企业困境原因，尽早谋划脱困方案，实现庭外诊断与庭内重整的有序衔接，推动企业风险化解进入"快车道"。第二，通过整体承接的重整模式，以股权转让的"小切口"解决脱困重生的"大需求"，企业多年积累的产业结构和核心技术得以完整保留，为我国相关科技产业的发展增添新的力量。第三，有效保障各类债权人的知情权、异议权，通过听证方式听取、化解各类争议，在法院监督下持续降低重整成本，最大限度提高债权回收率。第四，在司法重整中，北京市政府和北京一中院充分发挥府院联动的制度优势，按照市场化、法治化的原则，有效整合了投资人、债权人和债务人之间的要素资源，紫光集团得以涅槃。

案例六　湖南华晨房地产公司等13家企业实质合并破产重整案[1]

（2023年度人民法院十大案件）

1. 基本案情

湖南华晨房地产公司（以下简称华晨公司）因资金链断裂，爆发企业集团的系统性债务危机，欠债179亿余元。华晨重整工作协调小组聘请专业机构对可能引发的风险系数进行综合评估后，确定启动破产重整程序。

2. 审理情况

湖南省株洲市中级人民法院（以下简称株洲中院）裁定华晨公司等13家公司实质合并重整，形成"一主线、两重点、八板块"的工作方案。后重整计划（草案）获得高票通过。2022年12月31日，共益债首笔投资款1.1亿元放款，华晨公司地产项目复工续建全面推进。截至2023年11月30日，该公司累计交付4个楼盘，交房3344户，并按重整计划累计清偿债权3.5亿余元。

3. 典型意义

近年来，房地产行业整体运行下行，债务"爆雷"、续建交房困难，成为影响社会稳定的重要因素。株洲中院在此背景之下，主动适应市场变化，坚决采取法律措施，始终坚持市场化法治化系统化的原则，一揽子化解华晨公司自身风险和社会危机，切实践行了"保交楼、保民生、保稳定"和为大局服务的责任担当。本案涉及资产189亿余元、债权179亿余元，影响长沙、株洲两地购房业主16,000余户，债权人1200余名，社会、经济、法律关系错综复杂，各方利益冲突、矛盾极为突出。株洲中院创新市场化融资机制，激励债权人自救投资；恪守法治化破产理念，多元协调府院联动机制，主动担当解决瓶颈问题；依托规范化统筹工作，牢牢把握核心主题和法律逻辑；充

---

[1]　参见《2023年度人民法院十大案件》，载《人民法院报》2024年1月6日，第4版。

分发挥了府院协调机制效能，协同推动投资引进、创新解决涉税难题、因势利导扫除复工障碍、跨域联动避免资产流失，有效解决了资金引进难度高、复工续建阻碍多、跨域资产保护难、舆情维稳压力大、堵点难点问题杂等诸多难题。该案的成功审结，可以为我国各地运用破产制度化解房企风险提供可复制的经验，也有助于激励民营企业家充分认识和运用破产制度解决财务困境，增强民营经济发展的信心，促进高质量发展。

案例七　隆鑫集团有限公司等17家公司破产重整案[1]

（2022年全国法院十大商事案件）

1. 基本案情

隆鑫系企业包含隆鑫集团有限公司（以下简称隆鑫集团）相关企业和金菱集团相关企业两个子系，其中隆鑫集团下属隆鑫控股连续多年入选中国500强企业。隆鑫系企业已发展成覆盖摩托车制造、环保、汽车销售、房地产、金融等领域的多元化产业集团，资产涉及A股和H股三家上市公司控制股权，两家上市公司参股权以及境外公司股权。受多重因素影响，隆鑫集团相关企业自2018年起逐渐陷入经营和债务危机。金菱集团等4家公司受隆鑫集团控股，是重庆知名汽车经销商集团，受关联担保影响亦陷入债务危机。

2. 审理情况

2021年9月29日，隆鑫集团等13家公司分别申请重整并同时申请预重整。重庆市第五中级人民法院（以下简称重庆五中院）对预重整及预重整辅助机构进行备案登记，预重整辅助机构指导隆鑫集团等13家公司与债权人开展协商谈判，制作重组协议，招募投资人。2021年11月16日，债权人重庆车生缘商贸有限公司分别申请金菱集团等4家公司重整。2022年1月30日，重庆五中院依法分别受理隆鑫集团等13家公司重整，并于2022年3月16日裁定该13家公司实质合并重整。2022年3月10日，重庆五中院依法分别受

---

[1] 参见《2022年全国法院十大商事案件》，载微信公众号"最高人民法院"2023年1月19日，https://mp.weixin.qq.com/s/bB-jL8HwnBULb45DkXrMrg。

理金菱集团等 4 家公司重整,并于 2022 年 5 月 10 日裁定该 4 家公司实质合并重整。法院对于隆鑫集团相关企业和金菱集团相关企业的重整进行协调审理,一体化推进。法院在预重整阶段充分发挥私力脱困程序的灵活性,充分发挥庭外重组阶段的市场化功能。预重整辅助机构指导债务人与债权人、出资人、投资人开展大量谈判协商,汇聚各方意见形成的重组协议和投资协议通过了市场化筛选。进入重整程序后,经债权人会议表决通过及法院裁定批准,以重组协议为基础制定的重整计划具备了司法权威性。大型综合性民营企业集团内部构架复杂。隆鑫系企业重整化解了企业债务 420 多亿元,维护了 7 万余户中小投资者、2000 余名职工的合法利益,保障了上下游产业链千余家企业的正常生产经营,实现了保就业、保市场主体、保产业链稳定的目标。重整还推动了企业生产更新换代,在全国率先开启电动车和电动摩托车的专项 IGBT 芯片设计,实现了企业提质增效,高质量发展。

3. 典型意义

本案将"庭外重组 + 重整"和"实质合并 + 协调审理"灵活运用,诠释了如何综合运用破产制度,充分借助市场力量,解决大型综合性企业集团重整难题。

预重整是在庭外重组和破产重整两种制度的基础上融合创新而产生的一种挽救企业的辅助性模式,不仅具有简化程序、提高效率、降低成本、化解争议等实际效果,还具有鼓励当事人自治与市场化协商、积极及早自救、自动自觉遵循法治的良好社会导向。预重整的有效实施既离不开充分的市场化运作,也离不开有效的法治约束。本案中,在庭外重整阶段,法院采取"弱介入"的方式,充分发挥庭外重组的市场化脱困功能,让企业与各方主体进行市场化商业谈判,通过市场化筛选形成切实可行的重组方案,防止庭外重组沦落为司法重整的庭外延伸。同时,法院也为预重整提供合法性和方向性指引,实现了庭外重组和司法重整的有效衔接。也正是市场化与法治化的有效结合,吸引了基金和产业投资人结合自身优势,形成合力,较好解决了多元化投资需求的问题。

在案件审理过程中,法院严格区分实质合并和协调审理适用标准,谨慎确定实质合并企业的范围,妥善把握协调审理的程序节奏,为重整计划的制定创造良好的条件。本案中,隆鑫集团相关企业和金菱集团相关企业能够形成各自的重组方案和投资方案，但是两个子系之间关联债务巨大，如果不能有效协调，债权人和投资人都会止步不前。本案两个子系的重整计划对关联债务的清偿做了协调，消减了关联债权人和投资人的疑虑；对招募投资人的进度做了协调，推动了重整计划同步形成；对主要程序节点进行了协调，两个子系的重整相互促进，最终一体化推进重整成功。非公有制经济是我国社会主义市场经济的重要组成部分，要毫不动摇鼓励、支持、引导非公有制经济发展，维护和推动民营经济健康发展是人民法院肩负的重要职责。本案为人民法院发挥破产重整制度功能，探索一条拯救大型综合性民营企业的道路提供了有益的参考。

案例八　海航集团有限公司等321家公司实质合并重整案[1]

（2021年全国法院十大商事案件）

1. 基本案情

海航集团有限公司（以下简称海航集团）曾是以航空运输、机场运营、酒店管理、金融服务为主要业务的大型跨国企业集团，曾入选世界五百强，拥有境内外企业超2000余家。因经营失当、管理失范、投资失序，加之市场下行，海航集团于2017年底爆发流动性危机，并转为严重资不抵债的债务危机。

2. 审理情况

海南省高级人民法院（以下简称海南高院）于2021年2月裁定受理海航集团等7家公司及海航集团下属3家上市公司及子公司重整，并在3月裁定对海航集团等321家公司实施实质合并重整，形成3家上市公司内部协同重整、非上市公司实质合并重整、上市公司与非上市公司共计378家公司同步重整、联动推进的模式。其中321家公司实质合并重整案涉及债务规模最大，审理

---

[1] 参见《2021年全国法院十大商事案件》，载微信公众号"最高人民法院"2022年1月29日，https://mp.weixin.qq.com/s/c_xQtGiqsSOsmbzuWn9SZQ。

难度较高，被社会各方重点关注。2021年10月，海南高院顺利审结案件，裁定批准重整计划。通过重整，海航集团既化解了债务问题，又解决了上市公司合规问题，实现对业务、管理、资产、负债、股权的全方位重组，实现了法律效果、社会效果、经济效果的统一，为大型集团企业风险化解、境内重整程序的境外承认与执行、关联企业实质合并重整、上市公司合规问题解决以及海南自由贸易港破产立法及司法提供了鲜活丰富的样本与素材。

3. 典型意义

海航集团作为曾经的世界500强企业，曾是中国民营经济的一张名片，作为全国第二大民营企业，其破产重整带来了巨大的司法挑战。法院在案件审理时准确适用最高人民法院2018年《全国法院破产审判工作会议纪要》中有关实质合并重整的规定，谨慎确定了实质合并企业的范围、标准及破产原因，适时启动实质合并程序。在案件审理过程中，法院严格适用"各关联企业成员之间的债权债务归于消灭，各成员的财产作为合并后统一的破产财产"的规定，厘清了企业内外债务，确定了各方债权，为重整计划的制定创造了良好的条件。海航集团重整得到了政府的高度重视，有关政府部门和中介机构成员组成清算组并被法院指定为管理人，在重整案件中积极发挥协同作用。另外，在重整过程中，为有效防范金融风险，法院充分听取总行级金融机构债权人委员会的意见，发挥金融机构债权人委员会的协调功能，对有效防范金融风险、统一广大债权人的共识及推进重整工作起到了非常重要的作用。此外，该案还在债权分类、清偿方案设计和引入重整信托服务、跨境破产合作等方面有不少创新，具有重要的理论研究和实务借鉴价值。海航集团重整案件的相关裁定被比利时法院认可，是欧盟法域认可的第一个中国破产案件裁定，开创了中国与欧盟在破产领域裁决相互认可的先河；也被香港特区高等法院认可，是香港特区法院认可的第一个内地法院作出的重整裁定，有效推进了香港特区和内地在破产领域的司法协助。

案例九　北大方正集团有限公司等 5 家公司实质合并重整案[1]

（2021 年全国法院十大商事案件）

1. 基本案情

北大方正集团有限公司（以下简称方正集团）作为我国知名校企，资产债务规模巨大，职工人数众多。2019 年年底，方正集团流动性危机爆发，负债达数千亿元。2020 年 2 月 19 日，北京市第一中级人民法院（以下简称北京一中院）受理债权人对方正集团的重整申请。

2. 审理情况

2020 年 7 月 17 日，方正集团管理人提出实质合并重整申请，7 月 28 日，北京一中院组织申请人、被申请人、异议债权人等利害关系人及中介机构进行听证。经审查，北京一中院认为，方正集团与方正产业控股有限公司（以下简称产业控股）、北大医疗产业集团有限公司（以下简称北大医疗）、北大方正信息产业集团有限公司（以下简称信产集团）、北大资源集团有限公司（以下简称资源集团）之间法人人格高度混同，区分各关联企业成员财产的成本过高，对其实质合并重整有利于保护全体债权人的公平清偿利益，降低清理成本，增加重整的可能性，提高重整效率，故于 2020 年 7 月 31 日裁定方正集团等 5 家公司实质合并重整。

北京一中院受理本案后，坚持市场化法治化原则，严格依法审理，及时通过司法手段保护重整主体核心资产安全，维持方正集团及下属企业的持续经营。指导管理人通过公开招募、市场化竞争选定重整投资人。在重整计划草案的制定方面，坚持公平对待债权人，切实维护职工权益。2021 年 5 月 28 日，本案债权人会议高票通过重整计划草案。根据草案规定，有财产担保债权、职工债权、税款债权及普通债权 100 万元以下的部分均获得全额现金清

---

[1] 参见《2021 年全国法院十大商事案件》，载微信公众号"最高人民法院"2022 年 1 月 29 日，https://mp.weixin.qq.com/s/c_xQtGiqsSOsmbzuWn9SZQ。

偿；普通债权 100 万元以上的部分可在"全现金""现金加以股抵债""现金加留债"三种清偿方式中任选一种获得清偿，预计清偿率最高可达 61%。北京一中院于 2021 年 6 月 28 日裁定批准方正集团、产业控股、北大医疗、信产集团、资源集团等 5 家公司重整计划，并裁定终止重整程序。

司法重整，成功为方正集团引入 700 多亿元投资，化解了 2600 多亿元债务，帮助了 400 余家企业持续经营，稳住了 3.5 万名职工的工作岗位，最大限度保护各类债权人权益，并使方正集团重获新生。

3. 典型意义

在重整模式上，本案以整体重整为原则，权衡战略投资者的利益需求，采取出售式重整的方式，以保留资产设立新方正集团和各业务平台公司，承接相应业务和职工就业，以待处置资产设立信托计划，处置所得对受益人补充分配，通过出售式重整真正实现债务人全部资产（包括处置所得）均直接用于清偿债权人。出售式重整一揽子化解集团全部债务风险，最大限度维护了企业事业的营运价值，隔离方正集团历史遗留风险和其他潜在风险，减轻了债务重组收益税负，有利于企业未来经营发展。在重整计划的制定上，方正集团重整计划充分考虑了不同债权人的利益诉求，公平对待各类债权人，提供了灵活搭配的清偿方案，在实施"现金+以股抵债"清偿方案的同时，债权人可自主选择将预计可得抵债股权全部置换为当期现金清偿，或者置换为新方正集团留债，并作出兜底回购承诺，满足了不同债权人的清偿需要。

较之以往同一业务板块企业集团的重整，方正集团业务涵盖多个板块，是我国首例真正意义上的多元化"企业集团"重整。本案妥善化解了集团债务危机，有效维护了企业的营运价值，充分保障了职工、债权人等各方利益主体权益，是《企业破产法》实施以来充分实现重整制度立法目标的典型案例之一，对于我国大型企业集团重整具有重要参考价值。

案例十　天津物产集团有限公司等44家公司破产重整案[1]

（2020年全国法院十大商事案例）

1. 基本案情

天津物产集团有限公司（以下简称物产集团）等44家公司是全国经营规模最大的国有生产资料流通集团之一，主要经营大宗商品贸易及物流、汽车销售及机电制造、房地产开发及销售等业务。受自身经营模式及全球大宗商品市场周期性波动的影响，物产集团陷入债务风险，虽尝试庭外重组但未成功。为统筹化解风险，经报请最高人民法院同意，以物产集团为被告、第三人或者被执行人、被申请人的民商事案件（劳动争议除外）及相应的执行案件、破产案件移送天津市第一中级人民法院管辖。

2. 审理情况

2020年7月23日，陕西煤业化工国际物流有限责任公司等以物产集团等44家公司不能清偿到期债务且明显缺乏清偿能力为由，申请物产集团破产重整。经审查，物产集团不能清偿到期债务且明显缺乏清偿能力，符合破产法规定的重整受理条件。7月31日，天津市高级人民法院（以下简称天津高院）、天津市第二中级人民法院（以下简称天津二中院）分别受理物产集团等44家公司破产重整案。受理法院指定物产集团清算组担任管理人，发布通知和公告，允许债权人通过互联网提交债权材料。发函要求各地法院中止执行程序并解除财产保全措施。准许物产集团继续营业并在管理人监督下自行管理财产和营业事务，维持重整期间公司日常经营和职工稳定。重整期间，共召开三次管理人会议，合议庭成员列席参加，并对管理人职责、内部事务管理制度、企业公章保管和使用、债权审查、继续营业、债权人会议程序、重整方案编制等提出司法意见。指导管理人确定继续履行的合同近千件。充分了解并督促战略投资人遴选，监督管理人加强营业管理，制作重整计划草案。

---

[1] 参见《2020年全国法院十大商事案例》，载微信公众号"最高人民法院"2021年2月10日，https：//mp.weixin.qq.com/s/rR-cumhR8MDzEBasKJ4W7Q。

根据企业关联程度和经营情况，法院适用协调审理方式。天津高院于 10 月 12 日统一召开第一次债权人会议，指定工商银行为债权人会议主席。债权人审议了管理人第一期重整工作报告，核查了债权表。对债权人提出的 170 余条问题，管理人及相关人员回答。经管理人审查及债权人会议核查，确认债权人 1233 户，各项债权共计 2568.50 亿元。根据审计评估报告，物产集团账面资产 749.85 亿元，资产评估价值 830.65 亿元。

在遴选确定战略投资人、制作重整计划草案基础上，天津高院于 2020 年 12 月 22 日召开第二次债权人会议，在线参会债权人 1061 户。债权人审议了管理人第二期重整工作报告，听取管理人对重整计划草案的说明，并对重整计划草案进行表决。12 月 23 日，天津高院、天津二中院裁定批准重整计划，终止重整程序。重整计划执行期限为自法院裁定批准重整计划之日起 6 个月。通过传统贸易模式和新型产业平台的整合，新物产集团将于 5 年内塑造"产业链 + 平台 + 生态圈"，努力打造具有行业竞争力的贸易企业集团。2020 年 12 月 22 日，第二次债权人会议表决通过了重整计划草案。12 月 23 日，管理人向法院提出批准《天津物产集团有限公司及所属公司重整计划》的申请。法院审查后认为，第二次债权人会议各表决组均通过了重整计划草案，重整计划即为通过。重整计划内容符合法律规定，予以批准。2020 年 12 月 23 日，天津高院、天津二中院裁定批准物产集团及所属公司重整计划，终止重整程序。

3. 典型意义

企业集团破产重整因涉及重整的企业主体众多、资产情况复杂、业务跨度广、体量规模大等，与对单一企业的破产重整相比，面临的实体和程序问题更为复杂，重整过程中的沟通和协调难度明显更多。一些大型集团重整对行业和区域经济的影响就更大了，妥善处理该类破产重组案件对国家社会经济发展具有重大的现实意义。

本案涉及物产集团等 44 家公司的集体重整，作为全国经营规模最大的国有生产资料流通集团，其破产重整被业界及市场关注。为保证重整程序的顺利推进，天津高院积极争取最高人民法院的指导和支持，对 44 家公司重整的集中管辖，为企业重整提供稳定的司法环境；强化党对案件的领导，充分发挥府院联动机制作用，形成推进重整合力；多措并举确保债权申报及审查工作按时完成；严格依照法律和司法解释规定，将保护债权人权益贯穿重整全过程；督促管理人建立健全监督工作机制，准许债务人继续营业和自行管理；监督战略投资人遴选，指导重整计划制作并监督重整计划执行，不但有力地促成了重整计划的顺利通过，助力涉案44家企业走出困局，合理平衡和保障有关各方当事人的合法权益，也对其他类似案件的处理具有一定的示范效应。

案例十一 渤海钢铁集团等48家公司破产重整案[1]

（2019年度人民法院十大商事案件）

1. 基本案情

受钢铁行业转型升级和去产能政策等影响，渤海钢铁集团等48家企业（以下简称渤钢系）陷入严重债务危机，前期企业试图通过自行协议重组，但未能获得成功。

2. 审理情况

天津市高级人民法院于2018年8月24日裁定受理该48家企业重整申请，并通过采取关联企业程序合并的方式协调审理，于2019年1月31日依法批准了渤钢系企业重整方案。经过重整，渤钢系7.4万名职工得到妥善安置，50万元以下债权和有财产担保债权得到100%清偿，普通债权的清偿率为50%以上。重整后第一季度钢产量就达到551万吨，净利润为5.31亿元。

3. 典型意义

渤钢系重整案是人民法院坚持破产审判市场化、法治化方向，密切依靠府院联动机制，充分发挥金融机构债权人委员会作用，有效化解大型国有企业集团巨额债务危机，促进资源优化配置，服务供给侧结构性改革和高质量发展的典型案例。

本案充分发挥府院联动机制和金融机构债权人委员会作用，积极探索推行庭外重组与庭内重整的有效衔接机制。在前期庭外协议重组期间，在政府协调下组建的金融机构债权人委员会，统一金融机构行动，稳定企业存量债

---

[1] 参见韩芳：《2019年度人民法院十大商事案件》，载微信公众号"最高人民法院"2020年1月18日，https：//mp.weixin.qq.com/s/x1_BvrdMMp9W9E9rOrA5tg。

务，避免风险进一步扩大。在破产重整申请审查阶段，注重庭外重组工作成果与重整程序的有效衔接，有效提升程序效率。同时，政府各部门在产能环保保障、战略投资人引进、社会稳定以及债务人企业信用恢复、税收优惠等方面为企业重整提供支持。

在本案中，法院妥善选择关联企业破产案件的审理方式。渤钢系48家企业虽为关联企业，但未构成人格高度混同。法院根据具体情况，选择适用了程序性合并的协调审理方式，对48家企业破产案件所涉债权分别予以确认，但统一召开管理人会议和债权人会议，统一制定重整方案，确保了债权人公平受偿和重整方案的切实可行性。

本案通过出售式重整的模式，合理安排生产模式和股权结构，在将以钢铁为核心的主业资产形成新的平台公司进行运营，最大限度发挥主营资产价值的同时，将剩余资产归入废钢铁资产平台，引入专业资产公司管理，提升其潜在价值，并剥离部分过剩产能和落后技术，调整和优化资产结构，使企业恢复持续经营能力和盈利能力。

案例十二　广西柳州正菱集团有限公司及53家企业合并重整案[1]

（人民法院助推民营经济高质量发展典型民商事案例）

1. 基本案情

成立于2003年的柳州正菱集团有限公司（以下简称正菱集团）是广西第一家集汽车、发动机、机床三大主机制造于一体的民营企业，第一家拥有从旋窑水泥、商用混凝土等建筑材料到建筑施工、房地产开发产业链的民营企业，也是一家能够提供担保、金融服务的跨区域发展、多元化经营的综合性大型民营企业，曾两度入选全国民营企业500强。然而，由于经营扩张过快导致资金链断裂，企业经营亏损，以2014年5月28日柳州市公安局宣布对正

---

[1] 参见《最高人民法院发布人民法院助推民营经济高质量发展典型民商事案例》，载微信公众号"最高人民法院"2021年9月3日，https://mp.weixin.qq.com/s/N9qCo1ql1GsEGX_l2iru3g。

菱集团涉嫌非法吸收公众存款犯罪立案侦查为标志，开始爆发严重债务危机。正菱集团与53家关联公司陷入大量诉讼纠纷，涉债总额超过380亿元，诉讼纠纷除了广西，还涉及江苏、福建、湖南等全国多个地区。由于诉讼纠纷，导致其资产全部被查封，严重资不抵债，不能清偿到期债务。为解决可能引发的社会问题，柳州市委、市政府及相关部门采取了多种措施，但未取得预期效果。

2. 审理情况

2018年，由于各方强烈要求，柳州市委、市政府建议由高级人民法院受理本案以便在全区范围内统筹协调、整体把控，债务人与其债权人也达成共识请求由高级人民法院受理本案，广西壮族自治区高级人民法院（以下简称广西高院）遂以该案属于全区重大、疑难、复杂的案件，裁定予以受理。2018年12月，广西高院裁定确认管理人将广西金融投资集团城建发展有限公司确认为本案重整投资人程序合法。投资人共计投入36亿元用以清偿本案各类债务和费用，实现了重整费用、共益债务、建设工程债权、职工劳动债权、税收债权以及10万元以下的小额债权清偿率100%。2019年1月，广西高院裁定批准重整计划草案，并终止重整程序，该司法重整案圆满审结。正菱集团及53家关联企业司法重整案，是全国首例由高级人民法院受理的54名关联债务人实质合并重整案件。广西高院仅用时6个多月，便实现债权人会议高票赞成通过了相关重整计划草案。目前，管理人已与投资方完成资产交接，投资方已按重整计划约定时间支付了投资款。该案成功化解债务总额超过380亿元，涉及不含劳动债权的债权人多达2039人，盘活破产企业资产价值约150亿元，化解诉讼案件约470件，涉案金额约77亿元。

3. 典型意义

本案的顺利解决充分保障了各类债权人的合法权益。为公平保障更多债权人利益，在保障抵押担保债权人权益前提下，以12亿元重整资金专门解决非担保债权，使破产重整费用、共益债务、建设工程债权、职工劳动债权、税收债权以及10万元以下的小额债权人均得到全额清偿。

本案还高质量审结、高效实践了多个关联公司实质合并重整的模式。为利于整合资源，提高司法效率，避免损害债权人利益，且关联公司与主要债权人均向法院明确表示合并受理符合债权人整体利益并书面请求合并受理，广西高院将54名债务人实质合并重整，仅用6个多月彻底解决了存在了5年多的社会问题，是实质合并重整的典型案例，具有较好的标杆示范意义。

本案通过重整，盘活生产型企业和土地类资产，助力地方经济增长。对具备基本盘活条件的生产型企业，通过厂房维修、升级改造等方式增加资产储备价值，引入战略投资者从根本"救活"企业。截至 2020 年 12 月，企业经营实现收入 61,550 万元。对重整项目资产中的土地类资产，积极引进国内知名房地产企业，打造品质楼盘，促成项目落地。同时积极配合政府对老旧城区的城市更新规划，改善地块周边居民的生活环境，打造城市新风貌。

案例十三　重庆力帆实业（集团）股份有限公司及其 10 家全资子公司重整案[1]

（人民法院助推民营经济高质量发展典型民商事案例）

1. 基本案情

力帆实业（集团）股份有限公司（以下简称力帆股份）成立于 1997 年，2010 年在上海证券交易所上市，首次公开发行 2 亿股，募集资金 29 亿元，是中国首家在 A 股上市的民营乘用车企业。力帆股份及其持有的 10 家全资子公司（以下简称力帆系企业）已形成了主营汽车、摩托车及发动机产销的跨国性企业集团，曾十度入选中国企业 500 强，出口金额连续多年位居重庆市第一。然而，因汽车、摩托车行业深度转型，同时受战略投资亏损、内部管理不善等综合因素影响，力帆系企业自 2017 年起逐渐陷入经营和债务危机，巨额金融债务违约、主要资产被抵押、质押，主营业务基本处于停滞状态。

2. 审理情况

2020 年 6 月，债权人以力帆股份不能清偿到期债务且明显缺乏清偿能力为由，向法院申请对力帆股份实施重整。同年 7 月，债权人以力帆股份的 10 家全资子公司不能清偿到期债务且资产不足以清偿全部债务或明显缺乏清偿能力为由，向法院申请对 10 家子公司实施重整。重庆市第五中级人民法院

---

[1] 参见《最高人民法院发布人民法院助推民营经济高质量发展典型民商事案例》，载微信公众号"最高人民法院"2021 年 9 月 3 日，https://mp.weixin.qq.com/s/N9qCo1ql1GsEGX_l2iru3g。

（以下简称重庆五中院）裁定受理了对力帆股份及其 10 家子公司的重整申请，并分别指定力帆系企业清算组为管理人。为维持企业营运价值，重庆五中院在受理重整申请后，决定力帆股份及 10 家子公司继续营业，经过严格审查，最终确定战略投资人。2020 年 11 月，力帆股份及其出资人会议以及 10 家全资子公司债权人会议，均高票通过重整计划草案。重庆五中院批准重整计划并终止重整程序。2021 年 2 月，重庆五中院作出裁定，确认重整计划执行完毕并终结重整程序。

3. 典型意义

本案是国内首家汽摩行业上市公司司法重整案。司法重整整体化解了企业危机，维护了 6 万余户中小投资者、5700 余名职工的合法利益，保障了上下游产业链千余家企业的正常生产经营。重庆五中院在该案的司法重整中，充分发挥府院协调机制作用，创新采用"财务投资人＋产业投资人"的模式引入战略投资人，形成了推动企业重生的双重"驱动力"，即一方面，通过国有平台公司和民营企业共同牵头设立投资基金引入社会资本参与企业重整，为企业发展给予资金支持；另一方面，通过行业龙头企业导入新技术、新业态，将传统的汽车、摩托车制造业务升级为智能新能源汽车产业新生态。司法重整助力力帆股份产业转型升级，推动了民营企业高质量发展。之后，上海证券交易所撤销了对力帆股份的退市风险警示及其他风险警示，力帆股份及 10 家子公司也都实现了扭亏为盈，全面实现了企业脱困重生。

案例十四　浙江南方石化工业有限公司等 3 家公司破产清算案[1]

（全国法院审理破产典型案例）

1. 基本案情

浙江南方石化工业有限公司（以下简称南方石化）、浙江南方控股集团有

---

[1] 参见《全国法院审理破产典型案例》，载最高人民法院网 2018 年 3 月 6 日，https://www.court.gov.cn/zixun/xiangqing/83792.html。

限公司、浙江中波实业股份有限公司系绍兴地区最早一批集化纤、纺织、经贸为一体的民营企业，三家公司受同一实际控制人控制。其中南方石化年产值 20 亿余元，纳税近 2 亿元，曾入选中国民营企业 500 强。由于受行业周期性低谷及互保等影响，2016 年上述三家公司出现债务危机。2016 年 11 月 1 日，浙江省绍兴市柯桥区人民法院（以下简称柯桥法院）裁定分别受理上述三家公司的破产清算申请，并通过竞争方式指定联合管理人。

2. 审理情况

由于南方石化等三公司单体规模大、债务规模大，难以通过重整方式招募投资人，但具有完整的生产产能、较高的技术能力，具备产业转型和招商引资的基础。据此，本案采取"破产不停产、招商引资"的方案，在破产清算的制度框架内，有效清理企业的债务负担，阻却担保链蔓延；后由政府根据地方产业转型升级需要，以招商引资的方式，引入战略性买家，实现"产能重整"。

三家企业共接受债权申报 54.96 亿元，裁定确认 30.55 亿元，临时确认 24.41 亿元。其中南方石化接受债权申报 18.58 亿元，裁定确认 9.24 亿元，临时确认 9.34 亿元。鉴于三家企业存在关联关系、主要债权人高度重合、资产独立和分散以及南方石化"破产不停产"等实际情况，柯桥法院指导管理人在充分尊重债权人权利的基础上，积极扩展债权人会议职能，并确定三家企业"合并开会、分别表决"的方案。2017 年 1 月 14 日，柯桥法院召开南方石化等三家企业第一次债权人会议，该会议高票通过了各项方案。2017 年 2 月 23 日，柯桥法院宣告南方石化等三家企业破产。

2017 年 3 月 10 日，破产财产进行网络司法拍卖，三家企业 550 亩土地、26 万平方米厂房及相关石化设备等破产财产以 6.88 亿余元一次拍卖成交。根据通过的《破产财产分配方案》，职工债权获全额清偿，普通债权的清偿率达 14.74%。破产财产买受人以不低于原工作待遇的方式接受员工，1310 余名员工中 1100 余人留任，一线员工全部安置。本案从宣告破产到拍卖成交，仅用时 54 天；从立案受理到完成财产分配仅用时 10 个半月。

3. 典型意义

本案是在清算程序中保留有效生产力，维持职工就业，实现区域产业整合和转型升级的典型案例。审理中，通过运用政府的产业和招商政策，利用闲置土地 70 余亩，增加数亿元投入上马年产 50 万吨 FDY 差别化纤维项目，并通过托管和委托加工方式,确保"破产不停产",维持职工就业;资产处置中,通过债权人会议授权管理人将三家企业资产单独或合并打包,实现资产快速市场化处置和实质性的重整效果。此外,本案也是通过程序集约,以非实质合并方式审理的关联企业系列破产清算案件。对于尚未达到法人人格高度混同的关联企业破产案件,采取联合管理人履职模式,探索对重大程序性事项尤其是债权人会议进行合并,能够提高审理效率。

案例十五　云南煤化工集团有限公司等5家公司破产重整案[1]

（全国法院审理破产典型案例）

1. 基本案情

云南煤化工集团有限公司（以下简称煤化工集团）系云南省人民政府国有资产监督管理委员会于2005年8月组建成立的省属大型集团企业,下辖近百家企事业单位,并系上市公司云南云维股份有限公司（以下简称云维股份）的控股股东。2012年至2015年煤化工集团经营性亏损合计超过100亿元,涉及经营性债权人1000余家,整个集团债务约650亿元,云维股份则面临终止上市的紧迫情形。如债权人维权行为集中爆发,煤化工集团进入破产清算,该集团旗下4.3万名职工中大多数将被迫离开工作岗位,72亿元债券面临违约,数百亿元金融债权将损失惨重。

2. 审理情况

2016年,债权人先后分别申请煤化工集团及下属4家企业（分别为云维集团、云维股份、云南大为、曲靖大为）重整。基于5家公司的内部关联关系和不符合实质性合并条件等客观情况,云南省高级人民法院决定分别受理上述系列案件,并指定云南省昆明市中级人民法院（以下简称昆明中院）集中管辖。2016年8月23日,昆明中院裁定受理了上述5家企业破产案件,确

---

[1] 参见《全国法院审理破产典型案例》,载最高人民法院网2018年3月6日, https://www.court.gov.cn/zixun/xiangqing/83792.html。

保了该系列案的统一协调、系统处理和整体推进，提升了破产案件的处理效率，减少了破产费用。

由于煤化工集团等5家公司之间存在四级股权关系，债权结构复杂，偿债资源分布不均匀，呈现出"自下而上，债务总额越来越大，偿债资源越来越少"的趋势。为了最大化实现债权人在煤化工集团多家重整主体的整体利益，该系列重整方案确定了"自下而上"的重整顺序，由子公司先完成重整，保证了下层公司通过偿还上层公司内部借款，向上输送偿债资源，解决了债务和偿债资源不匹配的问题，奠定了成功实现重整整体目标的基础。云维股份及其子公司率先完成重整，确保云维股份"保壳"成功，同时通过资本公积金转增股票向云维集团和煤化工集团提供股票，并通过债务关系、担保关系实现偿债资源的有序输送，使得两家公司能够制定最为合理的重整计划，绝大部分金融债权能够获得100%兜底清偿。该系列重整前后历时10个月，5家公司重整方案均获得债权人会议表决通过，重整计划付诸实际执行，系列重整案件基本圆满终结。

3. 典型意义

本案是在供给侧结构性改革及去产能、调结构背景下，人民法院切实发挥破产审判功能，积极化解产能过剩，保障地方就业稳定，并最终实现困境企业涅槃重生的典型案例。通过重整程序，煤化工集团旗下关闭煤矿18家，清理过剩煤炭产能357万吨/年，分流安置职工14,552人，化解债务危机的同时为企业后续持续健康发展奠定基础，得到了债权人、债务人、股东、职工的高度肯定和支持。

案例一六　庄吉集团有限公司等4家公司破产重整案[1]

（全国法院审理破产典型案例）

1. 基本案情

庄吉服装是温州地区知名服装品牌。庄吉集团有限公司（以下简称庄吉

---

[1] 参见《全国法院审理破产典型案例》，载最高人民法院网2018年3月6日，https：//www.court.gov.cr/zixun/xiangqing/83792.html。

集团)、温州庄吉集团工业园区有限公司(以下简称园区公司)、温州庄吉服装销售有限公司(以下简称销售公司)、温州庄吉服装有限公司服装公司(以下简称服装公司)4家企业长期经营服装业务,且服装业务一直经营良好。但其因盲目扩张,投资了并不熟悉的造船行业,2014年受整体经济下行影响,不但导致投入造船业的巨额资金血本无归,更引发了债务人的银行信用危机。2014年10月9日,除服装公司外,其余3家公司向浙江省温州市中级人民法院(以下简称温州中院)申请破产重整。

2. 审理情况

2015年2月27日,温州中院裁定受理庄吉集团、园区公司、销售公司3家企业的重整申请,并根据企业关联程度较高的情况,指定同一管理人。2015年8月20日,管理人请求温州中院将重整计划草案提交期限延长3个月。2016年1月27日,服装公司亦进入重整程序。由于4家企业存在法人人格高度混同的情形,符合合并重整的基础条件,且合并重整有利于公平清偿债务,符合《企业破产法》的立法宗旨。温州中院在经债权人会议决议通过4家企业合并重整的基础上,经过该院审判委员会讨论决定,对管理人提出的实质合并重整申请予以准许。随后管理人制定整体性的重整计划草案,并在债权人会议表决的过程中获得了绝大部分债权人的认可,仅出资人组部分股东不同意。经与持反对意见的股东沟通,其之所以反对主要是对大股东经营决策失误有怨言,对重整计划草案本身并无多大意见。2016年3月17日,温州中院强制裁定批准该重整计划草案。在重整计划草案通过后,温州中院及时根据《中共温州市委专题会议纪要》(〔2016〕9号文件)对重整企业进行信用修复,使得重整企业隔断历史不良征信记录、恢复正常使用包括基本户在内的银行账户、正常开展税务活动,解除法院执行部门的相关执行措施,为重整企业营造了良好的经营环境。

3. 典型意义

本案是法院依法审慎适用重整计划草案强制批准权、积极协调保障企业重整后正常经营的典型案例。实践中,一些企业在重整计划通过后,因相关配套制度的缺失又重新陷入困境。因此,重整是否成功,并不仅仅体现在重整计划的通过上,虽然重整司法程序在法院裁定批准后终止,但重整后的企业能否迅速恢复生机,还需要相关部门在信用修复、适当的税收优惠等方面予以支持，使其顺利恢复生产经营活动，这是完整发挥重整制度价值的关键。本案中，在庄吉集团等 4 家公司重整计划通过后，温州中院积极协调，为重整后的庄吉集团等 4 家公司赢得良好的经营环境。此外，法院依法审慎适用强制批准权，维护了各方主体利益平衡以及整体利益最大化，庄吉集团等 4 家公司在重整成功后的第一个年度即成为当地第一纳税大户。

案例十七　中信国安集团有限公司等 7 家公司实质合并重整案[1]

（2023 年度全国破产经典案例）

1. 基本案情

中信国安集团有限公司（以下简称国安集团）是中信集团一级子公司，成立于1994年，前身是 1987 年成立的北京国安宾馆。近年来，国安集团生产经营受行业周期调整、对外投资激进等因素严重影响，陷入了严重的债务危机。

2. 审理情况

2022 年 1 月 30 日，经债权人申请，北京市第一中级人民法院裁定受理国安集团重整。国安集团是集团型企业，其下属企业超 500 家，业务结构、资产类型十分复杂。国安集团等 7 家公司资产价值约 764.57 亿元，债务规模将近 2100 亿元、债权人数量超千家且部分债权背后涉众多自然人投资者。同年 11 月 16 日，北京市第一中级人民法院裁定确认重整计划执行完毕，终结国安集团等 7 家公司重整程序。

3. 典型意义

本案是目前北京破产重整案件债务规模最大的司法重整案件，在受疫情严重影响情况下在 6 个月时效内提交重整计划、重整程序实现在 1 年内终止，重整计划提前 2 个月完成执行。国安集团等 7 家公司重整始终坚持市场化和

---

[1] 参见《2023 年度"全国破产经典案例"评选结果公告》，载微信公众号"中国审判"2024 年 4 月 29 日，https://mp.weixin.qq.com/s/Eezpjw5K7xVL3sQyOGAOow。

法治化的原则，在公司经营和治理、新主体运营价值保障、债权人权益保护、涉众群体维稳、庭外重组程序衔接以及重整计划内容等方面存在典型性和创新性。

案例十八　中国华信能源有限公司等 70 家关联企业实质合并破产清算案[1]

（2023 年度全国破产经典案例）

1. 基本案情

华信集团系以中国华信能源有限公司（以下简称中国华信）、上海华信国际集团有限公司（以下简称上海华信）、海南华信国际控股有限公司为核心、由近两百家关联企业组成的大型企业集团。其经营范围涉及金融、能源、钢铁、贸易、房地产等领域，华信集团还通过投资并购控股多家金融机构。2018 年年末华信集团账面资产约 800 余亿元，负债高达 1700 余亿元，严重资不抵债。

2. 审理情况

上海市第三中级人民法院（以下简称上海三中院）裁定受理上海华信破产清算后，以邀请竞争方式指定北京市金杜律师事务所、上海市方达律师事务所、上海市锦天城律师事务所组成联合管理人。审理中，上海三中院分批裁定将法人人格高度混同、区分各企业财产成本过高、严重损害债权人公平清偿利益的 70 家华信集团关联企业纳入实质合并破产清算范围，同时对上述关联企业的 96 家对外投资通过股权拍卖、重整、破产清算、强制清算、自行清算等方式予以分类清理。上海三中院向香港特区高等法院出具司法协助请求信，由管理人同步向香港特区高等法院提起认可上海三中院破产清算程序

---

[1] 参见《2023 年度"全国破产经典案例"评选结果公告》，载微信公众号"中国审判"2024 年 4 月 29 日，https：//mp.weixin.qq.com/s/Eezpjw5K7xVL3sQyOGAOow。《上海破产法庭 | 2023 年度典型案例》，载微信公众号"上海破产法庭"2024 年 3 月 13 日，https：//mp.weixin.qq.com/s/YvzLo1E1OeYv5FNpTpgKMg。

的申请。香港特区高等法院于 2019 年 12 月签署书面命令（"ORDER"），认可上海三中院受理的上海华信破产清算程序及指定的管理人身份，并确认联合管理人在香港特区行使的职权事项。2023 年 2 月，上海三中院裁定终结上海华信等关联企业实质合并破产清算程序。

3. **典型意义**

本案充分发挥破产制度概括性清偿功能，以化解重大风险和维护社会稳定为目标，对平稳处置大型企业集团破产进行了有益实践和探索。本案的典型意义在于：第一，以整体处置、动态纳入、分类处理原则稳妥开展关联企业清理处置。该案以化解重大风险和维护社会稳定为目标，分别采取实质合并破产、重整、单独破产清算、强制清算、自行清算、股权拍卖的方式进行处置，以核心关联企业、控股关联企业、外围关联企业三个维度对全部关联企业循序渐进开展调查工作，动态分批将关联企业纳入相应清理程序，最终一揽子平稳清理处置华信集团全部关联企业。第二，积极探索实践跨境资产清收。法院积极尝试启动跨境破产司法协助，获得香港特区高等法院认可本案破产程序及管理人身份，为归集在港破产财产打通路径，本案成为香港特区法院首次正式承认与协助的内地破产程序的案件；积极开展境外疑难资产清收，深入调查境外资产并妥善制定清收方案，在衡量合法性、商业价值的基础上实现境外资产处置价值最大化，最终取得回收资金 13 亿元的良好效果。第三，创新清收财产举措促进破产程序提效降成本。管理人在法院指导下，挑选具有代表性的应收账款先行提起示范诉讼，以示范判决结果作为处置其他同类型应收账款的参考标准，显著提升了应收账款清收效果，极大降低了程序成本；开创性地将悬赏方式运用到破产程序，相关财产线索悬赏议案经债权人会议表决通过后向社会公开发布悬赏公告，管理人根据征集的线索追回破产财产 900 余万元。第四，充分发挥债委会作用助力推进破产程序。在充分考虑债权类型、代表性、参与意愿的基础上，通过债权人会议差额选举产生债权人委员会成员，制定债权人委员会议事规则并建立定期例会机制，债权人委员会与法院、管理人之间良性互动，充分保障其作为债权人会议自治性常设组织的参与权、监督权，债权人委员会参与管理人制定重大事项处置方案讨论并提出意见建议，在债权人会议授权范围内审议表决相关议案，全程监督管理人重大财产处置工作，确保处置工作公开透明。

案例十九　海南某石油基地有限公司重整案[1]

（人民法院案例库入选案例）

1. 基本案情

海南某石油基地有限公司（以下简称石油基地）系海南某国际公司的全资子公司，注册资本为15亿元（实缴7.2亿元）。石油基地拥有港口经营许可证、危险化学品经营许可证等稀缺经营资质，主营原油仓储服务，是海南洋浦经济开发区港口的最大油库，也是某企业集团的核心资产。截止到2020年3月31日，石油基地账面资产22亿元，账面负债15亿元，另有对某开发银行无争议担保债务11.29亿元和有争议担保债务超百亿元，还有数亿元隐性民间借贷保证债务。因受某企业集团破产清算拖累，石油基地近百名员工人心浮动，安全生产责任和压力持续加大，经营前景面临巨大的不确定性。债权人向上海市第三中级人民法院（以下简称上海三中院）申请对石油基地进行重整。

2. 审理情况

上海三中院于2019年11月15日裁定受理企业集团旗下核心成员企业破产清算后，因关联企业之间存在法人人格高度混同、区分各关联企业成员财产成本过高、严重损害债权人公平清偿利益的情况，先后将70家关联企业纳入企业集团实质合并破产清算程序。在石油基地重整程序正式启动前，为保障其安全生产不受母公司实质合并破产清算的影响，上海三中院指定某企业集团关联企业实质合并破产案的联合管理人临时托管石油基地。经审查发现，石油基地与某企业集团关联企业存在严重的财产混同，并受某企业集团过度支配与控制，上海三中院于2020年9月1日裁定受理石油基地重整。受理民事裁定书中载明本案"并非通常情况下单个企业的破产重整程序，需在企业集团关联企业实质合并破产清算程序的框架下协调推进"。裁定受理重整后，

---

[1] 参见海南某石油基地有限公司重整案，案例编号：2023-08-2-422-003。

上海三中院允许石油基地自行管理财产和营业事务,并要求管理人派员常驻厂区监督安全生产。本案以邀请竞争方式指定上海市某律师事务所担任石油基地管理人。管理人按照法院要求推进实质合并下的重整模式,同时参考"假马竞价"模式招募投资人。2021年3月15日,上海三中院裁定批准石油基地重整计划;2021年4月26日,上海三中院裁定终止重整程序。重整计划执行期间,管理人监督该公司完成了减资及股权转让变更登记手续,破产费用支付完毕,与该公司生产经营直接相关的担保债权、普通债权共计约11.5亿元清偿完毕,提存剩余资金约3.9亿元。上海三中院于2021年6月23日裁定确认重整计划执行完毕。

3. 典型意义

本案在企业集团整体实质合并破产清算的大框架下,嵌套关联企业重整程序,以重整方式实现该集团全资子公司的资产处置,实现处置价值最大化,处置收益导入实质合并破产程序。就程序操作而言,因母公司已被纳入某企业集团关联企业实质合并程序,其作为出资人对石油基地重整计划的表决,由某企业集团关联企业实质合并破产清算案债权人会议行使。就实体处理而言,某企业集团关联企业与石油基地互负债务归于消灭;母公司对石油基地的股权实质归零,股权质押相应涤除;重整资金对石油基地债权人清偿完毕后,剩余部分归入某企业集团关联企业实质合并程序。在重整同时,多措并举确保企业持续营运及安全生产。在进入重整程序前采取临时托管,指定某企业集团关联企业实质合并破产清算案的联合管理人代行股东权利,临时托管石油基地,监督保障安全生产;启动重整程序后,允许债务人在管理人监督下自行管理财产和营业事务,管理人派员常驻厂区监督安全生产;实行员工挽留激励机制,管理人调研行业及周边企业薪酬水平后,重整期间按月发放安全补贴和年终绩效考核奖励,并向一线关键岗位倾斜,稳定员工队伍。

案例二十　吉林森工集团实质合并重整案[1]

（2023年度全国破产经典案例）

1. 基本案情

中国吉林森林工业集团有限责任公司（以下简称森工集团）前身是吉林省采伐公司，为全国首批57户大型试点企业集团、全国六大森工集团和全国制造业500强之一该公司实际控制人为吉林省人民政府国有资产监督管理委员会。近年来，森工集团经营发展陷入严重困境，存在严重不稳定风险。

2. 审理情况

2020年5月18日，长春市中级人民法院（以下简称长春中院）裁定受理了森工集团破产重整申请。在案件审理过程中，经调查，管理人认为森工集团与吉林森林工业集团财务有限责任公司（以下简称森工财务公司）符合实质合并破产条件，向法院申请进行实质合并重整。长春中院于2020年12月8日裁定森工集团、森工财务公司实质合并重整，2020年12月31日裁定批准重整计划并终止重整程序。执行期内投资人因多种原因导致投资款不能如期到位，森工集团、森工财务公司及管理人先后四次向法院申请延长重整计划执行期限及监督期限。2023年12月4日，长春中院裁定批准变更重整计划。2023年12月5日，长春中院裁定批准变更后的重整计划。管理人于2023年12月8日向长春中院提交了重整计划执行监督报告，长春中院于2023年12月10日裁定确认重整计划执行完毕并终结重整程序。

3. 典型意义

本案为整体化解森工集团及下属企业面临的风险，结合下属公司实际情况分类制定方案，通过市场化与法治化渠道、庭内庭外相结合的方式实现资源的重新配置，构建新的企业经济体制。同时面对地方债务风险，本案通过"现金清偿＋政策性贴息权益＋债转股＋信托计划受益权"等方式，充分利用

---

[1] 参见《2023年度"全国破产经典案例"评选结果公告》，载微信公众号"中国审判"2024年4月29日，https：//mp.weixin.qq.com/s/Eezpjw5K7xVL3sQyOGAOow。

国家贴息政策，最大限度维护了地方金融稳定。本案为吉林省首例适用关联企业实质合并破产的典型案例，为吉林省乃至东北地区解决大型企业集团破产问题提供了可借鉴的审理经验与审理模式。

案例二十一　河南省淇县永达食业有限公司等 149 家公司实质合并重整案[1]

（2023 年度全国破产经典案例提名奖）

1. 基本案情

河南省淇县永达食业有限公司（以下简称永达公司）等 149 家公司是集种鸡繁育、肉鸡养殖、饲料加工、屠宰加工、肉制品加工、骨素调味品、国际进出口贸易、冷链物流等为一体的全国大型农业产业化龙头集团企业。

2. 审理情况

2018 年，永达公司的财务和经营状况严重恶化，不能清偿到期债务。经永达公司申请，2020 年 12 月 14 日，淇县人民法院（以下简称淇县法院）裁定永达公司进入重整程序。经管理人申请，淇县法院于 2022 年 4 月 13 日裁定安阳永达农牧投资有限公司等 125 家公司与永达公司等 24 家公司合并重整。2023 年 11 月 24 日，淇县法院裁定批准重整计划草案，永达公司等 149 家公司重整成功。

3. 典型意义

本案是我国当代规模化农业企业探索合并重整、以法治化的方式实现整体脱困的经典案例。在企业重整过程中，考虑到关联企业法人人格高度混同、资产负债无法区分，本案分三次共将 149 家关联企业纳入合并重整程序。在重整过程中，一方面妥善解决了企业发展几十年所产生的历史遗留问题，实现企业集团整体脱困，另一方面剥离无效资产，盘活有效资产，改变了永达公司经营上分散、多而不强的特点，为其后续发展奠定了坚实的基础，同时

---

[1] 参见《2023 年度"全国破产经典案例"提名奖评选结果公告》，载微信公众号"中国审判"2024 年 4 月 30 日，https://mp.weixin.qq.com/s/DrQyDrFWLAYGWZUYSFNf9A。

也得到了债权人、职工、债务人、法院、政府多方的认可,彰显了破产重整制度的法律效果和社会效果。

案例二十二　深圳"金立系1+3"关联企业合并审理案[1]

（2023年度全国破产经典案例提名奖）

1. 基本案情

深圳市金立通信设备有限公司（以下简称金立通信）是一家手机研发、加工生产、内外销同步进行的民营高科技企业。2017年开始,金立通信经营陷入困境,受母公司债务危机影响,3家子公司金铭公司、金卓公司、金立科技（与金立通信合称"金立系1+3"）相继出现经营危机,大量诉讼及执行案件涌入法院,关联公司债务总规模约400亿元,受到社会广泛关注。

2. 审理情况

2018年12月10日,深圳市中级人民法院（以下简称深圳中院）依据债权人的申请裁定受理金立通信破产清算一案。2019年5月,深圳中院认为现有证据尚不足以证实"金立系1+3"之间已达到法人人格混同的实质合并标准,依法不宜实质合并破产。但鉴于关联程度高,深圳中院拟对4家公司采取非实质合并方式集中管辖和协调审理。深圳中院推动金铭公司、金立科技从清算转为重整。针对金立通信、金卓公司经营停滞,确无挽救价值的状况,深圳中院指导管理人依法清理企业债权债务。2020年12月28日、2023年11月6日,金卓公司和金立通信破产清算工作基本完成,破产清算程序终结。

3. 典型意义

本案是深圳中院积极探索关联企业协调审理模式,审结的首宗关联企业非实质合并破产案。深圳中院严格遵循最高人民法院对于实质合并审慎、例外的原则,着眼于关联企业整体运营和资产负债情况,坚持尊重企业法人人格的独立,对是否符合实质合并条件适用法人人格混同及债权人利益保护标

---

[1] 参见《2023年度"全国破产经典案例"提名奖评选结果公告》,载微信公众号"中国审判"2024年4月30日, https://mp.weixin.qq.com/s/DrQyDrFWLAYGWZUYSFn9A。

准进行审查。深圳中院充分发挥破产制度价值优势，重整挽救与清算退出双驱推进，探索了关联破产企业出资人组表决新机制。

案例二十三　重庆市能源投资集团有限公司等16家公司实质合并破产重整案[1]

（2022年度全国破产经典案例）

1. 基本案情

重庆市能源投资集团有限公司（以下简称重庆能源集团）是重庆市集能源投资、开发、建设、运营、服务为一体的大型国有能源企业。2015年以来，受多重因素叠加影响，重庆能源集团及其部分子公司出现严重债务风险，陷入经营困境。

2. 审理情况

2022年4月11日，重庆能源集团等16家公司分别向重庆市第五中级人民法院申请重整并同时申请预重整。2022年4月15日，法院对重庆能源集团等16家公司的预重整申请进行备案登记。2022年11月22日，法院裁定对重庆能源集团等16家公司进行实质合并重整。目前，重整计划进入执行期，债权按期清偿，企业生产经营稳定。

3. 典型意义

本案中，法院开创性运用预重整转重整审理方式，在预重整与重整期间均许可公司自行管理，最大限度维护了企业持续运营。同时，鉴于重庆能源集团主体的特殊性，法院从企业性质、业务重合度等多维度考量引入投资人，确保国家能源安全和保障供应。并且，法院严格按照《全国法院破产审判工作会议纪要》有关规定，从关联企业成员法人人格是否高度混同、区分各关联企业成员财产成本是否过高等方面进行缜密论证，审慎适用实质合并，保障债权人公平受偿。另外，本案综合运用现金、股票抵债、债转股、新债安

---

[1] 参见《2022年度"全国破产经典案例"评选结果公告》，载微信公众号"中国审判"2023年4月22日，https://mp.weixin.qq.com/s/tIJz6n3ejjjBVK0deJy0Uw。

排等多种方式清偿债务，整体提升债权受偿率。最后，本案充分发挥府院协调机制的作用，并科学制定经营方案，助力案件办理。

案例二十四　河南银鸽实业投资股份有限公司等7家公司重整案[1]

（2022年度全国破产经典案例提名奖）

1. 基本案情

河南银鸽实业投资股份有限公司（以下简称银鸽投资）主要从事纸品及纸浆的生产与销售，是河南省百户重点企业、AAA级质量诚信企业，于1997年在上海证券交易所首发上市，是河南省规模最大的造纸企业之一，曾被誉为"草浆第一股"。2020年7月2日上海证券交易所决定终止银鸽投资股票上市，8月27日银鸽投资股票被正式摘牌。

2. 审理情况

漯河市中级人民法院（以下简称漯河中院）于2021年3月23日裁定受理银鸽投资破产重整。后漯河中院于2021年6月17日裁定受理漯河银鸽特种纸有限公司等6家公司破产重整。最终法院对银鸽投资等7家公司采用协调审理的方式进行整体债务风险化解。根据调查，截至破产受理日，银鸽投资等7家公司简单加总的账面资产13.90亿元、市场价值23.24亿元、负债85.88亿元。

3. 典型意义

漯河中院通过对退市公司与关联公司的协调审理，使得各关联公司的核心商标专利与业务产能不被分割，保留了7家公司的整体商业价值。重整期间，管理人行使合同挑拣权，通过委托加工形式保障了公司的正常生产经营，实现了企业资产保值增值及广大职工工资社保的正常缴纳。重整过程中，经漯河中院、管理人、公司、主办券商各方协同，通过与中国证券登记结算有限责任公司、全国中小企业股份转让系统的沟通，银鸽投资于2021年12月3

---

[1] 参见《2022年度"全国破产经典案例"提名奖评选结果公告》，载微信公众号"中国审判"2023年4月23日，https://mp.weixin.qq.com/s/Qf8CiLdr5tQ4xPT9TlBnLA。

日正式完成在股转系统的转板、缩股、转增、划转等多道复杂流程，恢复转让后股价涨幅 900%，为近 4 万股民保住流通股价值。

案例二十五　东营方圆有色金属有限公司等 20 家公司实质合并重整案[1]

（2022 年度全国破产经典案例提名奖）

1. 基本案情

债务人是主营铜冶炼以及金、银、镍、铅、锌等金属材料加工的大型民营企业集团。东营方圆有色金属有限公司（以下简称方圆公司）、东营鲁方金属材料有限公司（以下简称鲁方公司）是核心控制企业，在国内铜冶炼行业具有较高的市场竞争力和行业地位，连续多年入围中国有色金属工业 50 强、山东省百强、中国民营企业 500 强企业。重整程序启动前，债务人有员工 1600 余名，债务规模近 400 亿元人民币，涉及 40 余家金融机构，境内外金融机构约各占一半。

2. 审理情况

债务人在 2019 年年底爆发财务危机，之后债务人与境内外债权人实施庭外协商重组但最终失败。2022 年 1 月 7 日，债权人交通银行东营分行向山东省东营市中级人民法院（以下简称东营中院）提出对方圆公司、鲁方公司实施破产重整的申请。同年 1 月 26 日，东营中院裁定受理。经管理人对方圆公司关联企业调查后，2022 年 6 月 9 日，东营中院裁定对方圆公司等 20 家公司实质合并重整。2022 年 12 月 16 日，东营中院依法裁定批准重整计划草案，并终止重整程序。

3. 典型意义

本案是一宗跨境破产案件，标的金额巨大、社会影响力广泛，金融债权占比超过 90%。因此，本案中法院和管理人首先创造性地设立了重整沟通协

---

[1] 参见《2022 年度"全国破产经典案例"提名奖评选结果公告》，载微信公众号"中国审判"2023 年 4 月 23 日，https://mp.weixin.qq.com/s/Qf8CiLdr5tQ4xPT9TlBnLA。

商机制，弥补了现有债权人委员会制度难以覆盖境外金融机构债权人的不足。其次，设置了生产运营委员会、重整程序保障委员会这两个委员会，化解了重整期间公司营业事务管理方面的治理僵局。最后，不囿于实证法规则，而是探究了《企业破产法》第31—33条所确定的基准日规定存在的不足，以及从实质上去把握关联企业合并破产的相关规定。

案例二十六　南京建工产业集团有限公司等25家公司实质合并重整案[1]

（2022年度江苏法院十大典型案例及破产审判十大典型案例）

1. 基本案情

南京建工产业集团有限公司（以下简称建工集团）及其关联企业，系江苏建筑行业知名大型民营企业集团，拥有建筑工程施工总承包特级等多项建筑业顶级资质，承建过省市多项"十二五""十三五"重大基础设施和民生工程，多次荣获鲁班奖、詹天佑奖等重要奖项。近年来，因企业转型、经营不善等原因，该企业流动资金出现困难，并逐渐衍化为企业集团整体债务困境。为化解债务风险，债务人和债权人先期开展庭外重组。2019年8月，成立金融机构债权人委员会并开展债务重组谈判。

2. 审理情况

在金融机构债务人委员会支持下，经债务人申请，南京市中级人民法院（以下简称南京中院）于2020年10月决定对建工集团等25家公司启动预重整。预重整期间，基本完成债权申报预审查、清产核资、预重整方案磋商、制定和意见征集等基础工作。通过预重整，企业集团的管理团队和核心技术人员以及客户资源得到稳定，在全面复工复产的同时，新增中标项目41个、金额合计约17.44亿元，企业营运价值逐步恢复。2021年6月，南京中院裁定建工集团等25家公司转入重整程序。同年9月，在综合考量关联企业资产

---

[1] 参见《2022年度江苏法院破产审判十大典型案例》，载微信公众号"江苏高院"2023年3月21日，https://mp.weixin.qq.com/s/iv6-XzmQ5Xu04Aj-6Yjzxw。

混同程度、财产区分成本及债权人收益比较、整体公平清偿等因素后，南京中院裁定建工集团等25家公司实质合并重整。同年12月，管理人提交重整计划草案，积极引入战略投资人，注入外部优质资产，同时优化生产要素配置，重新搭建经营平台，上述草案经债权人会议各组别审议表决通过。2022年4月，南京中院裁定批准重整计划，终止重整程序。

3. 典型意义

该案是人民法院贯彻新发展理念，综合运用多种破产制度工具，有效挽救大型民营企业集团的典型案例。本案是江苏省迄今债务规模最大的破产案件，债务总额达1400余亿元，涉及债权人3200余户。

本案成功解决的因素主要有以下几个。第一，人民法院及时把握企业挽救时机，引导债务人先行预重整，积极探索庭外重组与庭内重整的有机衔接，稳步开展企业救治。第二，人民法院审慎适用实质合并重整程序，采取"整合存量、引入增量、兜底补偿"等方式，多重保障债权人清偿利益最大化。第三，通过营业保护，稳定企业经营，修复营运价值，逐步缓释风险。重整期间，82个在建工程项目均复工复产，40余个新增中标项目有序推进，保留了上下游5万余个就业岗位，梳理待发放农民工工资个人及账户信息3.86万人次，实现了"破产不停产"。本案生动体现了破产制度在推动企业重获新生、防范化解金融风险、兜住兜牢民生底线、促进地方经济发展各方面的重要价值，为构建多层次、开放式、友好型的债务重组制度体系提供了有益借鉴。

案例二十七　永泰科技投资有限公司等5家公司实质合并重整案[1]

（2021年度江苏法院破产审判典型案例）

1. 基本案情

永泰科技投资有限公司（以下简称永泰公司）及其关联企业系大型民营

---

[1] 参见《省法院发布｜江苏法院破产审判典型案例》，载微信公众号"江苏高院"2022年3月25日，https：//mp.weixin.qq.com/s/VP－aootmaNTamDpE9AlTxg。

企业集团，间接控制永泰能源、海德股份等多家上市公司。近年来，受融资政策缩紧、财务成本高企、投融资期限错配等因素影响，企业集团发生整体债务风险。在先期成立的金融机构债权人委员会支持下，按照"整体化解、分步实施"的风险化解策略，继企业集团上市板块永泰能源重整成功后，永泰公司作为集团核心控制企业，向南京市中级人民法院（以下简称南京中院）提出重整申请。

2. 审理情况

2021年7月6日，南京中院依法裁定受理永泰公司重整案。管理人对永泰公司及其关联企业进行全面清产核资后，申请将永泰集团有限公司等4家子公司并入永泰公司重整案中进行实质合并重整。南京中院经审查，认定符合法人人格高度混同、区分各关联企业财产成本过高、合并重整有利于全体债权人等实质合并条件，于同年9月22日裁定上述5家公司实质合并重整。同年12月16日，南京中院裁定批准重整计划，终止重整程序。

3. 典型意义

本案是人民法院运用实质合并重整制度，防范化解重大风险的典型案例，主要有4点典型意义。第一，高效化解债务风险。南京中院合理统筹程序事项，紧扣程序节点，从实质合并重整再到裁定批准重整计划，仅耗时85天，成功化解债务近600亿元。第二，审慎适用实质合并重整。本案中，法院在对关联企业全面梳理的基础上，逐户量化分析混同程度，严格限定实质合并主体范围，分别认定各主体破产原因，综合法人人格混同、资产分离困难和债权人利益保护等多项标准，规范适用实质合并重整制度。第三，充分尊重当事人意思自治。法院遵循市场化、法治化原则，在重整申请、管理人指定、重整计划草案制定等方面，提高债权人参与度，调动债务人自救积极性，有效发挥金融机构债权人委员会、债权人会议和管理人职能作用，稳妥有序开展重整。第四，最大化实现各方利益。本案创新运用财产型信托，在保障有财产担保债权优先清偿的同时，最大程度提升普通债权清偿率。整体上，发挥上市板块与非上市板块重整协同效应，通过资本市场将底层资产价值充分释放，共享重整收益，最终实现企业集团债务风险整体化解，有力维护了广大中小投资者权益和金融安全。

案例二十八　雨润控股集团有限公司等关联企业、南京雨润食品有限公司等关联企业重整案[1]

（2022年6月—2023年6月南京法院破产审判典型案例）

1. 基本案情

雨润集团成立于1993年，是一家以食品生产加工为主业，集房地产开发、商业百货、农产品物流等多产业于一体的多元化大型民营企业集团。自2015年起，该集团因多重因素影响陷入债务危机，债务规模巨大。

2. 审理情况

经债权人及债务人申请，南京市中级人民法院（以下简称南京中院）于2020年11月16日分别裁定受理雨润控股集团有限公司（以下简称雨润控股集团）、南京雨润食品有限公司（以下简称南京雨润食品）等公司重整案，并于同日指定管理人。上述重整案件审理过程中，管理人认为，雨润控股集团等78家公司、南京雨润食品等44家公司分别存在法人人格高度混同等情形，申请对上述两个板块分别进行合并重整。南京中院依法审查后分别裁定对雨润控股集团等78家公司、南京雨润食品等44家公司进行实质合并重整。之后，法院分别依法裁定批准雨润控股集团等78家公司、南京雨润食品等44家公司的重整计划，终止重整程序，目前重整计划正处于执行阶段。

3. 典型意义

本案合并重整涉及两个板块共122家公司，范围大、涉及面广，法院依法审查适用关联企业实质合并重整的审理方式，在保障实质合并重整程序合法性同时，公平维护了债权人等利害关系人的合法权益。本案重整中通过将企业集团体系内的食品业务优质资源进行有效整合，综合运用"现金清偿+留债清偿+以股抵债"等方式对危困企业进行"综合救治"，成功化解900多

---

[1] 参见《市法院召开南京破产法庭成立三周年暨破产审判白皮书新闻发布会》，载微信公众号"南京市中级人民法院" 2023年7月19日，https://mp.weixin.qq.com/s/Axr14wNXtsuHm_-tVr3N2Q。

亿元债务，企业优质资产得以继续经营的同时，也最大限度地保护了各方主体的合法权益，为大型民营企业困境挽救提供了经验借鉴。本案中的破产重整程序，帮助企业完善经营管理和财务结构，稳定产业链和员工，盘活有效资产，避免银行等金融机构的国有资产流失，化解地区重大金融风险，维护了社会稳定，达到了破产审判政治效果、法律效果与社会效果的高度统一，凸显了破产审判的制度功能与社会价值。

案例二十九　三鼎控股集团有限公司等 5 家公司合并破产重整案[1]

（2023 年浙江法院企业破产审判十大典型案例）

1. 基本案情

三鼎控股集团有限公司（以下简称三鼎控股）是义乌知名的企业集团，旗下拥有上市公司义乌华鼎锦纶股份有限公司（以下简称华鼎股份）、浙江三鼎织造有限公司（以下简称三鼎织造）、义乌市环鼎织带有限公司（以下简称环鼎织带）、义乌环球制带有限公司（以下简称环球制带）、金华金鼎织带有限公司（以下简称金鼎织带）等企业。华鼎股份以民用锦纶长丝的研发、织造和销售为主营业务；三鼎织造等 4 家公司则具备生产涤纶带、罗纹带等织带的制造与销售完整产业链。近年来，由于短贷长投、供需错配、投资失利等因素叠加影响，公司债务负担沉重，甚至发生违规占用上市公司资金问题，导致华鼎股份股票交易被证券监管部门实施特别处理风险警示。若无法尽快扭转不利局面，上千名职工及债权人的利益将遭受严重损失，并对区域经济造成不良影响。

2. 审理情况

2021 年 1 月 26 日，义乌市人民法院（以下简称义乌法院）对三鼎控股以及三鼎织造等 4 家公司分别予以预重整登记。在预重整阶段完成了债权债务

---

[1] 参见《浙江高院发布2023年浙江法院企业破产审判工作报告暨典型案例》，载微信公众号"浙江天平"2024 年 4 月 25 日，https://mp.weixin.qq.com/s/OSNbK08Tem-6CFwiWysDig。

梳理、资产核查、重整投资人的预招募等工作。2021 年 4 月 26 日、5 月 19 日，义乌法院分别裁定受理三鼎控股、三鼎织造、环鼎织带、环球制带、金鼎织带破产重整案。2021 年 7 月 2 日，法院裁定三鼎织造等 4 家公司的合并重整。2022 年 4 月 27 日，义乌法院裁定批准三鼎控股重整计划，并终止重整程序。2023 年 4 月 17 日，义乌法院裁定批准三鼎织造等 4 家公司的重整计划，并终结重整程序。

义乌法院在党委政府的支持配合下，在上级法院的精心指导下，通过有序衔接预重整和重整程序，围绕"上市公司 + 母公司双重组"目标制定重整方案，不仅妥善处理了 90 余亿元负债，解决了上市公司违规占款近 6 亿元，消除了上市公司潜在退市风险，较好保障了 1000 余名职工和债权人的利益，通过"财务投资人赋能 + 经营者继续经营 + 债权人共享经营收益"的模式，帮助企业走出转型发展道路，2023 年实现产值 2.69 亿元。

3. 典型意义

中共中央、国务院《关于促进民营经济发展壮大的意见》第 4 条指出要坚持精准识别、分类施策，对陷入财务困境但仍具有发展前景和挽救价值的企业，按照市场化、法治化原则，积极适用破产重整、破产和解程序。本案中，义乌法院在识别企业重整价值、审查企业经营方案、招募投资人的过程中，将民营企业可持续发展作为重要审查标准。本案中的破产重整，不仅实现优化资产负债结构、完善公司治理架构的目标，还契合国务院、中国证券监督管理委员会对上市公司高质量发展提出的要求。

本案的典型意义有以下几点：第一，精准甄别关联企业实质合并重整范围。法院充分考虑关联企业间核心财产的区分和重整价值的独立，不盲目追求合并效果和程序简化，精准甄别实质合并企业对象与范围，最终确定三鼎控股单独重整与三鼎织造等 4 家公司合并重整的总体框架，兼顾关联企业破产程序协同推进，同时实现企业间各自重整价值的最大化。

第二，努力探索传统制造型企业重整新模式。设计"财务投资人赋能 + 经营者继续经营 + 债权人共享经营收益"的重整方案，在肯定和鼓励经营团队持续企业运营为债权人创造价值的同时，引入财务投资人注入现金流并提供一定的运营和偿债资金支持，有效缓解企业资金困难，提质增效，扩大产能，将企业重整后未来一定期限的经营收益作为主要偿债资金来源。

第三，运筹设计上市公司控制权移转的新路径。本案跳出一揽子出售控股股东持有的上市公司股票给投资者的固有思路，全局性研判上市公司股权重组的多重可能，借力其他股东盘活股权的需求，推动庭内重整和庭外股权重组相结合模式的全面实施，活用三鼎控股持有的上市公司股票资源，分类处置，双轨并行，保证了上市公司控制权的平稳更替。

第四，优化重整方案实现多方共赢。对于三鼎控股，针对其所持上市公司控股权存在重大瑕疵且无力化解的现实，引进投资人注资上市公司消除股权瑕疵。通过设计"现金+股票"的综合清偿方案，在提升股票质押权人权益的同时，促成其让渡部分质押股权供普通债权人清偿，较好实现了利益平衡。对于三鼎织造等4家公司，设计留债清偿、小额分段清偿、一次性清偿、分期清偿、债转股清偿等供其选择，满足不同类型的偿债诉求，提高整体偿债率。

案例三十　精功集团有限公司等9公司合并重整案[1]

（2022年浙江法院企业破产审判十大典型案例）

1. 基本案情

精功集团有限公司（以下简称精功集团）始创于1968年，旗下有96家实体及经营企业，其中绍兴黄酒、钢结构建筑、装备制造、碳纤维等产业在国内同行业保持领先地位，多年入选中国民营企业500强。2019年7月，因流动性危机，首次债务实质性违约等，该公司经营陷入困境。

2. 审理情况

2019年9月，浙江省绍兴市柯桥区人民法院（以下简称柯桥法院）分别裁定受理精功集团等9公司的破产重整申请，依法指定管理人。2019年11月6日，精功集团等9公司第一次债权人会议召开。该会议共接受债权申报514亿元，债权结构复杂，分布全国各地，债权人对权益实现诉求差异较大。该

---

[1] 参见《浙江高院发布2022年浙江法院企业破产审判工作报告暨十大典型案例》，载微信公众号"浙江天平"2023年4月12日，https://mp.weixin.qq.com/s/cPCIAGgFHTxhpPK6vDIvgA。

会议通过了《重整投资人招募方案》，为后续投资人招募工作奠定基础。2020年8月14日，经听证，柯桥法院裁定精功集团等9公司合并重整。考虑到精功集团等9公司重整体量以及核心产业特点，柯桥法院指导管理人于2021年7月30日和2022年4月15日发布预招募和招募公告，通过公开市场招募重整投资人，同时通过资本市场和债券市场的信息披露渠道同步披露重整投资人招募、谈判、遴选、确定等全过程。2022年10月24日，管理人向柯桥法院提交重整计划（草案），同时通过上市公司信息披露平台对该草案进行全文披露，为资本市场首例。该草案确定将核心资产实施出售式重整，设定"信托一"用于解决要约收购问题，设定"信托二"用于解决非核心资产剥离，确定了普通债权"现金10% + 信托收益"的清偿方案，安排了"定向融资工具系列产品"债权特别清偿方案，保障基层群众生存权益，创造性地将破产服务信托事项与"破产一件事"系统对接，将信托受益权登记、收益分配通知等事项在"线上"统筹解决，提高执行效率。2022年11月8日，精功集团等9公司第二次债权人会议一次性审议通过了重整计划（草案），11月28日，柯桥法院裁定批准重整计划并终止重整程序。2023年2月28日，重整资金全部到位，重整核心资产全部完成交付，破产服务信托事项与"破产一件事"系统进行有效对接，重整计划顺利执行。

3. 典型意义

本案系创新上市公司控股股东重整模式，平衡各方利益，确保大型民营企业核心资产健康稳定运营，实现相关利害关系人多方共赢的典型案例。本案典型意义在于：第一，以破"产"招"商"，通过预招募、正式招募双重招募程序，精准确定重整核心资产范围，最大限度保障企业"破产不停产"，实现债务人财产价值最大化，保障债权人利益；维持上市公司可持续发展，兼顾中小投资者利益；确保重整企业及下属企业稳定，保护职工利益。第二，在重整计划制定中，利用信托制度优势，通过设定两个破产重整服务信托，解决"要约收购""资产剥离""信托执行"三大难题，为涉上市公司破产重整提供信托样本。第三，因为重整企业是上市公司控股股东，所以关注上市公司交易规则与破产法的有效衔接，探索上市公司控股股东破产重整信息披露规则，为证券交易所进一步明确、细化上市公司控股股东重整自律监管举措提供实践样本。第四，创新探索破产企业管控机制，破解复杂股权结构下企业集团中持股企业管理难题，使得精功集团控股的上市公司经营管理平稳有序，整体业绩持续向好，股价平稳上涨；对于其他控股或参股公司，通过人员管理、财产管控两重管控措施，实现重整期间债务人及控制公司全面平稳过渡。

案例三十一　山东泉林集团有限公司等 23 家公司合并破产重整案[1]

（山东法院 2021 年破产审判典型案例）

1. 基本案情

山东泉林集团有限公司（以下简称泉林集团）是以秸秆浆制品和秸秆源黄腐酸为主导产品的秸秆综合利用企业集团，核心技术较好解决了"秸秆处理"世界难题其"一根秸秆、两种产品"系业内独特模式，拥有本色用纸、环保餐盒、黄腐酸等核心产品及热电、环保、印刷、餐饮服务等其他多个产业板块。该企业于 1989 年登记注册并于 2000 年完成改制，2017 年以来，由于决策失误、过度举债、管理混乱、深陷担保圈等，该企业资金链彻底断裂，陷入资不抵债困境。

2. 审理情况

高唐县人民法院（以下简称高唐法院）于 2019 年 10 月 30 日裁定泉林集团破产重整，2019 年 11 月 27 日裁定泉林集团和其 22 家关联公司合并重整，采用"现金+债转股+引入重整投资人"模式。泉林集团重整计划草案经第二次债权人会议分组审议表决通过后，高唐法院于 2021 年 10 月 8 日裁定批准重整计划、终止重整程序并予以公告。泉林集团和其 22 家关联公司合并重整取得阶段性成功。

3. 典型意义

该案系山东省境内负债规模较大的重整案件，债权金额达 460 亿余元，

---

[1] 参见《山东法院商事审判、破产审判典型案例》，载微信公众号"山东高法"2022 年 1 月 19 日，https：//mp.weixin.qq.com/s/4LpY6Rst3oDOXBSnyMriiA。

涉及各类债权人近 14,000 家，存在巨大的维稳风险和极易外溢的金融风险。该案中通过设计小额债权清偿方案、债转股方案提高债权人综合受偿率及邀请金融机构债权人参与重整计划草案重大事项研究确定过程等举措，成功破解重整计划表决通过难题。通过法治化思路处置非重整资产，为企业取得 19 亿余元偿债资金，成功破解偿债资金极为短缺难题。通过网络召开债权人会议、发布通知公告、与意向投资人谈判磋商、公示职工债权，成功破解疫情及舆情难题。通过审计分析、专项调查和解释沟通，成功破解利益相关方对敏感问题不断质疑的难题，有效避免了负面舆情的发生。通过制定"破产重整+批量转让"总体债务解决方案，在甄别担保圈企业优劣基础上测算担保圈熔断对价，通过重整程序受偿，剩余债权批量转让给资产公司，由资产公司重组担保债务，及时斩断担保圈，以最小代价换取了最大范围担保圈熔断，成功破解了区域金融风险难题。通过探索实施委托经营，成功破解维护生产经营稳定难题，确保职工、供应商和销售客户等群体稳定，为重整计划后续执行提供有力支撑。通过落实落细府院联动机制，成功破解重整期间稳定难题，实现重整期间企业生产经营稳定、职工队伍稳定、债权人情绪稳定和社会舆情稳定。在国内大型重整案件中尚属少见，取得了政治效果、法律效果和社会效果的有机统一。

案例三十二　山东大海集团有限公司等 57 家公司合并重整案[1]

（2017—2019 年山东省法院破产典型案例）

1. 基本案情

山东大海集团有限公司（以下简称大海集团）始建于 1988 年，共有关联企业 118 家，公司业务主要涉及有色金属、化工、纺织、新能源、汽车配件、金融服务等领域，现有员工近 6000 人。其中，大海集团和山东金茂纺织化工

---

[1] 参见《省法院召开新闻发布会　通报破产审判工作情况发布十大典型案例》，载微信公众号"山东高法" 2019 年 12 月 25 日，https：//mp.weixin.qq.com/s/3bRbr-xOA7O2QH6gx2OgmA。

集团有限公司系中国民营企业500强。大海集团资产体量大，资产结构复杂，产业布局分散，传统产业居多。债权人涉及70余家银行及其分支机构、融资租赁公司、资产管理公司、公司债、中期票据、企业拆借、经营债权及职工债权，债权人数众多，债权结构复杂。大海集团属于东营担保圈的核心企业，担保结构复杂，连锁反应大，辐射面广。大海集团风险化解工作，不仅关乎大海集团一家生死，更关系到东营整体区域金融稳定、经济秩序乃至社会稳定。

2. 审理情况

根据债务人的申请，东营市中级人民法院（以下简称东营中院）分别于2018年11月26日、11月30日、12月12日裁定受理了大海集团等28家公司的重整申请，并指定管理人。2019年1月23日，东营中院组织召开了大海集团等28家公司第一次债权人会议，通过了《财产管理方案》和《债委会设立及议事规则》等。2019年1月16日，东营中院依法裁定大海集团等28家公司实质合并重整。2019年2月2日，东营中院根据大海集团等28家公司管理人申请，依法裁定山东恒远融资租赁公司等29家公司进入重整程序。结合债权申报、债权人意见和管理人提交的证据等，2019年7月24日，东营中院裁定大海集团等57家公司实质合并重整。大海集团系列案件涉及关联企业118家，其中进入重整程序的有57家，债权人人数众多，法律关系复杂，社会影响重大。东营中院通过提前确定关联企业范围及合并事项、提前启动招募投资人事宜、尽可能缩短程序期限等措施，依法高效推进案件审理进程。通过积极招募产业投资人和债转股等方式，大海集团等57家公司重获新生。2019年11月25日，大海集团等57家公司第二次债权人会议表决通过了大海集团等57家公司合并重整计划（草案）。2019年12月4日，东营中院依法裁定批准重整计划并终止重整程序。

3. 典型意义

大海集团等57家公司重整成功，有力地维护了东营当地的金融秩序和金融安全，取得了良好的法律效果和社会效果。其典型意义在于：第一，对实质合并破产类案件的示范意义。大海集团等57家公司分批进入重整程序，在《企业破产法》缺乏具体规定的情况下，法院从当事人权利行使、程序节点规范、文书说理等方面，最大限度保护当事人实体权利和程序权利，如债务人与债权人的知情权、参与权、自治权,实现实质合并重整案件依法创新审理。第二,运用多元债务清偿手段,满足债权人多种偿债需求。针对债权人偿债比例诉求高、资产短期内难以全部变现、债权人反应强烈等问题,管理人经过与债权人多番艰苦谈判,在保持较低现金清偿率的基础上,通过留债、债转股、设立信托计划等多元债务清偿手段,提高了债权人的综合受偿率,以满足不同债权人的诉求,最大限度保护各类债权人利益。第三,以创新方式斩断担保圈。东营担保圈机构复杂,具有多层级、多焦点、网状性分散的特点。大海集团处于东营担保圈的核心,涉及担保圈规模巨大。在大海集团系列重整案件中,结合法律规定和银行内部操作规则,通过与债权人谈判博弈,在甄别担保圈企业的优劣基础上测算熔断对价,创新性地达成了通过打包转让、债转股、优质担保人部分代偿等方式熔断担保圈,豁免保证人的保证责任,以最小的代价换取了最大范围的担保圈熔断,维护了东营区域金融整体生态稳定。

案例三十三　辽宁辉山乳业集团等83家公司实质合并重整案[1]

（辽宁法院法治化营商环境建设典型案例）

1. 基本案情

辽宁辉山乳业集团有限公司（以下简称辉山乳业）是一家覆盖全产业链的乳制品公司,业务涉及草料种植、奶牛养殖、液态奶和奶粉的生产及销售,经过多年布局建成了完整的全产业链,是国内唯一实现奶源全部来自规模化自营牧场的大型乳制品企业。辉山乳业拥有大型的苜蓿草及辅助饲料种植基地、50万吨奶牛专用精饲料加工厂、近15万头纯种进口奶牛、59座现代化自营牧场以及4座现代化乳品加工生产基地。2017年3月,辉山乳业爆发债

---

[1] 参见《辽宁法院法治化营商环境建设典型案例（一）》,载微信公众号"辽宁高院"2020年12月30日,https://mp.weixin.qq.com/s/Szbo3Hrq2A5f9bOXDkV60A。徐阳光、王静主编:《破产重整法律制度研究》,法律出版社2020年版,第348～350页。

务危机。媒体报道称辉山乳业有 70 多家债权人，其中包括 23 家银行、十几家融资租赁公司。

2. 审理情况

2017 年 12 月 4 日起，沈阳市中级人民法院（以下简称沈阳中院）根据沈阳汉博尔机械设备有限公司等债权人的申请，先后裁定受理了辉山乳业等 53 家企业的重整案件，并通过竞争方式选任管理人。2018 年 4 月 9 日，辉山乳业管理人以辉山乳业（中国）有限公司等关联企业之间存在高度关联关系，法人人格严重混同，区分关联企业财产成本过高，实施合并重整将最大限度维护债权人公平清偿利益为由，向沈阳中院申请对关联企业采取实质合并重整方式进行审理。沈阳中院依法对辉山乳业省内外 100 多家关联企业的资产、财务、经营、人事等情况进行全方位实地核查。经听证程序，征求主要债权人、债务人、管理人、企业高级管理人员等利害关系人意见，沈阳中院综合考虑债权人利益、债务人实际情况、社会公共利益等因素，审慎研判辉山乳业系列企业审理方式。经周密的法律调查和详尽的法律论证，2018 年 5 月，沈阳中院依法裁定对辉山乳业等 83 家企业采用实质合并方式进行审理。沈阳中院经依法审查，于 2020 年 11 月 9 日裁定批准辉山乳业等 83 家企业重整计划并终止重整程序。

3. 典型意义

本案系大型民营企业破产重整实质合并审理、维护社会经济稳定的典型案例。沈阳中院通过综合运用重整法律制度为债务人企业在重整期间继续经营恢复运营价值、为实现债务人资产保值增值、为引进战略投资人进而促进企业再生与发展创造了优良的法治环境。沈阳中院审慎适用实质合并破产，根据关联企业中的核心控制企业住所地确定管辖法院。法院充分保障广大债权人知情权、参与权和监督权，有效提升债权回收率，实现重整程序的制度效益。沈阳中院始终坚持公平、公开、公正的办案原则，依法发挥审判职能，最终实现各利害关系方共赢。辉山乳业产业遍布沈阳、抚顺、锦州等省内五地，涉及关联企业百余家，沈阳中院实质合并 83 家关联企业，引入 30 亿元增量资金，盘活资产 133 亿元，纾解 300 亿元债务，成功挽救上下游产业链，实现相关产业数万名职工继续就业，挽救 10 余万养殖农户生存利益，实现了社会秩序稳定。

案例三十四　深圳赫美集团股份有限公司破产重整案[1]

(广东法院服务保障高质量发展破产审判典型案例)

1. 基本案情

深圳赫美集团股份有限公司（以下简称赫美集团）是一家以销售服装服饰、珠宝首饰，生产、销售和研发电能表、电力管理终端为主营业务的民营企业，于2010年2月9日在深圳证券交易所上市。2018年以来，受金融市场去杠杆影响，赫美集团无法获取新增授信，资金链断裂，陷入债务危机，债权人对该公司资产及账户冻结，加剧该公司的经营困境。2020年度赫美集团经审计的期末净资产为负值，该公司股票被实施退市风险警示措施，2021年度面临退市风险。2020年12月24日，债权人向深圳市中级人民法院（以下简称深圳中院）申请对赫美集团进行破产重整，赫美集团出具同意意见。

2. 审理情况

深圳中院于2021年2月1日决定对赫美集团启动预重整程序，并指定预重整期间管理人。预重整期间，预重整管理人完成了对赫美集团的资产调查及评估、债权审查及核查、经营情况调查等工作，通过协商、公开招募的方式引进重整投资人，并推动赫美集团与主要债权人、出资人、意向投资人等利害关系人协商制定重整预案。预重整管理人于2021年11月22日向深圳中院提交关于赫美集团预重整管理人工作报告，认为赫美集团具备重整价值和重整可行性。2021年11月29日，深圳中院依法裁定受理赫美集团重整案，并指定预重整管理人担任赫美集团管理人。2021年12月2日，深圳中院准许赫美集团在管理人的监督下自行管理财产和营业事务。重整期间，赫美集团在重整预案的基础上制定了重整计划草案。2021年12月20日，重整计划草案中的出资人权益调整方案经赫美集团出资人组会议表决通过。2021年12月29日召开第一次债权人会议，赫美集团重整计划草案经各表决组表决通过。

---

[1] 参见《广东高院发布服务保障高质量发展破产审判典型案例》，载微信公众号"广东省高级人民法院"2023年2月27日，https：//mp.weixin.qq.com/s/_UWkEQ54lJTrzkwb_riuRg。

2021年12月29日，深圳中院裁定批准赫美集团重整计划，并终止赫美集团重整程序。2021年12月31日，深圳中院裁定确认赫美集团重整计划执行完毕，并终结赫美集团重整程序。根据偿债能力分析，赫美集团破产清算状态下普通债权清偿比例为8.09%；根据重整计划安排，每家普通债权人50万元以下（含50万元）部分债权金额予以现金全额清偿；超过50万元的债权部分，全部以股抵债方式清偿，股票的抵债价格为10元/股。

3. 典型意义

本案系运用预重整制度优势助推上市公司重整成功的典型案例。深圳中院围绕"大产业""大平台""大项目""大企业"推进司法保障和资源投入，积极推动建设泛亚太地区破产重整中心。基于上市公司的特殊性，上市公司重整申请的前置审查程序涉及的部门多、层级高、审查耗时较长。为保障困境上市公司及时获得破产保护、不错失拯救良机，深圳中院对上市公司破产案件在立案审查阶段即启动市场化预重整，正式进入重整程序后充分吸纳预重整期间重要工作成果，从裁定受理重整申请至重整计划执行完毕仅用32天。法院对本案连同两家关联企业协调审理，共化解债权债务93亿余元、安置职工134人、化解执行积案200多件，及时有效地化解了赫美集团债务危机和经营困境，避免了退市风险，维护了广大中小股民和债权人的利益，同时丰富了上市公司重整实践，为预重整制度的完善提供经验。

案例三十五　泸天化（集团）有限责任公司等5家公司非实质合并破产重整案[1]

（2017—2021年四川法院破产审判十大典型案例）

1. 基本案情

泸天化（集团）有限责任公司（以下简称泸天化集团）系四川省泸州市国有资产监督管理委员会控股的大型化工集团，控股了天华股份有限公司

---

[1] 参见《四川法院破产审判十大典型案例》，载微信公众号"四川高院"2022年9月22日，https://mp.weixin.qq.com/s/hdnXCSy58tZeJVDxSGxHcQ。

（以下简称天华公司）、四川天华富邦化工有限责任公司（以下简称富邦公司）及上市公司泸天化股份有限公司（以下简称泸天化股份）等多家核心企业。宁夏和宁化学有限公司（以下简称和宁公司）为泸天化股份的全资子公司，也是泸天化股份资产和负债的主要承载主体。自2012年以来，由于化肥行业外部市场环境急剧恶化、企业自身扩张速度过快且历史包袱沉重等问题，泸天化集团遭遇严重的债务和经营危机。截至2017年8月31日，泸天化集团合并报表下资产总额为113.76亿元、负债124.83亿元，已严重资不抵债。2017年12月，经债权人申请，泸州市中级人民法院（以下简称泸州中院）依法审查后，分别裁定泸天化集团等5家公司进入重整程序。

2. 审理情况

泸州中院受理破产重整申请后，遵循"程序独立，合并审理；整体重整，分别表决"的原则，对该5家公司实行非实质合并审理。经审查，泸天化集团等5家公司的资产评估值总计约75亿元，债务总规模约105亿元，申报债权830余家，涉及员工3900余人，涉及上市公司股东74,000余户。立足于泸天化集团的现有主营业务，该案中坚持市场化手段和一揽子整体化解债务危机的重整原则，统筹为泸天化集团等5家公司制定了重整计划，获得了5家公司债权人会议各表决组的高票通过，其中泸天化股份的重整计划获得了100%通过，创造了国内上市公司重整案例的最高通过率，并筹集了近20亿元资金，为公司后续发展及产业转型升级注入了强力的增长动能。2018年12月28日，泸天化集团、泸天化股份的重整计划执行完毕，其余3家公司的重整计划完成了核心方案内容的执行工作，5家公司的资产负债结构获得根本性优化，盈利能力显著增强，恢复了经营和发展活力。泸天化股份当年即实现了净利润3.77亿元。

3. 典型意义

在审慎论证、多方沟通协调的基础上，泸州中院通过对泸天化集团、泸天化股份等5家公司的重整工作进行集中管辖、非实质性合并审理，使得集团体系内的各公司重整工作既能个体化办理，又能"化零为整"同步统筹推进，全面彻底地化解了金融风险，大大提高了重整成功率和效率。在保护债权人权益方面，部分现金清偿、以股抵债及留债分期清偿的综合清偿方式，使泸天化集团等5家公司的830余家债权人全部实现了100%的债权清偿。坚持遵循高度市场化、法治化的原则确定泸天化集团系列公司的重整方向、重整资源筹集、重整工作推进以及债权人债转股之后的安全退出等机制，真正实现了以市场化方式来优化公司资本结构、盘活资产价值、升级管理机制以及推进科技革新，使得有着 60 年悠久历史的老国企实现转型升级，获得新生，为国内重资产及老化工行业的困境企业实施市场化债转股、改革脱困提供了可借鉴的范本。

案例三十六　四川省煤炭产业集团有限责任公司与四川川煤华荣能源股份有限公司非实质合并破产重整案[1]

（2017—2021 年四川法院破产审判十大典型案例）

1. 基本案情

四川省煤炭产业集团有限责任公司（以下简称川煤集团）是四川省国有重要骨干能源企业，四川川煤华荣能源股份有限公司（以下简称华荣股份）为川煤集团核心经营实体。自 2005 年组建以来，川煤集团累计生产原煤总量超过 1.8 亿吨，并拥有西南地区最大的电煤供应基地。近年来，受煤炭行业去产能及内部历史包袱过重、债务结构不合理等多重不利因素影响，川煤集团经营情况不断恶化，账面负债总额约为 384 亿元。在模拟破产清算状态下，川煤集团普通债权所能获得的清偿率为 16.64%；华荣股份的普通债权所能获得的清偿率为 0。2020 年 5 月 14 日，债权人向成都市中级人民法院（以下简称成都中院）分别提出两公司的重整申请。2020 年 6 月 11 日，报经四川省高级人民法院批准，成都中院集中裁定了受理川煤集团及其子公司华荣股份重整案，并实施关联企业非实质合并破产重整。

---

[1] 参见《四川法院破产审判十大典型案例》，载微信公众号"四川高院"2022 年 9 月 22 日，https://mp.weixin.qq.com/s/hdnXCSy58tZeJVDxSGxHcQ。

2. 审理情况

以川煤集团、华荣股份作为平台，整合资源，优化受偿，一揽子化解集团负债为重整目标，成都中院结合川煤集团关联公司广泛分布在四川省内各地及多个省外地区，涉及3.56万名在岗职工、近20万职工家属以及1万多名经营性债权人的实际情况，确定了全盘穿透川煤集团合并报表范围168家下属关联公司企业、模拟实质合并的重整工作思路，将168家企业纳入审计、评估范畴，最大限度地整合和盘活企业资产。通过倒排重大事项工作的时间节点、借助现场督导和远程视频、开设专门调解室等多种方式，川煤集团重整工作快速推进。2020年12月21日，川煤集团及华荣股份第二次债权人会议召开，重整计划草案获各表决组高票通过。2020年12月23日，成都中院分别依法裁定批准川煤集团、华荣股份重整计划。从受理到批准重整计划，两案用时仅5个月。通过"司法重整+深化内部改革"，川煤集团整体化解债务超200亿元，负债率由134%降至76.9%，年财务成本由近12亿元降至约2.5亿元；同时形成了"省国资委实际控制，省属企业、金融机构共同持股"的新格局，23家二级公司重组为5个专业公司，6万余名退休人员完成社会化管理工作。截至2021年10月底，川煤集团资产总额为297亿元，实现营业收入115.2亿元，利润总额从2020年同期亏损5.8亿元到实现利润7.8亿元，扭亏增盈13.62亿元。

3. 典型意义

通过债务重组和市场化债转股，川煤集团及其子公司华荣股份重整案实现一举多赢：第一，分担了出资人与债权人损失，使各方权益得到公平调整，保证了四川省政府国有资产监督管理委员会的实际控制权；第二，通过"留债"的方式维系了公司现金流，在保证公司持续经营能力的同时，实现了部分债权人100%的债权清偿率；第三，赋予川煤集团、华荣股份经营性债权人选择按比例现金受偿或"留债分期+债转股"全额受偿的债权清偿方式的权利，使债权清偿更有利于经营性债权人经营所需，维系了川煤集团、华荣股份上下游产业链1万多名经营性债权人的生存发展。该案重整用时仅6个月，化解债务超200亿元，实现了以最小"创口"化解最大的债务风险，成功挽救企业的同时，充分维护了各方主体的利益，为四川省的营商环境建设留下浓墨重彩的一笔。

案例三十七 河南新飞电器有限公司等3家企业合并重整案[1]

(2021年度河南法院破产审判十大典型案例)

1. 基本案情

河南新飞电器有限公司、河南新飞家电有限公司以及河南新飞制冷器具有限公司(以下合称新飞公司)是全国家电行业的知名企业,曾位列中国工业企业500强,市场占有率曾高达20%。随着家电行业竞争加剧,新飞公司未能顺应市场需求,陷入经营困境。2017年10月底,新飞公司向新乡市中级人民法院(以下简称新乡中院)提出破产重整申请,新乡中院于2017年11月9日裁定受理。

2. 审理情况

审理中经调查发现,新飞公司已持续经营33年,3家企业存在法人人格高度混同的现象,为公平保护各方利益,降低社会矛盾发生风险,新乡中院根据审计结果于2018年1月4日裁定合并重整。

针对新飞公司的上下游合作企业众多,且该部分债权人对新飞公司依附性强、债权金额小的特点,管理人在制定重整计划草案时,充分考虑了小额债权人与其他债权人的利益衡平,设置小额债权组,提高清偿率。该部分小额债权人的人数有400余人,占到债权人总人数的近一半,且大多数为新飞公司上下游供货商和经销商,该部分债权人得到较高清偿率,保障了新飞公司复产后企业供应链、销售链的完整,为快速复苏打下良好基础。

通过在常规方式招募重整投资人受挫后,又迅速调整重整思路,根据意向投资人的需求,创新运用"在重整计划执行期间以股权网络拍卖形式引入重整投资人"的模式,对战略性核心资产进行重整,对其他低效资产剥离清算。经广泛沟通,该方案得到了债权人的理解和支持,第二次债权人会议高

---

[1] 参见《河南法院破产审判十大典型案例》,载微信公众号"豫法阳光"2021年3月1日,https://mp.weixin.qq.com/s/pzpAF_TSwtWlBDuZ6k33ag。

票通过了重整计划草案。2018年5月21日，新乡中院依法裁定批准重整计划并终止重整程序。重整计划执行期间，2018年6月28日，安徽康佳电器科技有限公司通过公开竞拍的方式被确认为投资人。2018年8月28日，新飞公司正式复工；2019年2月21日，新飞公司重整计划执行完毕。

3. 典型意义

该案中，新乡中院一方面积极发挥破产审判职能，进一步设立并完善投资人招募机制，明确双核心评判标准——将"是否维护产业链完整""是否做强、做大品牌"作为招募的关键标准，既有效保证了民族品牌的延续与发展，又确保了上下游近千家供应商、销售商的生存与稳定。另一方面，重视重整计划的设计和执行，确保企业重整后能够实现良好发展，通过与管理人及新飞公司成立联合工作专班，逐一解决了企业信用修复、知识产权保护、职工就业等难题，为新飞公司的后续发展积极排忧解难。自新飞公司重整以来，通过打造"除菌科技"产品核心竞争力，大家电带动小家电完善产品链、"内销+外销+代工"多点布局等发展战略，迅速实现盈利并且发展势头良好。

案例三十八　厦门中盛粮油集团有限公司、厦门盛洲植物油有限公司破产重整案[1]

（2019—2021年福建法院破产审判典型案例）

1. 基本案情

厦门中盛粮油集团有限公司（以下简称中盛公司）、厦门盛洲植物油有限公司（以下简称盛洲公司）系在全国具有较大影响力的食用油生产及销售企业，曾荣获农业产业化国家重点龙头企业、全国食用植物油加工企业10强等170多项荣誉称号，是福建省食用植物油生产规模最大的民营企业。盛洲公司

---

[1] 参见《"破"旧立"新"！11起破产审判典型案例来了》，载微信公众号"福建高院"2022年11月29日，https://mp.weixin.qq.com/s/WlJhU1pO-8VjeNZLaqSV0w。

名下的"盛洲"品牌曾跻身全国食用油品牌 5 强，两家企业属于民生行业，在厦门当地占据了近 2/3 的食用油市场份额，为当地农民就业和农业发展作出了较大贡献。2015 年下半年，两家企业因经营出现困难，银行授信额度调减，流动资金严重不足，陷入债务危机。2018 年 8 月 31 日，经债权人申请，厦门市中级人民法院分别裁定受理中盛公司、盛洲公司破产重整案，并指定福建旭丰律师事务所与福建中浩会计师事务所有限公司组成联合管理人。

2. 审理情况

法院受理后，根据两家企业系同一控制人实际控制、存在关联关系、主要债权人高度重合、但企业资产相对独立的特点，采取"程序合并、分别表决"的方式审理。在法院的监督指导下，管理人快速完成了企业接管、继续生产经营、债权申报审查认定、资产评估、账册审计、对外债权清收等一系列工作。经审查，两家企业各负债约 16 亿元，主要债权人系 11 家银行，在岗职工达 237 人。为了最大化实现债权人的合法权益，帮助企业就地重生，妥善化解债务危机，2018 年 12 月，管理人通过福建日报、全国企业破产重整案件信息网等公开招募重整投资方。2019 年 1 月 24 日，经公开评选，最终确定厦门禹道实业集团有限公司作为重整投资方，参与两案的重整程序。2019 年 2 月 28 日，中盛公司、盛洲公司合并召开第二次债权人会议，审议并表决重整计划草案。经当场表决和会后书面表决，各表决组均高票通过重整计划草案。2019 年 3 月 19 日，法院分别裁定批准两家企业重整计划，终止重整程序。不到一个月，两家企业债权人即已获得清偿，237 名企业职工由重整投资方全盘接收，职工就业实现整体无缝平移。

3. 典型意义

本案系福建省首例粮油加工企业集团破产重整案。本案以最大化实现债权人利益、最大化保障职工权益、最大化维护企业效益为原则，重整程序获得了全体债权人及债务人的高度认可，重整计划草案取得了绝大部分银行债权人的支持，一改以往重整案件中银行债权人对重整计划草案投反对票或直接弃权的不利局面，取得良好的审理效果，充分实现了发挥法院破产审判职能作用与助力乡村经济振兴、保障民营经济健康发展、防范和化解金融风险司法需求的深度融合。盛洲公司所拥有的无形资产即"盛洲"商标为中国驰名商标。为最大化维护商标价值，维护食用油市场稳定，保障民生，法院采取"破产不停产"的工作方针,指导管理人选聘具有业务经营和管理能力的第三方,在管理人的委托和监督下负责企业重整期间生产业务的经营及资产的管理工作,维护企业品牌价值,为重整后的业务存续和发展创造条件。同时,为避免企业重整失败导致两家企业237名职工失业,法院在审理中协调企业继续生产经营,工资及福利待遇正常向职工发放,并在重整投资方的招募及评选程序中,特别引入职工代表组成评选小组,设定职工安置方案可行性评价指标,确保职工基本权益不受破产程序影响。法院主动与厦门市地方金融监督管理局对接,对企业是否具有重整价值和挽救可能进行有效识别,组织银行债权人和债务人就不良信贷的处置、经营方案、重整路径、重整投资方的引进等协商谈判,通过司法与行政合力助推企业重整;在法院作出无争议债权确认裁定后,根据债权主体发生变更、债权转让等出现的新情况,在不违反破产法基本原则的情况下,创设"无争议债权剔除"制度,实现破产审判思维方式的创新。

案例三十九 古浪鑫淼精细化工(集团)有限公司及其7家关联公司破产重整案[1]

(甘肃法院优化营商环境第五批典型案例)

1. 基本案情

古浪鑫淼精细化工(集团)有限公司(以下简称鑫淼公司)是全省唯一一家以石灰石资源为依托,集多种产品的生产、销售、开发为一体的非公有制化工企业。其电石产品质量达到了国际标准先进水平,曾获得由国家标准化管理委员会颁发的国际标准产品标志证书;双氰胺和碳酸钙荣获甘肃省名牌产品称号。近年来,企业因经营管理不善,盲目融资投资,无序跟风扩张而遭遇巨大困难,停工停产多年。鑫淼公司法定代表人亦因犯罪被判处刑罚,企业复工复产困难重重。鑫淼公司及其关联公司陷入大量诉讼纠纷,还有大

---

[1] 参见《省法院发布优化营商环境考核办法及第五批典型案例(附8个典型案例)》,载微信公众号"甘肃高院"2021年12月23日,https://mp.weixin.qq.com/s/PQ5E9nXMtEXs8QP40hxsMA。

量未进入执行程序的经仲裁裁决的拖欠职工工资，及未进入诉讼程序的拖欠机器设备款、建设工程款、借款等债务。企业资产不足以清偿全部债务，明显缺乏清偿能力。

2. 审理情况

武威市中级人民法院（以下简称武威中院）依照最高人民法院《关于执行案件移送破产审查若干问题的指导意见》的规定，经向部分申请执行人征询"执转破"意见，一位申请执行人同意并提出破产申请。随即法院开启破产审查，在市政府的大力支持和政府各部门的积极配合下，多次进行细致、缜密的研判，对鑫淼公司及其7家关联公司及时作出实质合并移送破产审查决定。同时发现企业具备重整价值与条件，债务人、债权人均有企业重整意愿，武威中院遂于2021年6月15日依法裁定受理鑫淼公司及其7家关联公司破产重整申请。本案债务标的额大、债权人众多，案件疑难、复杂且社会关注度高。本案在全省范围内率先采用公开竞争方式，依托全国企业破产重整案件信息平台，公开招募并以现场陈述评审的形式评选出破产管理人。在债权申报期内，共200家债权人申报债权289笔，申报债权总额达80多亿元。税款及滞纳金等税收债权申报1511.95万元，清查欠缴企业职工养老保险及滞纳金4698.79万元。

3. 典型意义

在鑫淼公司及其7家关联公司破产重整案中，武威中院坚持服务和保障供给侧结构性改革，首次在执行转破产中成功引入重整程序，既解决了执行程序退出问题，成功化解了一大批执行积案，也彰显了破产程序终结争讼、公平保护的内在价值。其还通过推进破产重整，力促企业生产要素重新配置，努力实现生产资源的有效利用，有效提振了市场主体信心。同时武威中院在市委的领导和市政府的支持下，用好用足府院联动机制，依法面向全国公开招募战略投资人，力促企业重整成功，为助推地方经济发展，保障社会稳定大局，提供坚强有力的司法服务。

附录 2：
涉大型企业集团破产处置相关机制概览

序号	出台机构	制度名称	发布/施行时间
1	最高人民法院	全国法院破产审判工作会议纪要	2018 年 3 月 4 日
2	最高人民法院	全国法院民商事审判工作会议纪要	2019 年 11 月 8 日
3	最高人民法院	关于适用《中华人民共和国企业破产法》若干问题的规定（二）	2020 年 12 月 23 日（修改）
4	最高人民法院	关于适用《中华人民共和国企业破产法》若干问题的规定（三）	2020 年 12 月 23 日（修改）
5	最高人民法院	关于推进破产案件依法高效审理的意见	2020 年 4 月 15 日
6	最高人民法院	关于开展认可和协助香港特别行政区破产程序试点工作的意见	2021 年 5 月 11 日
7	最高人民法院	关于人民法院确定财产处置参考价若干问题的规定	2018 年 9 月 1 日施行
8	最高人民法院	关于进一步做好"执转破"有关工作的通知	2018 年 6 月 8 日
9	北京市高级人民法院	关于加强破产审判与执行工作协调运行的通知	2020 年 4 月 28 日
10	北京市高级人民法院	关于破产程序中财产网络拍卖的实施办法	2021 年 4 月 2 日（修订）
11	北京市高级人民法院	关于保障破产管理人查询工作的通知	2020 年 4 月 28 日
12	北京市高级人民法院	破产案件管理人考核办法（试行）	2021 年 12 月 17 日

续表

序号	出台机构	制度名称	发布/施行时间
13	上海市高级人民法院	关于司法服务保障经济社会高质量发展的若干意见	2023年3月3日
14	上海市高级人民法院	关于简化程序加快推进破产案件审理的办案指引	2018年5月18日
15	上海市高级人民法院	破产审判工作规范指引（2021）	2021年7月5日
16	上海市高级人民法院	企业破产案件管理人信息披露规则（试行）	2018年11月15日
17	天津市高级人民法院	企业破产重整案件办案指引（一）	2022年8月12日
18	天津市高级人民法院	指定破产管理人工作办法	2019年12月27日
19	重庆市高级人民法院	关于破产案件简化审理的工作规范	2019年12月31日
20	重庆市高级人民法院	关于进一步协调破产审判与执行工作持续优化营商环境的意见	2022年4月29日
21	重庆市高级人民法院	关于破产程序中财产网络拍卖的实施办法（试行）	2019年12月30日
22	江苏省高级人民法院	关于优化法治化营商环境 服务保障在强链补链延链上展现新作为行动方案	2023年11月13日
23	江苏省高级人民法院	关于加快破产案件审理的工作指引	2019年12月10日
24	江苏省高级人民法院	关于推进"执破融合"改革 规范执转破案件办理流程工作导则（试行）	2023年3月6日
25	江苏省高级人民法院	关于规范执行案件移送破产的若干规定	2018年6月12日
26	广东省高级人民法院	关于审理企业破产案件若干问题的指引	2019年11月29日
27	广东省高级人民法院	关于"僵尸企业"司法处置工作指引	2019年5月20日
28	浙江省高级人民法院	浙江省破产管理人动态管理办法（试行）	2020年7月30日
29	山东省高级人民法院办公室	关于破产案件简易快速审理的工作指引（试行）	2020年8月5日

续表

序号	出台机构	制度名称	发布/施行时间
30	山东省高级人民法院	企业破产案件审理规范指引（试行）	2019年9月26日
31	山东省高级人民法院办公室	破产案件管理人选任与管理办法（试行）	2021年4月21日
32	海南省高级人民法院	关于企业破产清算案件快速审理的若干意见（试行）	2019年7月16日
33	海南省高级人民法院	企业破产案件程序指引	2019年10月23日
34	吉林省高级人民法院	服务经营主体提振市场信心十项措施	2023年
35	吉林省高级人民法院	关于规范企业破产案件管理人选任与监督工作办法（试行）	2021年4月
36	湖北省高级人民法院	关于营造法治化营商环境工作座谈会纪要	2020年6月30日
37	湖北省高级人民法院	关于规范破产案件简化审理服务法治化营商环境的工作指引（试行）	2021年11月4日
38	湖北省高级人民法院	关于规范破产案件预重整审理 服务经济高质量发展的工作指引（试行）	2023年12月18日
39	湖北省高级人民法院	关于破产案件管理人分级与考评暂行办法（试行）	2022年11月16日
40	北京市第一中级人民法院	北京破产法庭破产重整案件办理规范（试行）	2019年12月30日
41	北京市第一中级人民法院	关联企业实质合并重整工作办法（试行）	2022年4月28日
42	北京市第一中级人民法院	中小微企业快速重整工作办法（试行）	2022年4月25日
43	北京市第一中级人民法院	关于降低办理破产成本的工作办法（试行）	2021年6月4日
44	北京市第一中级人民法院	破产案件管理人工作指引（试行）	2020年4月22日
45	北京市第一中级人民法院	北京破产法庭接受债权人推荐指定管理人的工作办法（试行）	2022年4月22日

续表

序号	出台机构	制度名称	发布/施行时间
46	北京市第一中级人民法院、天津市第二中级人民法院等	京津冀三省（市）中院推进区域清算与破产案件审理工作协作机制（试行）	2018年10月17日
47	上海市第三中级人民法院	关于依法高效办理小微企业破产案件行动方案	2023年6月2日
48	上海市第三中级人民法院	预重整案件办理规程（试行）	2022年6月1日
49	上海市第三中级人民法院	关于规范债务人对外股权投资处置工作办法（试行）	2022年
50	上海市第三中级人民法院	关于规范破产案件接管工作办法	2022年
51	重庆市第五中级人民法院	重庆破产法庭破产申请审查指引（试行）	2020年4月2日
52	重庆市第五中级人民法院	重庆破产法庭企业破产案件审理指南（试行）	2020年4月2日
53	重庆市第五中级人民法院	关于破产原因识别审查的意见	2020年12月29日
54	重庆市第五中级人民法院	破产案件快速审理指引	2021年11月15日
55	重庆市第五中级人民法院	预重整工作指引（试行）	2021年1月8日
56	重庆市第五中级人民法院	重整案件审理指引（试行）	2021年12月28日
57	重庆市第五中级人民法院	债务人参与破产事务指引	2021年12月16日
58	重庆市第五中级人民法院	债权人参与破产事务指引	2021年12月16日
59	重庆市第五中级人民法院	管理人名册管理办法	2023年4月3日
60	重庆市第五中级人民法院	破产案件管理人指定办法	2023年3月22日（修订）

续表

序号	出台机构	制度名称	发布/施行时间
61	重庆市第五中级人民法院	破产案件管理人报酬确定和支付办法	2023年4月18日
62	重庆市第五中级人民法院	关于执行案件移送破产审查工作的实施办法	2021年4月6日
63	重庆市第五中级人民法院	关于在审理企业破产案件中防范和打击逃废债务行为的工作指引（试行）	2021年11月10日
64	南京市中级人民法院	关于推进破产案件繁简分流的实施意见	2017年10月20日
65	南京市中级人民法院	关于破产企业对外股权投资处置的工作指引	2020年5月29日
66	南京市中级人民法院	关于规范重整程序适用，提升企业挽救效能的审判指引	2020年1月20日
67	南京市中级人民法院	关于进一步规范预重整适用的实施意见（试行）	2023年3月20日
68	南京市中级人民法院	关于推进小微企业破产保护的工作方案（试行）	2023年3月20日
69	南京市中级人民法院	关于推动破产企业加强安全生产工作的指引	2023年7月14日
70	南京市中级人民法院	关于强制清算与破产案件单独绩效考评办法	2022年9月14日（修改）
71	南京市中级人民法院	关于规范债务人财产网络拍卖 提升财产处置效益的流程指引	2021年7月2日
72	南京市中级人民法院	关于完善破产管理人选任与综合考评办法	2022年11月2日
73	南京市中级人民法院	关于进一步完善"立审执破"一体化机制加强"执转破"工作的通知	2023年3月25日
74	南京市中级人民法院	关于构建"立审执破"一体化机制全力推进"执转破"工作的通知	2022年3月29日
75	深圳市中级人民法院	加强企业破产案件管理人指定与监督暂行办法	2022年12月4日

续表

序号	出台机构	制度名称	发布/施行时间
76	深圳市中级人民法院	关于破产程序中网络拍卖财产工作指引	2020年7月21日
77	深圳市中级人民法院	关于执行案件移送破产审查的操作指引（试行）	2018年4月19日
78	深圳市中级人民法院	关于执行移送破产案件管理人工作指引（试行）	2018年4月19日
79	广州市中级人民法院	关于发挥破产审判职能作用 助力中小微企业救治和退出 优化营商环境的实施意见	2022年7月5日
80	广州市中级人民法院	推进破产案件快速审理的工作指引（试行）	2020年2月25日
81	广州市中级人民法院	关于破产重整案件审理指引（试行）	2020年5月28日
82	广州市中级人民法院	破产审判绩效考核办法（试行）	2020年7月22日
83	广州市中级人民法院	破产程序中财产处置的实施办法（试行）	2020年2月25日
84	广州市中级人民法院	关于执行案件移送破产审查的实施意见（试行）	2018年6月15日
85	广州市中级人民法院	企业破产案件管理人工作监督办法	2020年2月27日
86	广州市中级人民法院	关于在破产案件中推荐破产管理人的工作指引（试行）	2023年5月30日
87	温州市中级人民法院	关于进一步做好优化法治化营商环境工作的意见	2020年4月10日
88	温州市中级人民法院	关于立案、审判移送破产程序的会议纪要（试行）	2021年10月12日
89	温州市中级人民法院	关于执行移送破产程序的会议纪要	2015年6月3日
90	温州市中级人民法院	关于随机方式指定管理人的工作规则	2020年2月1日
91	杭州市中级人民法院	关于强化善意文明执行理念 优化法治化营商环境的工作指引	2021年
92	杭州市中级人民法院	关于推进破产程序中有关事项的通知	2021年7月14日

续表

序号	出台机构	制度名称	发布/施行时间
93	杭州市中级人民法院	破产案件管理人指定工作细则	2022年3月14日
94	杭州市中级人民法院	破产管理人履职评价办法（试行）	2020年11月30日
95	济南市中级人民法院	关于破产案件简化审理程序的操作规程（试行）	2020年4月24日
96	济南市中级人民法院	关于执行案件移送破产审查的实施细则	2018年5月18日
97	济南市中级人民法院	破产案件管理人工作指引（试行）	2018年9月29日
98	青岛市中级人民法院	破产案件与强制清算案件立案操作规程（试行）	2020年7月30日
99	青岛市中级人民法院	简易破产案件快速审理规程（试行）	2020年7月30日
100	青岛市中级人民法院	关联企业实质合并破产工作操作指引（试行）	2021年10月29日
101	青岛市中级人民法院办公室	破产案件预重整操作指引（试行）	2020年9月25日
102	青岛市中级人民法院	关于破产程序中财产网络询价的实施办法（试行）	2020年9月25日
103	青岛市中级人民法院	关于执行案件移送破产审查的若干意见	2018年4月24日
104	青岛市中级人民法院	破产案件管理人选任与考核办法（试行）	2021年12月24日
105	厦门市中级人民法院	优化营商环境提升"办理破产"水平工作方案	2021年2月8日
106	厦门市中级人民法院	关于依法快速审理简易破产案件的实施意见（试行）	2020年6月15日
107	厦门市中级人民法院	关于小微企业快速破产重整、和解工作指引（试行）	2023年7月25日
108	厦门市中级人民法院	关于企业破产案件审理工作规范（试行）	2019年7月31日
109	厦门市中级人民法院	企业破产案件关联企业实质合并破产工作指引	2020年5月21日

续表

序号	出台机构	制度名称	发布/施行时间
110	厦门市中级人民法院	企业破产案件预重整工作指引	2020年5月21日
111	厦门市中级人民法院	关于推进企业破产程序中职工权益保障的实施意见	2021年9月29日
112	厦门市中级人民法院	关于降低企业破产案件办理成本的工作指引＋破产程序中财产网络询价、拍卖的工作指引	2021年9月28日
113	厦门市中级人民法院	破产案件绩效考核办法	2021年9月29日
114	厦门市中级人民法院	关于进一步推动执行案件移送破产审查工作的实施办法	2020年4月2日
115	厦门市中级人民法院	关于企业破产案件有关管理人工作规范（试行）	2019年7月31日
116	厦门市中级人民法院	破产案件管理人履职监督和考评工作办法（试行）	2022年4月19日
117	厦门市中级人民法院	破产管理人履职年度考评实施细则（试行）	2023年4月28日
118	苏州市中级人民法院	关于充分发挥破产审判职能依法服务和保障苏州开放再出发的实施细则	2020年3月12日
119	苏州市中级人民法院	关于适用预重整程序若干问题的实施意见（试行）	2020年
120	苏州市中级人民法院	破产案件管理人考核办法	2023年3月27日，其中第11条、第12条从2023年10月1日起实施
121	苏州市中级人民法院	关于指定企业破产案件管理人评审规程	2022年10月11日
122	苏州市中级人民法院	企业破产管理人年度考核工作规程（试行）	2021年4月6日
123	成都市中级人民法院	关于破产案件简化审理的指导意见（试行）	2020年7月8日
124	成都市中级人民法院	破产案件预重整操作指引（试行）	2020年8月24日

续表

序号	出台机构	制度名称	发布/施行时间
125	成都市中级人民法院	破产案件管理人考核评价办法（试行）	2019年2月13日
126	成都市中级人民法院	机构管理人、管理人负责人履职办法（试行）	2019年11月7日
127	海口市中级人民法院	关于适用简易程序快速审理企业破产清算案件的规定	2020年9月22日
128	海口市中级人民法院	破产案件立案规程（试行）	2020年11月3日
129	海口市中级人民法院	破产案件审理规程	2020年11月3日
130	海口市中级人民法院	破产案件预重整操作指引（试行）	2021年6月24日
131	海口市中级人民法院	破产案件管理人分级管理办法（试行）	2020年11月3日
132	海口市中级人民法院	破产案件管理人管理规程（试行）	2020年11月3日
133	海口市中级人民法院	破产案件管理人考核办法（试行）	2020年11月3日
134	长春市中级人民法院	关于审理破产案件实行繁简分流的指引	2019年12月30日
135	武汉市中级人民法院	破产案件快速审理指引	2021年8月
136	武汉市中级人民法院	破产案件管理人动态管理办法	2020年10月1日
137	武汉市中级人民法院	武汉市破产管理人（机构）分级管理办法（试行）	2019年12月30日
138	武汉市中级人民法院	关于预重整中债务人与主要债权人共同推荐选任临时管理人的工作指引	2023年10月10日
139	上海市浦东新区人民法院	关于办理破产适用浦东新区法规的实施规则（一）	2023年2月20日
140	上海市浦东新区人民法院	关于办理破产适用浦东新区法规的实施规则（二）	2023年10月11日
141	上海市浦东新区人民法院	关于办理破产适用浦东新区法规的实施规则（三）	2023年10月11日
142	国务院	优化营商环境条例	2019年10月22日

续表

序号	出台机构	制度名称	发布/施行时间
143	国务院	关于开展营商环境创新试点工作的意见	2021年10月31日
144	国家发展和改革委员会等13部门	加快完善市场主体退出制度改革方案	2019年6月22日
145	国家发展和改革委员会等部门	关于进一步做好"僵尸企业"及去产能企业债务处置工作的通知	2018年11月23日
146	国家发展和改革委员会、最高人民法院等	关于推动和保障管理人在破产程序中依法履职进一步优化营商环境的意见	2021年2月25日
147	国家市场监督管理总局	关于开展进一步完善企业简易注销登记改革试点工作的通知	2018年12月3日
148	国家市场监督管理总局、国家税务总局	关于进一步完善简易注销登记便捷中小微企业市场退出的通知	2021年7月30日
149	国家税务总局	关于深化"放管服"改革 更大力度推进优化税务注销办理程序工作的通知	2019年5月9日
150	国家税务总局	关于纳税信用评价与修复有关事项的公告	2021年11月15日
151	深圳证券交易所	上市公司自律监管指引第14号——破产重整等事项	2022年3月31日
152	上海证券交易所	上市公司自律监管指引第13号——破产重整等事项	2022年3月31日
153	北京市人民代表大会常务委员会	北京市优化营商环境条例	2022年8月29日（修正）
154	北京市人民政府办公厅	北京市培育和激发市场主体活力持续优化营商环境实施方案	2021年11月20日
155	北京市发展和改革委员会、北京市高级人民法院等14部门	北京市进一步优化营商环境推动和保障管理人在破产程序中依法履职的若干措施	2022年7月11日
156	国家税务总局北京市税务局	关于进一步推进破产便利化 优化营商环境的公告	2020年4月3日

续表

序号	出台机构	制度名称	发布/施行时间
157	北京市高级人民法院等部门	关于建立企业破产工作府院联动统一协调机制的实施意见	2019年10月28日
158	上海市人民代表大会常务委员会	上海市优化营商环境条例	2023年11月23日（修订）
159	上海市人民代表大会常务委员会	上海市浦东新区市场主体退出若干规定	2021年9月28日
160	上海市人民代表大会常务委员会	上海市浦东新区完善市场化法治化企业破产制度若干规定	2022年1月1日
161	上海市高级人民法院、中国人民银行上海分行	关于合作推进企业重整 优化营商环境的会商纪要	2020年4月14日
162	上海市高级人民法院等部门	上海市加强改革系统集成 提升办理破产便利度的若干措施	2023年2月14日
163	上海市高级人民法院、上海市发展和改革委员会等部门	关于构建常态化府院破产统一协调机制的实施意见（试行）	2018年9月6日
164	上海市高级人民法院、上海市司法局	上海市破产管理人分级管理办法（试行）	2021年5月24日
165	上海市高级人民法院、国家税务总局上海市税务局	关于优化企业破产程序中涉税事项办理的实施意见	2020年4月24日
166	上海市高级人民法院、上海市住房和城乡建设管理委员会	关于破产程序中规范处置住房公积金债权的会商纪要	2021年3月1日
167	上海市高级人民法院、上海市人力资源和社会保障局	关于企业破产欠薪保障金垫付和追偿的会商纪要	2019年12月5日
168	上海市高级人民法院、上海市财政局	企业破产工作经费管理办法（试行）	2018年
169	上海高级人民法院等部门	关于完善破产财产解封处置机制的实施意见	2022年12月6日

续表

序号	出台机构	制度名称	发布/施行时间
170	国家税务总局天津市税务局、天津市高级人民法院	关于优化企业破产程序中涉税事项办理的实施意见	2022年8月11日
171	天津市高级人民法院等部门	关于建立企业破产府院联动协调机制的实施意见	2022年9月2日
172	重庆市高级人民法院、重庆市规划和自然资源局	关于优化企业破产程序中涉不动产事务办理的意见	2022年5月18日
173	重庆市高级人民法院、国家税务总局重庆市税务局	关于建立企业破产处置协作机制的指导意见	2022年5月18日
174	重庆市高级人民法院、国家税务总局重庆市税务局	企业破产程序涉税问题处理的实施意见	2020年2月25日
175	重庆市高级人民法院、重庆市人力资源和社会保障局、重庆市医疗保障局	关于便利破产与强制清算案件社会保险信息查询的通知	2022年2月22日
176	重庆市高级人民法院、重庆市市场监督管理局	关于企业注销有关问题的会商纪要	2019年12月31日
177	重庆市高级人民法院、中国人民银行重庆营业管理部	关于支持破产重整企业重塑诚信主体的会商纪要	2019年12月31日
178	江苏省人民政府办公厅	关于建立企业破产处置协调联动机制的通知	2019年6月2日
179	江苏省高级人民法院、中国证券监督管理委员会江苏监管局	强化上市公司重整协作优化法治化营商环境备忘录	2023年5月24日
180	江苏省高级人民法院、中国人民银行南京分行、中国银保监会江苏监管局	关于做好破产企业金融事项办理优化营商环境的实施意见	2021年12月3日

续表

序号	出台机构	制度名称	发布/施行时间
181	江苏省高级人民法院、江苏省自然资源厅、江苏省住房和城乡建设厅	关于做好破产企业不动产资产处置优化营商环境的实施意见	2023 年 6 月 12 日
182	江苏省高级人民法院、江苏省数据局	江苏省企业破产信息核查"一件事"实施方案	2024 年 4 月 10 日
183	江苏省发展和改革委员会、江苏省高级人民法院等 7 部门	关于开展破产重整、和解企业信用修复工作的通知	2022 年 10 月 25 日
184	江苏省高级人民法院、江苏省人民检察院、江苏省公安厅	关于依法严厉打击涉企业破产逃废债违法犯罪优化营商环境的实施意见	2023 年 6 月 20 日
185	江苏省破产管理人协会、江苏省律师协会、江苏省注册会计师协会	江苏省破产管理人债权申报及审查业务操作指引（试行）	2021 年 1 月 4 日
186	浙江省高级人民法院、中国人民银行杭州中心支行、浙江银保监局	关于优化营商环境完善破产程序配套金融服务若干问题的纪要	2021 年 9 月 9 日
187	浙江省发展和改革委员会等 17 部门	关于推动和保障管理人在破产程序中依法履职 进一步优化营商环境的实施意见	2022 年 8 月 2 日
188	中共浙江省委全面深化改革委员会办公室等部门	浙江省优化营商环境办理破产便利化行动方案	2019 年 8 月 30 日
189	浙江省人民检察院第六检察部、浙江省破产管理人协会	关于建立破产债权申报中虚假诉讼线索移送处置工作机制的会议纪要	2020 年 5 月 25 日
190	山东省人民政府	山东省深化营商环境创新提升行动实施方案	2023 年 5 月 21 日
191	山东省高级人民法院等	关于建立企业破产处置府院联动机制助力优化营商环境的意见	2022 年

续表

序号	出台机构	制度名称	发布/施行时间
192	山东省高级人民法院、山东省市场监督管理局	关于推进破产企业退出市场工作的实施意见	2021年8月2日
193	山东省破产管理人协会	山东省破产管理人业务操作指引（试行）	2022年6月6日
194	四川省高级人民法院、国家税务总局四川省税务局	关于企业破产程序涉税问题处理的意见	2021年4月6日
195	海南省高级人民法院等	关于进一步合作优化办理破产案件中涉金融业务的若干意见	2023年
196	湖北省人民代表大会常务委员	湖北省优化营商环境条例	2022年11月25日
197	湖北省高级人民法院、中国人民银行武汉分行、中国银行保险监督管理委员会湖北监管局、中国证券监督管理委员会湖北监管局、湖北省地方金融监督管理局	关于加强金融机构对破产程序的参与和支持 服务法治化营商环境的意见	2022年11月8日
198	国家税务总局湖北省税务局	关于房产税城镇土地使用税困难减免税有关事项的公告	2022年9月6日
199	南京市人民政府办公厅	关于建立企业破产处置协调联动机制的通知	2019年8月1日
200	南京市人民政府办公厅	关于设立南京市企业破产公共服务中心的通知	2023年7月17日
201	南京市中级人民法院等17部门	关于完善府院联动机制 推动破产事务全流程高效办理的意见	2023年10月30日
202	南京市中级人民法院、中国证券监督管理委员会江苏监管局	关于强化上市公司重整指导协作，合力提升挽救效能的实施意见	2022年10月21日
203	南京市中级人民法院、国家税务总局南京市税务局	破产清算程序中税收债权申报与税收征收管理实施办法	2019年8月5日

续表

序号	出台机构	制度名称	发布/施行时间
204	南京市中级人民法院、南京市规划和自然资源局	关于企业破产程序中涉不动产登记事项办理的实施意见	2021年3月9日
205	南京市中级人民法院、南京市规划和自然资源局	关于破产企业不动产登记容缺受理的实施意见	2021年12月28日
206	南京市中级人民法院、南京市公安局	关于落实府院联动机制协力推进办理破产程序的实施意见	2021年7月27日
207	南京市中级人民法院、南京市司法局	关于落实府院联动机制完善破产管理人行业管理的实施意见	2021年7月28日
208	南京市中级人民法院、中国人民银行南京分行营业管理部	关于落实府院联动机制推进企业破产工作中涉金融事项办理的实施意见	2021年8月4日
209	南京市中级人民法院、南京市市场监督管理局	关于落实府院联动机制规范破产企业退出市场有关问题的实施意见	2021年9月29日
210	南京市中级人民法院、南京市人力资源和社会保障局	关于落实府院联动机制规范破产企业社会保险信息查询的实施意见	2022年4月2日
211	南京市中级人民法院、国家税务总局南京市税务局	关于解决破产程序中企业纳税信用修复问题的实施意见	2021年9月28日
212	南京市发展和改革委员会、南京市中级人民法院等7部门	关于开展破产重整、和解企业信用修复工作的通知	2022年12月15日
213	南京市破产管理人协会	破产案件债权申报与审核业务指引	2023年3月1日
214	南京市破产管理人协会	惩戒规则（试行）	2021年1月22日
215	南京市破产管理人协会	引入公证服务工作指南	2022年
216	南京市破产管理人协会	破产企业档案管理办法	2019年12月1日

续表

序号	出台机构	制度名称	发布/施行时间
217	广州市中级人民法院、中国银行保险监督管理委员会广东监管局、中国人民银行广州分行营业管理部	关于全面提升破产企业涉金融事务办理质效优化营商环境的实施意见（试行）	2022年10月10日
218	广州市中级人民法院、广州市规划和自然资源局、广州市住房和城乡建设局	关于全面提升破产企业涉不动产事务办理质效优化营商环境的实施意见（试行）	2022年10月27日
219	广州市中级人民法院、国家税务总局广州市税务局	关于进一步解决破产程序中涉税问题的若干意见（试行）	2021年7月21日
220	广州市中级人民法院、广州市发展和改革委员会、广州市市场监督管理局	关于进一步做好破产企业信息公示、登记事项和重整信用修复的实施意见（试行）	2022年9月21日
221	广州市中级人民法院、广州住房公积金管理中心	关于进一步优化破产企业涉住房公积金事务办理的实施意见（试行）	2022年9月14日
222	广州破产法庭、广州市破产管理人协会	建立困境企业破产前综合服务机制合作备忘录	2023年5月30日
223	广州市中级人民法院、广州市市场监督管理局	关于推进破产企业退出市场工作的实施意见	2020年5月26日
224	广州市中级人民法院、国家税务总局广州市税务局	关于开展破产涉税事务线上办理工作的通知	2022年5月16日
225	广州市中级人民法院、国家税务总局广州市税务局	关于破产程序中涉税问题的若干处理意见（试行）	2022年5月26日
226	深圳市中级人民法院等26家单位	关于创新推动破产事务高效办理进一步优化营商环境的意见	2022年12月14日
227	深圳市中级人民法院、深圳市市场监督管理局、深圳市破产事务管理署	关于建立破产信息共享与状态公示机制的实施意见	2021年8月18日

续表

序号	出台机构	制度名称	发布/施行时间
228	中共温州市委全面深化改革委员会办公室（温州市最多跑一次改革办公室）温州市中级人民法院等	温州市优化营商环境办理破产便利化行动方案	2019年12月2日
229	温州市人民政府办公室	企业金融风险处置工作府院联席会议纪要四（预重整）	2018年12月13日
230	温州市法治政府建设工作领导小组办公室	关于完善温州市办理破产府院联动机制的意见	2022年
231	温州市人民政府金融工作办公室	关于完善金融机构对破产程序配套服务优化营商环境的纪要	2022年
232	重庆破产法庭、重庆市破产管理人协会	破产案件债权审核指引	2023年3月23日
233	重庆破产法庭、重庆市破产管理人协会	破产案件管理人工作指引（试行）	2020年7月
234	重庆破产法庭、重庆市破产管理人协会	关于管理人选聘其他社会中介机构的工作指引（试行）	2021年9月26日
235	杭州市人民政府	杭州市国家营商环境创新试点实施方案	2022年1月27日
236	杭州市人民政府办公厅	关于建立杭州市企业涉险与破产司法处置府院联动机制的通知	2018年10月8日
237	杭州市中级人民法院、国家税务总局杭州市税务局	关于企业破产程序中涉税事务便利化的意见	2022年7月20日
238	杭州市中级人民法院、杭州市城乡建设委员会、杭州市规划和自然资源局	关于优化破产企业土地房产处置程序的协作办法	2022年6月29日
239	杭州市中级人民法院、杭州市市场监督管理局	关于破产程序中有关事项的司法协作意见（试行）	2022年4月25日
240	杭州市中级人民法院、杭州市规划和自然资源局	关于破产程序中有关事项的司法协作意见	2022年4月28日

续表

序号	出台机构	制度名称	发布/施行时间
241	杭州市中级人民法院、杭州市人力资源和社会保障局	关于加强企业破产程序中有关事项司法协作的意见	2020年12月10日
242	济南市人民政府办公厅	关于建立企业破产府院联动机制的通知	2023年7月31日
243	青岛市人民政府	关于完善"府院联动"机制进一步做好企业破产处置工作的通知	2023年2月20日
244	国家税务总局青岛市税务局	关于明确房产税困难减免有关事项的公告	2023年8月28日
245	青岛市中级人民法院、青岛市行政审批服务局、青岛市市场监督管理局	关于推进破产企业注销便利化的实施意见	2023年4月25日
246	青岛市中级人民法院、青岛市行政审批服务局、青岛市市场监督管理局、青岛市地方金融监督管理局	关于建立信息共享机制推进网络查控协作便利化的意见	2023年4月25日
247	青岛市中级人民法院、国家税务总局青岛市税务局	关于办理企业破产案件涉税事宜的意见	2021年4月22日
248	厦门市中级人民法院等部门	关于完善破产府院联动 建立破产企业资产接管与处置综合保障机制便利管理人依法履职的意见	2021年1月27日
249	厦门市中级人民法院、国家税务总局厦门市税务局	关于推进企业破产程序中办理涉税事项便利化的实施意见	2020年8月3日
250	厦门市中级人民法院、中国人民银行厦门市中心支行、中国银保监会厦门监管局、厦门市地方金融监督管理局	关于破产管理人办理人民币银行结算账户和征信相关业务的通知	2020年8月3日

续表

序号	出台机构	制度名称	发布/施行时间
251	厦门市中级人民法院、厦门市市场监督管理局	关于推进企业破产程序中办理注销登记等有关事项便利化的实施意见	2021年4月7日
252	厦门市中级人民法院等	关于成立厦门破产公共事务中心的通知	2021年7月19日
253	厦门市中级人民法院、厦门市公安局	关于推进企业破产程序中信息查询、财产查控、企业接管、打击逃废债等有关事项便利化的实施意见	2021年10月28日
254	厦门市破产管理人协会	厦门市破产管理人业务操作指引（试行）	2016年12月17日
255	厦门市破产管理人协会	管理人考评办法及附件履职评价表	2018年7月13日
256	厦门市破产管理人协会	会员自律规则（试行）	2018年12月7日
257	厦门市破产管理人协会	协助处置破产财产财务管理办法	2018年1月19日
258	厦门市破产管理人协会	协助处置破产财产实施细则	2018年3月23日
259	苏州市中级人民法院等	关于建立苏州市企业破产处置协调联动机制的意见	2019年
260	苏州市中级人民法院、国家税务总局苏州市税务局	破产涉税问题会议纪要	2020年7月2日
261	苏州市中级人民法院、苏州市公安局等	关于建立健全企业破产处置协调联动数字化工作机制的工作意见	2023年10月
262	成都市中级人民法院、国家税务总局成都市税务局	关于企业破产程序涉税事项合作备忘录	2021年12月17日
263	长春市中级人民法院、国家税务总局长春市税务局	关于推动和保障管理人在企业破产程序中办理涉税事项的实施意见	2021年7月29日

续表

序号	出台机构	制度名称	发布/施行时间
264	长春市中级人民法院、长春市市场监督管理局	关于破产（强制清算）信息查询、企业数据共享、简易注销若干问题的会商纪要	2021年9月8日
265	武汉市中级人民法院、国家税务总局武汉市税务局	关于企业破产处置中涉税事项办理的实施意见	2021年1月6日
266	武汉市破产管理人协会	公司强制清算工作指引（试行）	2021年3月28日
267	武汉市破产管理人协会	债权人会议工作指引（试行）	2021年3月28日
268	武汉市破产管理人协会	债权申报、审查工作指引（试行）	2021年3月28日
269	武汉市破产管理人协会	债务人财产接管、调查及管理工作指引（试行）	2021年3月28日
270	武汉市破产管理人协会	破产管理基本流程指引（试行）	2021年3月28日

后 记

近年来，破产制度帮助了一大批企业集团实现脱困重生，但是，鉴于大型企业集团的特殊性和风险复杂性，综观国内目前大型企业集团的破产实践，现有制度工具供给尚显不足，挽救处置中的诸多问题亟待解决，需要构建起契合大型企业集团特点的破产制度体系。为此，我们以大型企业集团破产处置为主题开展研究。目前国内破产理论研究中专门针对大型企业集团破产的著作尚不多见，为提高该研究的广度和深度，本书全面收集了国内现有大型企业集团破产处置的典型案例，以及最高人民法院和各地方人民法院出台的相关规范性文件，加以汇总、整理和分析。针对大型企业集团破产处置的全流程进行了研究论证，提出了系统性的制度完善路径，并提出了建立大型企业集团风险处置的预警识别机制、制度工具供给的立法完善以及府院联动机制协调保障的深化路径等创新建议。

本书系在本人主持完成的江苏省法学会2023年度法学研究课题基础上修改完善而成，参与本书编写的还有施卫忠、何心月、陆亚东、傅宝兴、尹炜杰、焦明明、蒋伟，特别感谢法律出版社许睿老师认真细致的工作，希望本书能够为大型企业集团破产处置的实践发展提供有效参考，为推动破产制度完善作出一定贡献，也期待学术界、实务界的各位前辈、同仁多多指正，共同推动破产法治研究和实践不断进步。

王 静

2024年12月1日